工程生态论

Theory of Engineering Ecology

傅志寰　李伯聪　王大洲　等著

中国教育出版传媒集团

高等教育出版社·北京

内容简介

工程生态论研究是关于工程的一种新思维方式和新范式的研究，是响应我国高质量发展阶段和形成新质生产力的时代呼唤而开展的研究。中国工程院工程管理学部于 2023 年和 2024 年立项研究工程生态论问题，本书即为该项目的结项成果。本书开拓性地构建起"工程生态论"的理论体系框架，深入开展了工程生态案例研究，揭示了某些工程新技术和新业态的哲学内涵。工程生态论研究是在工程哲学中国学派建立的"工程哲学五论（科学-技术-工程三元论、工程本体论、工程演化论、工程方法论、工程知识论）体系"基础上的理论创新和突破，所构建的"工程生态论"将我国"工程哲学五论体系"拓展为"以工程本体论为核心的'六论'体系"。

本书面向工程界、企业界、哲学界、社会科学界人士，有关公务员、政策研究人员和其他有兴趣的人士，特别是面向广大工程师、理工科院校师生，可作为相关院校的教学参考用书。

图书在版编目（CIP）数据

工程生态论 ／ 傅志寰等著. -- 北京 ： 高等教育出版社，2025. 7. -- ISBN 978-7-04-065020-4

Ⅰ. F40

中国国家版本馆 CIP 数据核字第 2025JP2525 号

GONGCHENG SHENGTAILUN

策划编辑	张 冉	责任编辑	张 冉	封面设计	李树龙	版式设计	杨 树
责任绘图	马天驰	责任校对	张 薇	责任印制	刁 毅		

出版发行	高等教育出版社	网 址	http：//www.hep.edu.cn
社 址	北京市西城区德外大街 4 号		http：//www.hep.com.cn
邮政编码	100120	网上订购	http：//www.hepmall.com.cn
印 刷	涿州市京南印刷厂		http：//www.hepmall.com
开 本	787mm × 1092mm 1/16		http：//www.hepmall.cn
印 张	17.75		
字 数	270 千字	版 次	2025 年 7 月第 1 版
购书热线	010-58581118	印 次	2025 年 7 月第 1 次印刷
咨询电话	400-810-0598	定 价	89.00 元

目　　录

绪论 ……………………………………………………………………………… 1

第一章　工程生态论研究的时代呼唤、核心概念和社会意义 …………… 14

　　第一节　工程生态论研究的思想源流 ………………………… 15

　　第二节　工程生态论的核心概念 ………………………………… 20

　　第三节　工程生态论研究的时代呼唤和研究的意义 ………… 24

第二章　工程生态的基本性质与研究进路 …………………………… 28

　　第一节　从生态概念到工程生态概念 ………………………… 30

　　第二节　工程生态的基本性质 ………………………………… 33

　　第三节　工程生态研究的基本进路 …………………………… 37

第三章　工程生态的基本特征及其思想源流 ………………………… 42

　　第一节　认识和研究工程生态基本特征的思想源流与意义 …… 42

　　第二节　对工程生态基本特征的认识和阐释 ………………… 47

　　第三节　工程生态与自然生态的差异 ………………………… 54

第四章　工程生态的动态演化机制 …………………………………… 59

　　第一节　工程生态动态演化的时空结构 ……………………… 59

　　第二节　工程生态动态演化的三个层次 ……………………… 64

　　第三节　工程生态演化的基本动力 …………………………… 70

　　第四节　外部环境与工程生态的动态演化 …………………… 74

第五章　工程生态中的生态位 ………………………………………… 78

　　第一节　工程生态位的概念 …………………………………… 80

　　第二节　工程生态位的特征 …………………………………… 82

　　第三节　工程生态位的类型 …………………………………… 87

　　第四节　工程生态位的变移 …………………………………… 92

第六章　工程生命体及其生态支持系统和健康诊断 ………………… 97

　　第一节　工程生命体的生命周期 ……………………………… 98

　　第二节　工程生命体的生态支持系统 ………………………… 104

　　第三节　工程生命体的健康诊断 ……………………………… 108

第七章　工程生态中的工程师 ………………………………………… 113

　　第一节　工程人与工程人才生态 ……………………………… 113

　　第二节　关于工程师的职业表现与发展的几个问题 ………… 116

第三节 工程师精神及其与企业家精神和工匠精神的互动与
结合 …………………………………………………………… 122

第四节 现代工程师的教育培养与成长发展 …………………… 127

第八章 工程生态中的数据要素、数字世界和数实关系 ………… 137

第一节 数字、数据和大数据 …………………………………… 138

第二节 大数据、遍在算法、大算力、泛在计算的
"四结合" ………………………………………………… 147

第三节 数字载体、数字世界和数实关系 ……………………… 151

第九章 工程生态中的人工智能体 ………………………………… 159

第一节 "人工智能体"的语义理解、性质特征和对象
范围 ……………………………………………………… 159

第二节 人工智能体对工程生态的影响 ………………………… 163

第三节 扎根工程生态场景发展人工智能体 …………………… 169

第四节 面向工程生态的人工智能体伦理治理 ………………… 173

第十章 工程生态视野中的工业互联网 …………………………… 178

第一节 认识工业互联网的演化需要新的思维方式 …………… 178

第二节 工程生态视角中工业互联网的基本性质 ……………… 182

第三节 基于工程生态对工业互联网的思考 …………………… 186

第十一章 工程生态视野中的现代交通 …………………………… 192

第一节 研究现代交通需要新视角、新思维 …………………… 192

第二节 从"工程生态"的新思维观察现代交通的
新特征 …………………………………………………… 194

第三节 "交通工程生态"的层次性 …………………………… 200

第十二章 工程生态视野中的能源互联网 ………………………… 209

第一节 从传统能源网到能源互联网的演变 …………………… 210

第二节 能源互联网的基本性质和特征 ………………………… 214

第三节 立足工程生态看能源互联网的层次结构 ……………… 222

第十三章 工程生态视野中的中国载人航天工程空间应用系统 ……… 228

第一节 载人航天工程空间应用系统的发展历程 ……………… 229

第二节 空间站应用系统建构中的"工程生态"策略 ………… 232

第三节 关于空间站应用生态建设的理论分析 ………………… 241

第十四章 工程生态视野中的华为鸿蒙系统 ……………………… 247

第一节 作为"超级存在物"的鸿蒙系统 …………………… 247

第二节 鸿蒙系统的开发历程 ………………………………… 249

第三节 鸿蒙生态建构策略 …………………………………… 255

　　第四节　关于鸿蒙生态演进的理论分析 ……………………… 261

　　第五节　鸿蒙系统开发和鸿蒙生态建设的示范意义 ………… 265

后记 ………………………………………………………………… 269

Contents

Introduction ·· 1

Chapter 1   **The era calling for, core concepts, and social significance
of the study of theory of engineering ecology** ···················· 14

   1   The thought sources of theory of engineering ecology ··········· 15

   2   The core concepts of theory of engineering ecology ·············· 20

   3   The era calling for and the significance of the study of theory of
engineering ecology ··· 24

Chapter 2   **The basic properties and research approaches of engineering
ecology** ·· 28

   1   From the concept of ecology to that of engineering ecology ······ 30

   2   The basic properties of engineering ecology ······················· 33

   3   The research approaches of engineering ecology ·················· 37

Chapter 3   **The basic characteristics and thought sources of engineering
ecology** ·· 42

   1   The thought sources and significance of the study of basic
characteristics of engineering ecology ·································· 42

   2   The understanding and interpreting of basic characteristics of
engineering ecology ··· 47

   3   The differences between engineering ecology and natural
ecology ··· 54

Chapter 4   **The dynamic evolution mechanism of engineering ecology** ······ 59

   1   The space-time structure of dynamic evolution of engineering
ecology ··· 59

   2   Three levels of dynamic evolution of engineering ecology ········· 64

   3   The basic dynamic of evolution of engineering ecology ··········· 70

   4   The external environment and dynamic evolution of engineering
ecology ··· 74

Chapter 5   **The niche in engineering ecology** ·· 78

   1   The concept of engineering niche ····································· 80

   2   The characteristics of engineering niche ····························· 82

   3   The kinds of engineering niche ··· 87

　　　　4 The motion of engineering niche ·································· 92

Chapter 6 **The engineering organism and its ecological support system**
　　　　and health diagnosis ·· 97
　　　　1 The life cycle of engineering organism ····················· 98
　　　　2 The ecological support system of engineering organism ········ 104
　　　　3 The health diagnosis of engineering organism ················ 108

Chapter 7 **The engineers in engineering ecology** ························ 113
　　　　1 Engineering man and engineering talent ecology ············· 113
　　　　2 Several issues on engineers' professional performance and
　　　　　development ··· 116
　　　　3 The spirit of engineers and its interaction and integration with
　　　　　entrepreneurial spirit and craftsmanship spirit ·················· 122
　　　　4 The education, training, growth and development of
　　　　　engineers ··· 127

Chapter 8 **The data elements, digital world, and relationships between**
　　　　data and reality in engineering ecology ···················· 137
　　　　1 Numbers, data, and big data ································· 138
　　　　2 The "four combinations" of big data, ubiquitous algorithms,
　　　　　big computing power, and ubiquitous computing ·············· 147
　　　　3 Digital carriers, digital world, and relationships between data
　　　　　and reality ·· 151

Chapter 9 **Artificial intelligence agents in engineering ecology** ·········· 159
　　　　1 Semantic understanding, characteristic properties, and object
　　　　　scope of "artificial intelligence agents" ······················ 159
　　　　2 The impact of artificial intelligence agents on engineering
　　　　　ecology ·· 163
　　　　3 Developing artificial intelligence agents rooted in engineering
　　　　　ecological scenarios ··· 169
　　　　4 Ethical governance of artificial intelligence agents for
　　　　　engineering ecology ·· 173

Chapter 10 **The industrial internet from the perspective of engineering**
　　　　ecology ·· 178
　　　　1 Understanding the evolution of industrial internet requires
　　　　　a new way of thinking ·· 178
　　　　2 The basic nature of industrial internet from the perspective of
　　　　　engineering ecology ·· 182

　　　　　3　Reflection on industrial internet based on engineering

　　　　　　 ecology ·· 186

Chapter 11　The modern transportation from the perspective of

　　　　　　engineering ecology ··· 192

　　　　　1　Studying modern transportation requires new perspectives and

　　　　　　 thinking ·· 192

　　　　　2　Observing the new characteristics of modern transportation from

　　　　　　 the perspective of engineering ecology ···························· 194

　　　　　3　The hierarchy of ecology of transportation engineering ········ 200

Chapter 12　The energy internet from the perspective of engineering

　　　　　　ecology ··· 209

　　　　　1　The evolution from traditional energy network to energy

　　　　　　 internet ·· 210

　　　　　2　Basic properties and characteristics of energy internet ········ 214

　　　　　3　Viewing the hierarchical structure of energy internet based on

　　　　　　 engineering ecology ··· 222

Chapter 13　The Space Utilization System in China Manned Space

　　　　　　from the perspective of engineering ecology ·················· 228

　　　　　1　The development process of the Space Utilization System in

　　　　　　 China Manned Space ·· 229

　　　　　2　The strategy of engineering ecology in system construction of

　　　　　　 China Space Station Utilization System ·························· 232

　　　　　3　The theoretical analysis on ecological construction of China

　　　　　　 Space Station Utilization System ································· 241

Chapter 14　The Huawei HarmonyOS from the perspective of

　　　　　　engineering ecology ··· 247

　　　　　1　The HarmonyOS as a "super existence" ······················ 247

　　　　　2　The development process of HarmonyOS ······················ 249

　　　　　3　The constructive strategy of Harmony ecology ·················· 255

　　　　　4　The theoretical analysis of evolution of Harmony ecology ······ 261

　　　　　5　The demonstrating significance of the development of

　　　　　　 HarmonyOS and construction of Harmony ecology ·············· 265

Postscript ·· 269

绪　　论

　　"工程生态论"是工程研究的新范式①，它以把工程隐喻为"生命体"作为切入点，类比生物与环境的相互关系，从而将工程系统视为一个动态的、不断进化的（广义）生态系统，进行全视野研究。工程生态论特别注重从工程哲学的高度和深度，运用跨学科的方法分析与研究"微观-中观-宏观"的工程现实问题、理论问题、战略问题和策略问题。

　　工程生态论不是凭空出现的，它是对工程实践发展与理论创新呼唤的反映和响应。近年来，科技革命席卷全球，绿色发展潮流不可抵挡，大数据、互联网和人工智能创新的浪潮正在兴起，新模式、新业态、新需求不断涌现，这给经济、社会、工程等领域带来了巨大的挑战。传统的思维方式和理论已难以准确反映工程活动及其与周边环境（包括自然环境与社会环境）的关系，难以回答工程实践遇到的新问题。超越传统思维，发展生态思维是大势所趋。工程哲学研究必须与时俱进，提供新思路、形成新理论、探索新范式，在原先的思维方式的基础上走向生态思维，以支撑我国新质生产力的发展。

　　工程生态论是从相关学术领域汲取思想资源而发展起来的，其中包括生态学理论、系统工程理论，特别是创新生态理论。

　　从语言分析和思想史角度看，"工程生态"这个概念的"前驱"是"创新生态"，而"创新生态"概念的"前驱"又是"生态"和"创新"这两个概念。

　　应该注意，"生态"这个概念和"创新"这个概念在最初提出时都是理论上超前的概念和思想，而"超前"的后果往往就是在初期要成为"被冷淡"的概念和思想。因此，生态理论和创新理论在

---

　　① 傅志寰，李伯聪. 工程生态论：探索建构工程研究的新范式［J］. 人民论坛·学术前沿，2024（10）：4-16.

20 世纪上半叶都未成为"显学"。但是，到了 20 世纪下半叶，科技、经济、社会形势大变，"创新"和"生态"这两个原来受到冷遇的概念和理论也都时来运转，成为学界和社会关注的新热点，进入了自身发展的新阶段，成为"显学"。

由于生态学和创新理论有不同的研究对象，前者以（天然的）生物（特别是生物与自然环境的相互影响）为研究对象，后者以人工物和人工活动（特别是技术、工程、经济活动）为研究对象，这就使生态学研究和创新研究成为两个平行发展的领域，是"两条道上跑的车"。而饶有趣味的是，这种状况并没有影响这两个领域在一段时间中都平行地得到长足发展。

可是，随着理论的进展和现实的新变化，"创新理论"和"生态研究"这两个领域出现了跨学科结合的新尝试和研究的新方向。这个跨学科结合尝试的关键步骤是在创新研究领域中运用隐喻方法迈出的，而其最关键的内容和最典型的表现就是运用隐喻方法提出了"创新生态"这个新概念。自"创新生态"这个概念在 21 世纪之初形成后，欧美国家和中国研究创新生态的学者越来越多，研究的广度和深度也不断有新开拓。

从思想和理论发展的角度看，"工程生态"是在"工程""创新"和"创新生态"等概念的基础上涌现的一个新概念。

任何工程活动都是"继承性"和"创新性"的统一，工程发展演化的进程也是"继承"和"创新"两个方面既矛盾冲突又渗透融合的结果。人们既不能只关注和承认工程的继承守正性的方面，也不能只关注和承认其创新变异性的方面。工程如果只有继承性，世界就死气沉沉，没有生机；如果只有创新性，世界就"瞬息万变""光怪陆离""混乱无序"；二者虽然表现不同，但都不是"真正和真实的世界"。"真正和真实的工程世界"必然是"工程继承守正性"和"工程创新变异性"辩证统一的。

"工程创新"只是"工程"的一个方面，人们不能把对"工程创新"的研究与对"工程"整体的研究混为一谈，不能以对"工程创新"的研究取代对"工程"整体的研究。与此相应，工程界和学术界也必须在重视研究"（工程）创新生态"的同时，关注和研究"工程整体生态"。于是，"工程生态"这个概念也就势所必然地脱颖而出了。

应该注意，从"创新生态"研究出发而进一步发展为"工程生态"研究绝不仅仅是"一词之差"的变化，而是研究对象、研究内容和方法论方面的重大变化。

苏轼有一首著名的诗："横看成岭侧成峰，远近高低各不同。不识庐山真面目，只缘身在此山中。"如果说"创新生态"是站在"庐山之一峰"研究庐山，那么，"工程生态"就是要求不但站在"各峰"而且要求站在"各水"研究庐山，不但要求研究"庐山各峰"而且要求研究"庐山山系""庐山生态"，不但要求在"山内"看庐山，而且要求"跳出庐山看庐山"。可以论定，"工程生态"是一个比"创新生态"更全面、更复杂、更深入的范畴和研究对象。

应该特别注意和强调的是，"工程生态"和"生态工程"是两个含义根本不同的词语。

从语法和逻辑看，"生态工程"与"纺织工程""交通工程""民生工程""菜篮子工程"等有类似的语法结构，分别表示若干子类型的工程。"生态工程"主要指以治理污染和修复生态环境为主要目的的工程活动，例如"滇池污染治理工程"就是一个"生态工程"。

如果说"生态工程"只是"工程整体"中的一个具体类型，整个词组中的"生态"所发挥的是修饰作用；那么，在"工程生态"这个词组（概念）中，"生态"所发挥的则是隐喻作用。"工程生态"的整体对象和整体语义就是要用生态隐喻与生态思维方式认识和把握（作为整体的）工程。这就是说，就基本对象和核心语义而言，"工程生态"的基本对象和核心内容是"工程"而不是"生态"，"生态"只是发挥修饰限定作用的隐喻——以生态隐喻工程。"工程生态"的真正对象和核心内容都是"工程"，而"生态"只是类比、隐喻和思维方式。正像以演化（进化）为隐喻方式研究经济学形成了"演化经济学"这个新的经济学分支学科一样，我们也可以生态为隐喻方式研究工程活动，从而形成"工程生态论"这个工程哲学的分支领域。虽然在当前的"一般语境"中，许多人往往习惯于把"生态"这个词语理解为"生态学"含义的"生态"——也就是理解为"自然生态"和"生物生态"；可是，在"工程生态"这个概念中的"生态"却是"当作隐喻的生态"。如果说在"生态学"和"环境生态污染"中，其含义和所指称的"生态"是"本义的生态"（或曰"狭义的生态"）；那么，在"工程生态""教育生态""政治生态"等概念中，其"生态"所指称的对象和概念的含义就不是"狭义"的生态，而是指"隐喻意义"的"生态"（以"生态"隐喻"工程""教育""政治"），或曰"广义的生态"。可以看出，"工程生态"与"政治生态""教育生态"有类似的语义结构，在这几个词语中，"生态"发挥隐喻作用，而整个词组的核心含义和对象分别指向"工程""政治"和"教育"。

"工程生态"的内容很丰富，其核心内容和观点是：① 把工程的"对象""结构""功能"看作具有"（类）生命"特征的"生命体"，特别关注其具有不断演化的"（类）生命特征"；② 把工程系统看作具有"广义生态特征"的"（类）生态系统"；③ 从微观-中观-宏观三个尺度（层次）的相互渗透、相互联系、相互作用中认识和研究"工程生态"的理论与现实问题、战略与策略问题。

工程生态论的基本研究对象和内容是"工程"。"工程"是一个"日常词汇"，许多人对其习焉不察，不再深究。但在进行理论研究时，就要求对其内容和含义进行更具体、更深入的考察、分析和讨论了。

什么是工程呢？

工程哲学指出，工程是现实的、直接的生产力，要坚持从"现实的、直接的生产力"的立场和观点认识与研究工程。

科学活动以"发现"为核心；技术活动以"发明"为核心；工程活动以"建造"为核心。三种活动都有自身的"结果"，也就是该项活动的"产品"。所谓"产品"，既可以是"物质产品"和"能量产品"，也可以是"信息产品"。科学发现的成果是全人类共同的精神财富，必须率先公开发表（只有率先公开发表者才会被承认为"有关成果的发现者"），不能申请专利。技术发明的成果——现代社会中往往表现为专利或技术诀窍（know-how）——可以用以获取经济利益，可以申请专利。如果申请成功，则"该技术专利""在专利期内"是专利所有者的"私有知识"，专利所有者可以获得专利法保护的专利收益；但"技术专利"在超过专利期后就转变为"公有的技术知识"。工程活动的成果虽然也有精神价值和文化价值，但其首先表现为直接的物质成果、物质产品和物质财富（例如三峡工程的成果首先表现为"三峡大坝和水库库区"以及"三峡水电站"等）。在现代社会中，"信息"的影响越来越大。不但任何物质性工程活动中都有"信息性"内容，并且还有可能突出表现为"以信息性为主要特征的产品"（例如"新公交线路的设置"），而且"信息工程活动"的"信息产品"（例如"新软件""电子地图""电子游戏"）的功能与经济价值也愈发凸显。

在日常语言中，许多人常常把"工程"理解为"技术"。可是，任何工程不但都是"许多类型的不同技术的结合和集成"（任何工程都不可能仅仅使用"一项技术"），而且更是"技术要素"与"非技术要素（包括经济要素、政治要素、社会要素、文化要素、伦理要素等）"的结合和集成。对于工程活动的成败，有时"技术要素"是决定性要素，有时"非技术要素"是决定性要素。由此来看，既不能把工程与技术完全割裂，也不能把工程与技术等同视之。从管理的角度看，"（作为对象的）技术管理"很重要，但"（作为对象的）技术管理"和"（作为对象的）工程管理"也并不是"一回事"，二者既有密切联系又有根本差别。

从人员职业、专业、岗位和社会角色角度看，工程共同体的人员中包括工人、管理者、工程师、投资者、会计师和其他各种利益相关者，大家分工合作。工程共同体与社会中其他类型的共同体和社会机构（例如政府、社区、银行等）有着复杂的相互关系。

工程活动的主体在现代社会中往往是"企业"或"项目部"。工程活动的基本单位是"项目"。项目有大有小，大项目又可划分为许多"子项目"。每个项目都有自身的生命周期。一个项目的生命周期可能较短，也可能较长。同一类型的工程形成特定的行业（例如纺织业、冶金业等）。如果说，项目、企业属于"微观的工程"，那么，不同的行业和包括不同行业的区域性的产业集群（例如省域或"开发区范围"的产业集群）可以被看作"中观的工程"，而"宏观的工程"则指国家甚至世界范围的工程整体。

虽然有人在一些具体语境中，往往把工程和工程活动主要理解为微观的企业或微观的"工程项目"及其相关活动，但从学理、实践和"现实语用"的角度看，我们还是应该把工程和工程生态研究的范围和尺度认定为涵盖微观、中观和宏观层次（尺度）的全部对象和范围，而不应仅仅将其局限在微观层次和范围内。还需注意，有些工程项目（如三峡工程、京沪高铁工程、哈密至重庆特高压输电工程）所涉及的"生态"范围远远突破了其地理或专业局限。

工程生态论研究的意义何在？

在20世纪的科学哲学中，许多科学哲学家都关注了对科学（或某门学科理论）历史发展规律的研究，提出了一些自成一家的概括科学历史发展规律的理论。例如，波普尔提出了批判理性主义（证伪主义），库恩提出了关于科学革命结构的理论，拉卡托斯提出了科学研究纲领方法论。耐人寻味的是，虽然库恩关于科学革命和范式的理论在科学哲学专业学术领域中并没有取得力压群雄的地位和效果，而仅仅取得了与其他理论相互并列的地位，但是，如果放眼科学哲学在其他学科和学术领域的影响，那么似乎又必须承认库恩的范式理论取得了一枝独秀和独领风骚的影响。因为许多其他学科的学者都在频繁地争相采纳和运用库恩的"范式"概念，而很少有其他领域的专家特意采用其他科学哲学家的"特有概念"（例如拉卡托斯的"科学研究纲领"）。这是一个耐人寻味的事实和现象，但本书无意在此探究其"背后"的原因。

库恩的《科学革命的结构》一书篇幅不大，其理论的核心主题和核心概念是"科学革命"和"（科学）范式（paradigm）"。饶有趣味的是，哈金在为《科学革命的结构》写的《导读》中说："在一篇常被引用、却鲜有人读过的文章中，玛格丽特·玛斯特曼发现库恩在《结构》中对'范式'一词有21种不同的用法。""令人好奇的是，库恩自己说是其实是有22种含义"。[①] 而更加令人惊讶的是，许多其他学者在自己的学科理论研究中，根据自己的理解使用"范式"这个术语时似乎又认为其含义是"清楚"的——因为他们不会认为自己是在"糊里糊涂"的情况下使用"范式"这个重要概念。

大体而言，学者们是怎样理解"范式"的内容和含义呢？可以说，他们的基本认识是把"范式"理解为一门学科（或一个重大理论领域）的"基本理论""基本方法"和"基本立场与观点"这三个方面。应该承认，"基本理论"和"基本方法"都很重要，二者密切联系，不能"只谈一个方面而忽略另一个方面"。然而，如果

---

① 库恩.科学革命的结构［M］.4版.金吾伦，胡新和，译.北京：北京大学出版社，2012：4.

必须同时谈"基本理论"和"基本方法",又会显得有点啰唆。由于"范式"一词可以同时兼顾这两个方面,这便成为使用"范式"一词的一个优点。此外,"范式"的含义中还包含了"(科学家的)基本立场与态度"① 这个非常重要的内容。正是由于库恩的"范式"一词可以"合三为一",同时包含上述三个方面的重要内容和含义,这便成为"范式"概念被广泛使用的原因和理由。

对于"创新理论"的发展进程和阶段,有人运用"范式"理论进行了如下总结:如果暂且不论熊彼特的创新理论,那么,创新理论在"熊彼特之后"时期出现了三种先后相继的"范式"。第一个范式是"线性范式(创新1.0)":这个范式对应于经济学中的新古典学派和内生增长理论,是一种线性创新模式。第二个范式是"创新体系范式(创新2.0)":它开始于"国家创新体系理论"的提出与发展,"可以认为,国家创新体系的重要理论支撑在于开放式创新理论,以及'政产学创新三螺旋理论'。"第三个范式是"创新生态系统范式(创新3.0)":该理论主流传承于演化经济学,同时又有许多新发展(包括对"用户导向创新"的强调与重视)。②

在上述观点中,一个关键内容是把"创新生态系统范式"看作"超越""创新体系范式"的新阶段,实质上是强调和突出了"生态思维"与"生态范式"的重大意义和作用。

值得注意的是,许多其他学科的学者在广泛使用"范式"这一术语时,对"范式"含义的解释已经有许多与库恩的解释颇不相同之处。首先,库恩认为"范式"变革的过程是发生"科学革命"的过程,"新范式"取代"旧范式"的性质和过程是"颠覆性革命"过程(例如哥白尼的日心说范式取代托勒密的地心说范式);而当前许多学者往往认为"范式"变革的过程不一定必须达到"理论颠覆"的程度,"新范式"取代"旧范式"的性质和过程也可能是"理论升级"过程(例如作为"创新3.0"的"创新生态

① 需要指出的是,库恩在《科学革命的结构》中明确地使用了"世界观"——world view——这个词语。由于库恩所说的"(科学家的)世界观"一语的含义与中国学者常说的"(马克思主义哲学中的)世界观"的含义有所不同,这里权且称为"(科学家的)基本立场与态度"。

② 李万,常静,王敏杰,等. 创新3.0与创新生态系统 [J].科学学研究,2014,32 (12):1761-1770.

系统范式"取代作为"创新2.0"的"创新体系范式")。可是，在范式变革的含义中应该包括"三方面"（"基本理论观点""基本方法论观点""基本立场和态度"）重大变化的要求并没有变化。其次，库恩的范式概念主要是"物理学""天文学"等"一级学科层次和范围"的概念，但在范式概念的应用"泛化"的过程中，学者们不但在"一级学科层次和范围"运用范式概念，而且同时在"二级学科层次和范围"运用范式概念；在这种情况下，必须注意"一级学科层次的范式"与"二级学科层次的范式"既有联系又有区别。

目前，国内外对"创新生态系统范式"的研究论著已经数不胜数。上文已经指出，虽然"创新生态"概念很重要，但它毕竟只是"工程生态"概念的内容之一；在"工程生态"概念中，除"创新生态"外，还有"工程传统生态""工程全生命周期生态""工程文化生态""中观工程生态"和"宏观工程生态"等重大而复杂的新问题。这就是说，"工程生态"是一个比"工程创新生态"的内涵和外延都广泛而复杂得多的概念，我们必须把对"创新生态"的研究推进和拓展到对"工程生态论"的研究。在这个拓展中，"生态隐喻""生态思维方式"和"生态范式"发挥了关键性的作用。

应该注意，"生态"这个词语不但出现在"创新生态"中，还出现在"政治生态""教育生态""信息生态"等概念中。从这些概念可以看出，"生态思维范式"已经成为现代学术研究中广泛运用的"新范式"。

近年来，经济学家金碚着重谈论了经济学思维方式的新变革和新进展。他认为，"观察和研究经济现象，总是基于一定的隐喻想象所形成的观念。现代经济学主要有两个隐喻，即牛顿机械论隐喻和达尔文进化论隐喻。主流经济学的微观-宏观范式，基于牛顿机械论隐喻。这就把整个经济系统想象为如同牛顿物理世界或一个巨大的机器体系：运转、均衡、优化。工业化不仅以机器为工具，而且经济高速增长为中轴原则，就如'永动机'般地运转，不可失速、失衡，否则就危机临头。进入新工业化时代，这种'机器工业化'的思维观念，正在转向'生态工业化'的新思维观念，即从把工业化的机理逻辑想象（隐喻）为机器系统的机制，转变为类似生态系统的机制。对于机器工业化，人成为工具，受工具理性支配。对于生态工业化，人是目的，同时也是生态系统的有机体成员。"① 虽然金碚在此文中只直接使用了"机器观""机械观""有机体"和"生态观"等术语，但可以认为其实质是反映了"还原论""机械论"与"自主论""生态论"的分歧。这个分歧不仅表现在理论研究领域，同时也表现在实际工作领域。

由于"思维方式"有着广泛而深远的含义和影响，虽然它与"范式"这个术语有所不同，但二者在不少情况下可以"含义互通"。由此，在人们认定"机械论思维方式"和"生态论思维方式"是两种有根本区别的思维方式时，往往也同时认定它们标志了两个不同的范式——"机械论范式"和"生态论范式"。

我们应该把"工程生态论"看作"工程研究"与"工程理论"的一种"新思维方式"和"新范式"。"工程生态论"与"政治生态学""教育生态学""信息生态学"的共同点就是，它们都运用了"生态思维方式"和"生态论范式"。此外，同样的"生态思维方式""生态论范式"在"工程生态论""政治生态学""教育生态学"这些不同的对象和论域中，又必然有许多不同的表现和特征，不可混为一谈。

对于工程现实和工程实践中的许多问题，例如工程孕育、工程创新、工程建设等问题，无疑必须聚焦"工程自身"，不能"荒了自家地"；可是，现代社会的"工程共同体"越来越深刻地认识到，"认识工程"和"发展工程"绝不能满足于就事论事，而必须从"工程生态论"的思维方式与范式高度认识和应对工程中的种种问题。在认识和应对工程孕育、工程创新、工程建设等问题时，必须将其都视为"工程生态"问题，否则就会处处碰壁，工程自身也难以顺利孕育、创新和发展。

追溯历史脉络，传统思维往往把"工程系统"看作"物理系统"，而不是"生态系统"。一旦更新观念，即把"工程系统"看作开放的、动态的"生态系统"，进而提出"工程生态"的概念，这将是重要的思维方式和范式性转变。当人们确立了"工程生态"的观念后，在分析工程活动时，采用生态学中的一些理论、观点，例如物种、群落、生态位、多样性、生态环境、合作共生等富于启发

---

① 金碚. 工业化从机器观向生态观的衍生 ［J］. 中国发展观察，2022（7）：55-59.

性的类比，并与工程实际情况相结合，就会发现可以称之为"工程生态论"的新特征和新规律。这些新特征和新规律将对工程现实的认识与战略决策产生很大影响。

立足于"工程生态论"，我们对工程及工程系统的认识会有新发展和新升华。

第一，传统思维把工程体看成"封闭的甚至孤立的""死的"被动的物质性存在，而工程生态思维则把工程体看成"开放的有机联系的""活的"类生命体。这意味着，工程在某种意义上具有"自主性"，不再被看作被动的"棋子"。尤其是目前一些工程体被赋予智能，具有"自感知、自学习、自推理、自决策"的功能，这就更有理由将人工物看成动态的类生命体。

第二，传统的观念认为，工程活动的边界是清晰的，工程环境则是外在的。然而，"工程生态"却将工程活动和工程环境视为相互渗透、有机融合，一并加以研究。据此可以发现，工程活动面临的许多问题——包括一些重大问题——并不是特定工程个体自身的问题，而是工程生态问题。工程生态在很大程度上影响甚至决定着工程活动的成败。立足工程生态视野，就更能揭示工程与其所处环境之间的动态关系。

第三，与传统观念不同，基于"工程生态"视野研究，可以发现工程中的各种要素之间的关系不只是线性的，更是多元交错的立体网络，彼此间进行物质、能量和信息的交换。在工程生态中，工程个体只是网络中可称为"网器"的一个节点。如此一来，就像在大自然中界定生物一样，可以在工程生态网络中理解和定位工程。与此同时，工程生态观点还提醒人们关注"无形的工程"——工程生态网络，实现物理世界与虚拟数字世界彼此联动。

第四，与传统思维不同，"工程生态"虽然需要人的主导，但其演化的历史路径往往也不一定都是预设的。一些新生事物都是通过生态"变异"而涌现出来的，例如人工智能的爆发式成长是许多人未曾预料到的。在工程生态中，既要重视工程群之间类生态关联的必然性和可控性，也要重视偶然性和自发性。工程生态各要素、各主体之间的非线性相互作用，往往决定了工程的存在与发展状态。还应看到，工程生态具有一种内生的进化力量，这源于自组织的"网络效应"和"收益递增机制"，加入网络的工程越多，交流越频繁，收益也就会越高，网约车平台就是典型案例。

第五，不同于将工程和工程活动仅归属于微观范畴的传统观点，工程生态论强调工程和工程生态可分为微观、中观和宏观三个层次，彼此之间相互渗透、相互影响。有些事件发端于微观，集成至中观，进而影响到宏观。某些"局域"事件有可能很快转变为"全局"事件。反过来，宏观层面的变化，也会影响局部，发挥统摄性作用。

上述分析表明，工程生态论确实是工程研究的新思维方式和新范式。

应该强调，在研究工程生态论时，必须把"理论联系实际"当作一个基本原则，而案例研究正是理论联系实际的重要方式之一。一方面，要求通过案例研究"落实""活化""照应"工程生态论的理论观点；另一方面，又要求案例研究成为理论观点的"实际土壤和案例基础"。这两个方面要相互渗透、相互促进、相互融合。案例研究是富于创造性、启发性和生命力的思考与研究过程，既有其特殊的难度，又有特殊的重要意义。

从学理方面看，每个学科都有其自身的研究对象、问题域、核心概念和概念体系。

在过去的几十年中，已经有人关注了对教育生态学、产业生态学、政治生态论等"分支学科"的研究，并出版了相关学术专著。然而，"工程生态论"——作为一个独立的研究领域或"分支学科"——却仍是一片未开垦的学术处女地。

2018 年，傅志寰院士首先提出需要研究"工程生态"。2023年，中国工程院批准"工程生态建构理论与发展战略研究"项目立项。经过一年的调查和研究，项目组人员对有关工程生态的许多重要问题有了更深入、更具体的认识，并深深感到需要进一步开展"工程生态论"的研究。从"工程生态"研究到"工程生态论"研究，表面看似乎仅是"一字之差"，但实际上意味着研究内容的深刻变化，研究任务的难度大大增加，研究成果需要达到的水平必须"更上一层楼"。于是，2024 年，"工程生态论的理论体系和实践研究"项目正式立项。

"工程生态论"的主要研究内容和目标是：聚焦研究"工程生态论"与"新质生产力"的相互关系；构建"工程生态论"理论体系，并使之成为认识和研究工程活动的新的思维方式和研究范式。

同时，还扩大和深化了案例研究内容，对新兴数字产业集群、工业互联网、能源互联网、人工智能和机器人等领域开展了深入的分析，形成了新认识、新观点。经过项目组的共同努力，我们认为研究工作达到了预期目标，而《工程生态论》就是这两年研究工作的凝练和集成。

自 21 世纪初以来，工程哲学的中国学派建构和形成了以工程本体论为核心的"五论"体系（科学-技术-工程三元论、工程本体论、工程演化论、工程方法论、工程知识论）。① 而《工程生态论》的出版意味着我国工程哲学体系有了新拓展。"工程生态论"与已有的"工程哲学'五论'"相互渗透、相互影响，使我国原先提出的工程哲学"五论"体系发展成为"以工程本体论为核心的'六论'体系"。

令人高兴和发人深省的是，"工程生态"不仅是中国工程院"工程生态论项目组"关心的主题，也是我国工程界许多人士关心的主题。这真可谓"心有灵犀一点通"了。最近时期，在我国一些新行业、新业态的发展中，在许多龙头企业和前沿技术工程攻关的领域（例如人工智能、新能源汽车），一些领军企业和人物都敏锐地感受到前进与发展中的"关键之关键""重中之重"正是"工程生态环境"和"工程生态建设"问题。在这样的形势下，《工程生态论》的出版可谓"正当其时"。

经过两年的艰辛探索和研究，作为阶段性成果，项目组完成了《工程生态论》的撰写。全书包括三个内容板块。第一个内容板块包括"绪论"和前三章，这是对"工程生态论"的整体性认识和阐释，也可谓之"工程生态总论"。其中，"绪论"是对本研究项目和全书的概述，特别强调"工程生态"意味着新思维方式和新范式，工程界和社会各界都应该从"工程生态论"这个新思维方式和新范式认识与应对工程的种种理论问题、现实问题、战略问题、策略问题；第一章阐述了工程生态论的核心概念和社会意义，指出工程生态论是顺应时代呼唤的理论研究；第二章分析和阐述了工程生态的基本性质与研究进路；第三章分析和阐述了工程生态的基本特征及

---

① 殷瑞钰，李伯聪. 工程哲学的兴起与中国学派的开创 [J]. 学术前沿，2023（9）：4-15.

其思想源流与研究意义。第二个内容板块是对"工程生态论"的若干理论结构的具体内容的分析和认识，也可谓之"工程生态分论"。其中，第四章研究了工程生态的动态演化机制问题；第五章研究了工程生态论中的生态位问题；第六章研究了工程生命体及其生态支持系统问题；第七章研究了工程生态中的工程师；第八章研究了工程生态中的数据要素、数字世界和数实关系；第九章研究了工程生态中的人工智能体。第三个内容板块是立足"工程生态论"进行的案例研究。第十章至第十四章分别研究了工业互联网、现代交通、能源互联网、空间站应用系统和华为鸿蒙系统等案例。以上三个板块的内容相互联系、相互配合，初步构成了工程生态论的基本框架，可供感兴趣的各界同仁参考。目前的成果，未尽如人意之处尚多，至于工程生态论的未来发展，那就更是新的研究任务。我们愿与各界同仁共同努力，不断取得工程生态论研究的新进展和新成果。

工程生态论研究的时代呼唤、核心概念和社会意义

辩证法告诉我们：不但要关注数量的变化，更要关注性质的变化。与性质变化密切关联并且往往成为性质变化在时间维度上的集中表现，就是事物的发展要进入一个新阶段。无论从理论角度看还是从实践角度看，阶段性问题——特别是"不同阶段的定性"和"不同阶段的变化和发展"——往往就成了关键性问题。

2017 年，党的十九大报告指出，我国经济已由高速增长阶段转向高质量发展阶段。2020 年，党的十九届五中全会指出，我国已转向高质量发展阶段。

"已转向高质量发展阶段"这个论断，不但直接告诉我们已经出现新情况和新形势，面临新问题和新任务，而且要求我们有新的思维方式和分析框架，以及新的战略思维与策略思路。

"已转向高质量发展阶段"的形势和任务涉及许多重要而复杂的问题，就工程而言，需要开拓工程生态论的新范式和新思维方式，用以认识和分析"已转向高质量发展阶段"的一系列理论问题、实践问题、战略问题和策略问题。

工程生态论是关于工程活动的重大理论认识、理论概括和理论升华。工程生态论研究的基本对象和核心主题不是脱离工程现实的清谈或玄思，而是密切联系和结合工程实践的分析和思考。工程生态论研究不是凭空而来的，它不但深深植根于"工程现实的土壤"，而且在思想史和方法论方面也经历了自身的精神孕育过程。本章第一节简要分析与工程生态论思想源流有关的若干问题，第二节着重对工程生态论的核心概念"工程生态"进行理论分析，第三节简要论述研究工程生态论的意义。

第一节　工程生态论研究的思想源流

2018 年，傅志寰院士提出需要研究工程生态，认为这是一个非常重要而复杂的问题。在其后的几年中，傅志寰院士又与李伯聪教授多次讨论和进一步思考了与此有关的一些重要问题。2023 年，中国工程院"工程生态建构理论与发展战略研究"立项；2024 年，"工程生态论的理论体系和实践研究"继续立项。两年的研究工作为工程生态论奠定了初步的理论基础。

工程生态论研究不是凭空而来的，从思想史角度看，涉及的问题很多，其中有两个问题需要特别注意：一是方法论领域对隐喻方法的意义和作用的重新认识与重新评价；二是关于"创新生态"的研究进程和影响。

① 对"创新生态"的认识及其发展

在"工程生态"这个概念提出时，国内外科技界、工程界和学术界已经运用隐喻方法提出了"创新生态"这个概念，并且在有关研究中取得了颇为丰硕的研究成果。由于"创新生态"这个概念提出较早，我们可以将其看作"工程生态"概念的"先行概念"。于是，在分析"工程生态"的概念史和思想史时，我们有必要从"前史"角度简要追溯"创新生态"概念的发展过程。由于"创新生态"这个概念是使用隐喻方法提出来的，我们又有必要先对隐喻方法进行一些简要阐释。

② 语言学中对隐喻的作用和意义的新认识及其新进展

什么是隐喻？传统观点认为，隐喻是一种修辞方法，与"夸张""双关"等一样，是一种"修辞格"。隐喻和明喻都是比喻，但二者的区别在于：明喻使用"好像"等直接比喻词，而隐喻则使用"是"或"成为"等词语，例如"儿童是祖国的花朵"就是一个隐喻。

传统观点一向认为，在理论研究、学科发展和学术研究领域，理性思维（包括逻辑思维、论证方法等）占据核心地位并发挥主导作用，即使有时需要且可以运用隐喻方法和隐喻思维，隐喻也仅仅是一种辅助的方法，只发挥锦上添花的作用，而不能在思维活动中发挥比较重要的作用，更不可设想它会具有"举足轻重"甚至"影响全局"的意义和作用。

究竟应该如何认识隐喻的意义和作用呢？在实质和功能上，隐喻是否仅仅只能作为一种修辞格（修辞方法）发挥使话语更形象和更有感染力的作用，而不能对思维过程和语言模式产生重大影响呢？

1980 年，美国语言学家莱考夫（George Lakoff）和美国哲学家约翰逊（Mark Johnson）出版了《我们赖以生存的隐喻》（*The Metaphor We Live by*），该书把隐喻的意义和作用提升到"人类赖以生存"的空前高度和空前重要性，完全颠覆了几千年来人们对隐喻的狭隘看法。这本书也很快成为语言学经典名著。

莱考夫是著名语言学家乔姆斯基的学生，但他在基本观点上反叛了乔姆斯基，提出了关于隐喻、语言和人类思维的崭新看法。在莱考夫之后，许多学者都认可并进一步发挥了他关于隐喻的观点和理论。可以说，目前的隐喻研究已经形成内容非常丰富、成果非常丰硕的理论，不仅文学和修辞学领域重视对隐喻的研究，语言哲学和科学哲学领域也重视对隐喻的研究。目前学术界的主流观点已经承认隐喻是人类语言中非常重要而普遍的思维方法和修辞方法。在最近几十年中，研究隐喻——包括研究科学研究中的隐喻——的各种论著越来越多，例如《认知隐喻学》[①]《科学研究中的隐喻》[②]《科学隐喻的元理论研究》[③]《隐喻学范式》[④] 等都是值得关注的著作。

值得注意的是，虽然在"创新生态"这个领域中关注隐喻的学者较少，但在经济学的一个新兴领域——"演化经济学"中，许多学者都特别关注了隐喻的方法论作用和意义。例如，杨虎涛的《演化经济学讲义——方法论与思想史》[⑤] 一书中就有两章把重点落在

[①] 胡壮麟. 认知隐喻学 ［M］. 北京：北京大学出版社，2004.
[②] 王东. 科学研究中的隐喻 ［M］. 北京：世界图书出版公司，2016.
[③] 安军. 科学隐喻的元理论研究 ［M］. 北京：科学出版社，2017.
[④] 布鲁门贝格. 隐喻学范式 ［M］. 李贯峰，译. 上海：东方出版中心，2023.
[⑤] 杨虎涛. 演化经济学讲义——方法论与思想史 ［M］. 北京：科学出版社，2011.

了隐喻问题上：第三章是"演化经济学与生物学隐喻"，第四章是"从隐喻启发到学科交叉"。演化经济学研究中关于隐喻的论著令人目不暇接，这些研究成果对工程生态研究显然具有重要的参考意义。

③ "创新生态"理论："创新"和"生态"的分别发展与二者通过隐喻方法的跨界结合

从构词法角度看，"创新生态"这个词语（概念）是由"创新"和"生态"两个概念结合而成的。

在现代学科发展史上，生态学是德国生物学家海克尔于 1866 年开创的。生态学的基本对象和基本内容是研究生物与其周围环境的相互关系。另一方面，经济学家熊彼特在 1912 年出版的《经济发展概论》中首次提出了"创新"概念，并且阐述了关于创新的经济学理论；后来，创新对象和理论又延伸到工程、科技、管理、社会学等众多领域。

在颇长的一段时间里，生态学研究和创新研究都是独立发展的。虽然不能说"生态"与"创新"是两个毫不相关的对象和领域，但就其核心对象和基本内容而言，生态学以（天然的）生物（特别是生物与自然环境的相互影响）为研究对象和范围，而创新以人工物和人工活动（特别是技术和经济活动）为研究对象和范围，二者的研究对象和内容有明显区别，于是生态学研究和创新研究就形成了分别发展的状况。如果使用一个隐喻来形容，可以说生态学研究和创新研究是"两条道上跑的车"，彼此没有交集。在很长一段时间内，生态学家和创新研究者都不言而喻地认为，在认识和研究"生态对象""生态问题"时需要运用"生态思维"与"生态理论"；在认识和研究"创新问题"时需要运用"创新思维"与"创新理论"；学者们不会想到在分析和研究"创新"问题时有必要运用生态思维和理论。

必须肯定，理论是有威力的。可是，任何理论都是针对"一定对象"的理论。如果脱离了其适用的那个"一定对象"和"一定领域"，那个理论就会"无所施其技"，就像"猛虎不能在海洋施其技"一样。因此，在很长一段时间内，生态学研究和创新研究成为两个没有相互渗透和相互影响的领域。

应该注意的是，这种状况并没有影响生态学研究和创新研究在起初一段时间中的"长足发展"。

然而，随着理论研究的进展，"创新理论"和"生态研究"这两个领域出现了"跨学科结合"的尝试。这个"跨学科结合"尝试的"第一步"是从"创新研究领域"中运用隐喻方法迈出的。

1994年，克林顿政府在其关于科学政策的总统报告中提出："今天的科学和技术事业更像一个生态系统，而不是一条生产线。"克林顿运用隐喻方法认识与观察科学和技术事业的发展，将其比喻为生态系统，而不是比喻为一条生产线，这就走到了"创新生态"概念的门口。

2003年，美国总统顾问委员会开展了一项研究，并于2004年发表了两个研究报告：《维护国家的创新生态系统：信息技术制造和竞争力》和《维护国家的创新生态系统：保持美国科学和工程能力之实力》。报告中明确提出了"创新生态系统"这个新概念。2004年，美国竞争力委员会在其民间中期报告《创新美国：在挑战和变化世界中保持繁荣》中也开始使用"创新生态"这一概念。虽然可以看出"创新生态系统"概念提出的关键环节和关键步骤是运用了隐喻方法，将"创新系统"隐喻为"生态系统"，但没有证据表明这三个报告的撰写者有意识地运用了莱考夫等语言学家关于隐喻的理论。实际上，撰写者是否有意识地运用该理论并不重要，因为根据莱考夫的理论，"普通人"在日常生活中势所必然地要运用隐喻方法，并且往往是自然而然地运用，而不是刻意地运用，而这正是隐喻方法重要性的最根本表现。

大体而言，创新生态的研究对象和主要内容就是要以生态隐喻和生态思维方法研究创新——特别是科技创新——活动和过程。

在我国，虽然也有少数学者在世纪之交开始关注创新生态研究，但在2011年科技部办公厅调研室召开高层次研讨会之后，关注"创新生态"研究的学者人数才显著增加，研究"创新生态系统"的成果也越来越丰硕，对创新生态系统的认识也逐步达到了新的程度和更高的水平。近十年来，特别是近三五年，国内研究创新生态的论著甚至可以说出现了"井喷"式增长。目前，我国研究"创新生态系统"的文章已经数不胜数，相关研究著作的出版也有使人应接不暇之感。例如,《创新生态系统:理论、战略与实践》① 和《企业创新生态系统》② 等都是值得关注的著作。

在最近三四十年对创新生态系统的研究中,学术界对创新生态系统的认识无论在广度上还是在深度上都有了显著进展和重要的新成果。在广度上,不但有许多对创新生态的整体性研究,还分化出对"企业创新生态系统""产业创新生态系统""高技术产业创新生态系统""区域创新生态系统""国家创新生态系统"的研究。在研究和认识的深度上,许多学者认为"创新生态系统"代表了一种认识创新的新范式。创新 1.0 是"线性范式",创新 2.0 是"创新体系范式",而创新 3.0 是"创新生态系统范式"。③ "'创新生态系统'概念的提出体现了创新研究的一次范式转变,从关注系统中要素的构成向关注要素之间、系统与环境间的动态过程的转变。"④

4 生态隐喻向其他领域的拓展

在以往几十年中,不但有许多学者关注了对创新生态的研究,而且有人关注了对教育生态⑤、产业生态⑥、政治生态⑦等问题的研究。特别是在《工程项目生态评价理论与方法》⑧ 一书中,周红更敏锐地提及了"工程生态系统"这个概念。大概是由于多种原因,周红的著作最终仅仅明确地聚焦于"工程项目生态评价",而未能更全面、更深入地从更多方面和更深入的理论视域阐释和拓展"工程生态"——特别是工程生态论——这个领域。

---

① 柳卸林,等.创新生态系统:理论、战略与实践 [M].北京:知识产权出版社,2022.

② 魏江,王颂,等.企业创新生态系统 [M].北京:机械工业出版社,2023.

③ 李万,常静,王敏杰,等.创新 3.0 与创新生态系统 [J].科学学研究,2014,32(12):1761-1770.

④ 曾国屏,苟尤钊,刘磊.从"创新系统"到"创新生态系统" [J].科学学研究,2013,31 (1):4-12.

⑤ 范国睿.教育生态学 [M].北京:人民教育出版社,2000.

⑥ 王寿兵,吴峰,刘晶茹.产业生态学 [M].北京:化学工业出版社,2006.

⑦ 刘京希.政治生态论——政治发展的生态学考察 [M].济南:山东大学出版社,2007.

⑧ 周红.工程项目生态评价理论与方法 [M].北京:中国建筑工业出版社,2016:9.

第二节　工程生态论的核心概念

对于工程生态论研究来说，关键环节是"工程生态"概念的提出。虽然应该看到和可以承认"创新生态"是其"前史"性概念，但我们更应该注意提出"工程生态"概念的根本原因和根据是对工程实践的跨学科视野的理论升华和工程哲学角度的哲学反思的结果。"工程生态"与"创新生态"虽然有某些内容重叠，但二者是两个不同的概念，也标志着不同的研究对象和研究领域。

因为"工程生态"概念是工程生态论领域的核心概念，以下就对这个概念展开进一步的理论阐释和理论分析。

1 "工程生态"概念的语法、语义和逻辑分析

工程哲学已经明确指出：现代社会中，科学、技术、工程是三种不同的社会活动方式。而工程本体论又更明确地指出：工程是直接的、现实的生产力。生产力是社会存在和发展的最根本的物质基础，生产力与生产关系之间和经济基础与上层建筑之间存在着密切联系和相互作用。对于生产力的功能发挥和历史发展来说，一方面，工程必须和必然不断创新，不能没有创新；另一方面，工程又必须和必然有传统继承，不能没有继承。这两个方面与"物种"必然既有基因遗传（继承）又有基因变异（创新）如出一辙。

以上分析告诉我们，虽然"创新生态"应该是——并且已经是——一个重要的研究对象和研究领域，但人们不能仅仅关注"创新生态"概念和"创新生态"领域，还必须直面一个新的研究对象和开拓一个新的研究领域，这就是"工程生态"这个新的研究对象和新的研究领域。

"工程生态"研究以工程为对象，它是广泛而深刻地嵌入并扎根于工程实践与工程理论的渗透性、根本性、范式性和方法论性的概念。对于广大工程从业者来说，"工程生态"主要是一个表现、反映和运用于工程活动和指导工程实践的概念；对于本书的研究目的而言，它意味着开拓一个新的研究领域，它是一个跨学科工程研

究和工程哲学领域的概念。

从汉语语法上看，"工程""生态"和"工程生态"是三个不同的词语。"工程"和"生态"是单词，而"工程生态"是词组。从逻辑上看，"工程""生态"和"工程生态"都是概念，这是三个不同的概念。虽然词语的语义分析和逻辑分析并不完全相同，但以下将不再刻意对二者进行区分。

1.1　在汉语和英语中"工程"和"生态"的多个语义

在汉语中，"工程"有两种最常见的含义。第一种常见含义是指工程活动和工程实践。工程活动的单位是项目（project），也就是说，工程活动是按照"一个项目"又"一个项目"的方式进行的。例如，"三峡工程""宝钢工程"等都是这个含义。而汉语中这个含义的"工程"在翻译为英语时要译为"project"（项目）。第二种常见含义是指各种工程理论和工程学科（或曰工程科学），也就是"工程学"。工科院校的机械工程（院校，专业）、纺织工程（院校，专业），各种以"工程"命名的"研究院（所）"，其中的"工程"都是这个含义。上述两种含义的工程既有联系又有区别。耐人寻味的是，英语中的"engineering"也同时具有这两个基本含义：既可指工程实践（engineering practice，project）又可指工程学科或工程科学（engineering sciences，studies）。于是，汉语中的"工程"在译为英语时，通常可以译为"engineering"，但在某些情况下需要译为"project"（例如"三峡工程"译为"Three Gorges Project"）；而"engineering"在译为汉语时，有时需要译为"工程（实践）"，有时需要译为"工程学"。

由于许多欧美学者往往从"工程教育"进路研究工程哲学，于是他们往往大多偏重研究"工程学"含义的"工程"。中国工程师和学者往往更着重从"工程实践"进路研究工程哲学，于是往往更加关注"工程实践"。

依据历史唯物主义原理，中国工程师和哲学专家在研究工程哲学时提出了工程本体论观点，强调工程是直接的、现实的生产力，生产力活动和生产力发展不但与生产关系有密切联系和相互作用，而且与上层建筑也有密切联系和相互作用。中国工程师和哲学专家研究工程哲学时特别关注工程实践，但也绝不认为可以忽视对工程科学和工程理论的哲学研究。① 另一方面，一些欧美哲学家以往由于忽视对"工程活动和工程实践"的研究而严重拖累了欧美学者研究工程哲学的前进步履。然而，这种状况目前也有了改变。我们可以在 2021 年出版的《劳特里奇工程哲学手册》② 中看到这种变化。该书编者指出："如果在 20 年前，这本书的编辑出版是不可想象的。"这句话的含义以及书中表现出的思想进展和理论倾向都是意味深长的。

在使用和翻译不同语言时，人们会注意到不同语言之间既有相通之处，又有许多重要且微妙的差别。例如，在汉语中，"工程"和"工程学"是两个不可互换的词语，但根据权威的牛津词典，在英语中，"engineering"的词典释义中，义项 1 将其解释为"（工程）活动"，义项 2 将其解释为"工程科学"。在一些中文翻译中，往往在应该把"engineering"译为"工程活动（实践）"时，却将其译为"工程学"，这难免会引起许多误解。

关于生态学的含义，上文已经论及，这里不再重复。应该特别注意的是，在解释和理解汉语中的"生态"和"生态学"的含义及其英译时，又出现了新的情况和问题。简要地说，在汉语中，"生态"往往指"生态状况"和"生态环境"，这个含义不同于汉语的"生态学"。可是，在英语中，"ecology"却既可指"生态学"又可指"生态状况"和"生态环境"。本书的研究对象不是英汉翻译问题，但在分析和研究"工程生态"问题时，又必须关注和难免要涉及不同语言的术语与概念表达及语言翻译问题。

1.2　"工程生态"的语法和语义分析

"工程生态"是一个由"工程"和"生态"结合而构成的新词组、新概念。

词组的构成要素之间可能是"联合并列"关系（两个构成要素并列联合而不分主次），也可能是"修饰限定"关系（两个要素有

---

① 实际上，中国工程师和哲学专家已经在继续关注对"工程实践"的哲学研究的同时，努力关注和加强对"工程科学"的哲学研究。《工程研究——跨学科视野中的工程》2020 年第 5 期的专刊文章就是一个重要表现。

② Michelfelder D P, Doorn N. The Routledge Handbook of the Philosophy of Engineering [M]. New York：Taylor & Francis，2021.

主有次，形成了"偏正关系"）。在"工程生态"中，其两个构成要素"工程"和"生态"不是并列关系，而是"偏正关系"。

在汉语的"偏正关系"词组中，通常表达修饰含义的词汇在前，表达核心内容的词汇在后。例如，"生态工程"就是一个偏正关系的词组，其含义是指以治理污染和修复生态环境为主要目的的工程活动，如"滇池污染治理工程"就是一个"生态工程"。从语法和逻辑上看，"生态工程"与"民生工程""菜篮子工程"有相似的语法结构。

然而，汉语中也可能出现表达修饰限定含义的词汇在后而表达核心内容的词汇在前的情况，"工程生态"就是这种结构关系。更具体地说，就核心语义和基本概念而言，"工程生态"的基本对象和核心内容是"工程"而不是"生态"，"生态"只是一个发挥"修饰限定"作用的隐喻——以生态隐喻工程，以生态的思维方式认识和应对工程问题。这就是说，"工程生态"的真正对象和核心内容都指向工程，而生态只是类比、隐喻和思维方式。

2 "工程生态"概念的哲学分析和理论阐释

需要再次强调，作为工程生态论核心概念的"工程生态"，其基本研究对象和内容是"工程"而不是"生态"，正如"政治生态""教育生态"的基本研究对象和内容分别是"政治"和"教育"而不是"生态"一样。

如果把"生态学"和"生态状况"含义的"生态"称为"本义"的"生态"，或曰"狭义的生态"，那么在研究"工程生态""教育生态"等问题时，"生态"的含义就不是"狭义"的生态而是指"隐喻意义"的"生态"，或曰"广义的生态"，而每个"隐喻的生态"又指向和指称一个重要的研究对象和领域。

自 20 世纪末以来，国内外对"创新生态"的研究日渐广泛和深入，最近一二十年中甚至出现堪称井喷之势，于是，从表面上看，把"创新生态"研究推进到"工程生态"研究似乎只是一步之遥。然而，由于多种原因，特别是深层次的原因，"工程生态"的研究在国内外都一直无人问津，这就深刻反映出"工程生态"是一个新的研究对象，是一个有待开拓的研究领域、一片科研处女地，不但需要从语言学、逻辑学角度揭示其含义，更需要从哲学高度认识和阐释其内容与含义。

工程活动是工程主体以自然界为基础和对象创造"人工品"（artifacts，广义的人工品包括信息产品在内）的活动。自然界既包括物理自然界（非生物自然界）又包括生物界。在生物进化过程中，人类脱离动物界，形成人类社会。人类社会不仅包括物质生产活动，还包括精神生活和社会发展。可以认为，存在着物理世界、生物界和人类社会三个层次。

生态学源于自然生态、生物生态，其主要研究对象是生物体与周围环境（包括非生物环境和生物环境）的相互关系。生态学研究生物个体和物种在特定生态环境中的生存状态、生存关系。[①] 生物个体和物种都不是孤立、封闭地生存的，而是存在于特定生物群落之中，并且不同的生物群落又具有不同的特征，因此，还必须研究群落，研究群落中不同物种之间的多种多样的关系，包括共生互济生存关系和形态等。而"工程生态"的研究对象是工程，虽然也不排除利用机械思维方法认识工程，但更应强调和重视运用生态学的思维方式认识和运筹工程（工程活动与工程问题）。

第三节　工程生态论研究的时代呼唤和研究的意义

① 工程生态论研究的社会和时代呼唤

工程生态论研究不是凭空而来的，而是对理论、现实、形势和战略的时代呼唤的响应与反映。

概括地说，在宏观层次，工程生态研究是对我国"高质量发展"的"新阶段"现实和形势的响应与反映，是对中国式现代化与世界产业演化发展新形势的理论和现实的时代呼唤的响应与反映；在中观和微观层次，工程生态研究是对我国工程和经济社会发展中"新行业"和"传统行业的新形态新机制"以及"工程集群"和

---

① Begon M，Towsend C R，Harper J L. 生态学——从个体到生态系统［M］. 4 版. 李博，张大勇，王德译，译. 北京：高等教育出版社，2016.

"企业发展"的迫切需求的响应与反映。在进入高质量发展阶段的过程中，我国工程界和管理界需要有新的战略和策略运筹方式及思路，需要有新的思维方式和研究范式，这些都成为要求研究工程生态的有力呼唤。

近年来，随着新技术的快速进步，尤其是互联网（物联网）的广泛普及、数字化无处不在的强力渗透、人工智能发展势头不可阻挡，工程的新模式、新业态正在迅猛涌现。面对这个日新月异的高质量发展新时代，传统的思维方式已难以准确反映工程与周边环境以及各工程之间的点、链、网相互交织的关系，传统的工程方法也难以协调工程生命周期各阶段之间的有机联系。新时代呼唤与其相互适应的新的工程思维、新的工程方法，打破传统的时空限制，推动"工程+"，实现跨界融合，创造新的工程形态。

2　研究工程生态论的意义

2.1　研究工程生态论的理论意义

对于理论研究和理论思维来说，范式和思维方式是头等重要的问题。本书阐述与分析了工程生态的基本性质和特征、工程生态论的一系列重要内容和概念（工程生态位、健康诊断、智能体等）以及若干典型案例，并且强调工程生态论研究是一种工程研究的新范式和认识与研究工程的新的思维方式[①]。

在过去 20 年中，中国工程界和哲学界进行了原创性跨界理论创新，在工程哲学这个新学科在世界兴起过程中发挥了首创作用，初步形成了工程哲学的中国学派，提出了以工程本体论为核心的包括五论（科学-技术-工程三元论、工程本体论、工程知识论、工程方法论、工程演化论）的工程哲学体系。[②] 而工程生态论研究是我国 20 年工程哲学研究工作的延续和拓展，它把工程哲学原有的"五论"体系扩展成为包括工程生态论在内的"六论"体系，其理论意

---

① 傅志寰，李伯聪. 工程生态论：探索建构工程研究的新范式 [J]. 人民论坛·学术前沿，2024（10）：4-16.

② 殷瑞钰，李伯聪. 工程哲学的兴起与中国学派的开创 [J]. 人民论坛·学术前沿，2023（9）：6-15，81.

义已经不言自明了。

2.2 工程生态论研究的现实意义

本书的内容包括"理论研究"和"实践（案例）研究"两个方面。其相互关系是：一方面，工程生态的概念和理论绝不是凭空而来的，而是立足工程实践和案例的现实基础抽象与升华的结果；另一方面，工程生态理论又能够指导、解释、分析、评价现实的工程实践和工程案例。总而言之，工程生态的"理论研究"和"实践（案例）研究"是相互启发、相互渗透、相互促进、相互作用的关系。

在哲学视野中，共性和个性的相互关系既是"世界对象本身"的基本关系，又是人们（包括哲学家、工程师、管理者和其他社会角色）认识世界的基本认识框架和分析框架。任何事物都是既有个性又有共性的，如果脱离了"个性与共性的相互渗透与相互作用"就不能正确、合理地认识世界和改变世界。而工程生态论的"理论研究"和"实践（案例）研究"正是共性研究和个性研究的具体表现。

在本书的"实践（案例）研究"中，在微观层次，着重研究了"工程活动（项目）的孕育、诊断、健康性研究"；在中观层次，着重从"工程生态"视野研究了工业、能源、交通行业的一些问题，提出了新分析和新认识；同时，又从"工程生态"视野研究了一些行业或领域的工程数字化、网络化、智能化问题。这些都是具有突出实践指向和现实意义的研究。

工程生态论提出了关于"（广义）工程生态"的新理论，强调在我国贯彻高质量发展战略过程中，必须把以往存在的传统思维方式转变为新形态的工程生态思维方式。工程活动绝不仅仅是狭义的自然生态关系，更是广义的、动态的、复杂网络的层次性工程生态关系。立足广义工程生态思维和广义生态运行理论，分析和应对行业性、区域性、项目性工程生态理论与实践问题，对进一步深入认识和贯彻我国高质量发展战略、发展新质生产力具有重要作用与意义。

应该注意，工程生态研究不但特别注重工程哲学视野的分析和研究，同时也重视工程管理、工程经济、工程战略、工程策略、工程政策、工程科技、工程演化、工程文化等角度的研究，这使得工程生态研究与现实经济社会发展有了更多、更密切的相互渗透内容，能够产生更切实的社会影响。

　　总而言之，工程生态研究不但具有重要的理论意义和作用，而且具有重要的现实意义和作用。

第二章

工程生态的基本性质与研究进路

随着信息技术特别是互联网、物联网、大数据、人工智能的蓬勃发展和广泛渗透，新行业、新业态应运而生，工程活动的跨界融合成为时代潮流，工程界和社会其他各界对"工程生态"有了越来越深刻的认识和体会。越来越多的人深刻地意识到，只有扎根工程生态土壤、营造合理且有活力的工程生态场境，才能取得工程的成功。

虽然"生态"和"生态学"目前已经不能被看作"新词汇""新术语"，但近年来陆续出现的组织生态学①、政治生态学②、教育生态学③、产业生态学④、创新生态学⑤、信息生态学⑥等应该被看作"新术语""新领域"。因为前者的基本研究对象和研究内容主要是"狭义的生态"，而后者的基本研究对象和研究内容主要是"广义的生态"。从字面看，"狭义的生态"和"广义的生态"中出现了"同一个词语"——"生态"。但是，如果认真比较"狭义的生态"和"广义的生态"的整体语义，又会发现二者不容混淆，从而使得"狭义的生态"和"广义的生态"成为"不同的术语"，不能混为一谈。例如，"政治生态""教育生态"都是指"广义的生

---

① 汉南，费里曼. 组织生态学 [M]. 彭璧玉，李熙，译. 北京：科学出版社，2014.

② 罗宾斯. 政治生态学：批判性导论 [M]. 2版. 裴文，译. 南京：江苏人民出版社，2019.

③ 克雷明. 公共教育 [M]. 宇文利，译. 北京：中国人民大学出版社，2016. 这本书中首次提出"教育生态学"这个术语。

④ 格雷德尔，艾伦比. 产业生态学 [M]. 施涵，译. 北京：清华大学出版社，2004.

⑤ 柳卸林. 创新生态系统 [M]. 北京：知识产权出版社，2022.

⑥ Nardi B, et al. Information Ecologies：Using Technology with Heart [M]. MA：MIT Press，1999.

态"，而不是"狭义的生态"。一般来说，"狭义的生态"是讲"本来意义的自然界的生态"，而"广义的生态"（例如"政治生态"）是以生态作为隐喻方式分析和研究其他领域的问题。

"学术术语"与"（日常）词语"既有相同之处，也有重大差别。如果仅仅因"一时灵感"而在行文中"偶尔"使用了一个"新词语"，虽然也应该给予肯定，但是要将其深化、升华为一个"学术术语"，甚至拓展为一个"学术新领域"，那就不可同日而语了。

值得注意的是，已经有人关注并研究了"工程项目生态系统"。①② 其中，"生态"是"广义的生态"，而"工程"则指"工程项目"，这就又把"工程"解释为"微观的工程"——也就是"工程项目"。在工程哲学和工程伦理学中，已经明确论证和指出所谓"工程"应该既包括"微观"（主要指项目），又包括"中观（包括纵向的各个'行业'和横向的各个'区域'的多种工程）"和"宏观"（一个国家甚至全世界范围的"工程整体"）的工程③，这就显示"工程项目生态系统"研究的"工程"仅仅指"微观的工程"。在工程活动中，"微观的工程项目"与"中观的行业和区域"乃至"宏观的工程整体"相互渗透、相互影响、密切联系。因此，在研究"工程"这个对象时，虽然许多人往往把工程仅理解为"微观的工程项目"（可称为"狭义的工程"），但无论从理论看还是从现实看，人们都必须把工程理解为"包括微观、中观和宏观（'三观'）"的工程（可称为"广义的工程"）。可以看出，在"工程生态"的理论研究和现实视野中，不但要研究"广义的生态"，而且要研究"广义的工程"，要把对"广义的生态"和"广义的工程"的研究结合起来。这是一项重要、艰巨且意义重大的任务，它不仅可以拓展工程哲学的研究领域，还会带来对工程实践的新认识。傅志寰院士率先探讨了这一问题，并在第十次全国工程哲学学术会议

---

① 周红，成虎，徐鹏富. 工程项目生态系统概念与原理研究 [J]. 中国工程科学，2006，8（10）：94-98.

② 周红. 工程项目生态评价理论与方法 [M]. 北京：中国建筑工业出版社，2016.

③ 李伯聪. 工程的三个"层次"：微观、中观和宏观 [J]. 自然辩证法通讯，2011，33（3）：25-31.

上呼吁开展工程生态研究。① 本章将着重分析工程生态的基本性质和工程生态的研究进路。

第一节 从生态概念到工程生态概念

1 生态概念的提出和生态学思路的扩散

ecology（生态、生态学）中"eco-"这个词根，源自希腊文，意思是"家"（house）或"家园"，所谓生态学就是对家园的研究。应该特别注意的是，生态学一词中的"eco-"与经济学（economics）的词首部分相同，而经济学起初是研究"家庭管理"的。② 由于容易理解的社会原因和学术形势，研究"人类经济家园"的"经济学"较早受到关注并形成了"经济学"（economics）这门学科。直到 1866 年，德国生物学家海克尔（Ernst Haeckel）出版《形态学大纲》，才首次提出生态学概念——研究动物与其周围环境（包括非生物环境和生物环境）相互关系的科学，其后生态学不断发展。

自 20 世纪下半叶以来，生态学的影响越来越大。人们不但关注生态学自身的研究成果，而且感到"生态学方法"具有"一般方法论"意义。于是，一些学者开始运用生态学的方法和思路研究其他领域的问题，形成了"政治生态学""文化生态学""语言生态学""信息生态学"等新的研究方向和领域。

20 世纪 70—80 年代，许多学者和政治家希望将生态学引入社会治理，帮助人类走出困境。联合国曾郑重立项并投重资支持相关研究。但由于多种原因，20 世纪 90 年代后诸多简单引入生态学思想治理社会的研究遭遇困境，一些项目不得不解散。

2 工程生态研究大门的打开及其哲学意义

从抽象理论概念分析角度看，工程生态概念的提出似乎不是非

① 刘媛媛，田凯今，宋林柯，等. 工程哲学视域中的工程创新——第 329 场中国工程科技论坛与第十次全国工程哲学学术会议综述［J］. 工程研究——跨学科视野中的工程，2021，13（3）：298-302.

② 林育真，付荣恕. 生态学［M］. 2 版. 北京：科学出版社，2011：1.

常困难之事，但从以上简述的学术发展的某些具体轨迹中又可看出，这绝非容易之事。换言之，直到如今才能够撞开"工程生态研究"的大门确实有其深层原因，而打开这扇大门之后，其宽广的前景与深远的理论和现实意义令人惊叹。

工程生态理论的研究是工程哲学对工程实践所面对的诸多现实挑战的理论回应。传统工程哲学研究倾向于关注特定工程及其全生命周期，而对工程所由以发展起来的生态，只是在"环境"概念下进行一些比较一般性的分析。因此，拓展工程哲学，发展新概念、提供新思路、形成新理论、探索新方法，成为必然选择。

工程生态概念的提出具有本体论意义。工程生态概念表明，工程是一种"广义生态化存在"，工程起于广义生态、成于广义生态，成也广义生态、败也广义生态。在生态网络中定位工程、理解工程、驾驭工程，是当代工程实践的必然要求，也是"要全面地看问题"这个方法论原则在工程实践中的具体体现。如何全面地看问题、把握工程活动的普遍联系，当然不是一件容易的事情。系统思维就是为此而生的，但我们需要超越系统思维，走向生态思维，形成系统思维和生态思维的互相补充、相得益彰。中国人做事讲究"天时、地利、人和"，这实际上就是一种素朴的生态思维。

如今的信息技术、互联网和人工智能，使我们第一次对工程生态的系统把握成为可能。当代工程生态表现出了新的特点：普遍智能化和加速进化。正是互联网，将许多工程链接在一起，经过5G赋能，已经形成天地互联、人机互联、机器互联，万事万物纳入一张网的大生态格局。在这个网络中，智能化的人和非人扮演着关键角色，特别是人工智能体或智能平台，它们作为"网器"[①]，扮演着智能连接者的角色。因此，算力成为必要基础，而覆盖全社会的算力网络就成为工程生态的有机组成部分。工程生态网络越复杂，就越需要自动化、无人化和实时反馈，这意味着数据的实时采集和精准传输，因而对信息技术的要求也就越精细、越强烈。在互联网生态中，人工智能体的存在成为必需，使人与人、人与物、物与物之间的响应变得实时化、自动化。可以说，工程生态普遍的智能化——

① 王飞跃. 连通环境下联网系统的智能控制与管理问题［J］. 模式识别与人工智能，2004，17（1）：1-16.

各类元器件的智能化、元器件连接的智能化，以及人类行动者自身的再智能化（如智能穿戴成为新的智能体），构成了当代工程生态的智能基础。而普遍的智能化使工程生态内在的正反馈机制加速运行（如自我强化学习），从而使工程生态网络"加速进化"，形成加速建构未来的机制。可以说，今天的"天时、地利、人和"有了全新的表现形式，需要并可以对此进行更加深入的理论分析。

从这个意义上说，工程生态理论研究是工程哲学对工程实践新现实所作出的理论回应。工程生态视角有助于辨明工程群体之间的关系、工程的跨界融合、工程与经济社会的复杂关系。

广义而言，工程本身也是一种生态。工程生态可以界定为工程活动由以发生的各类关系交织而成的动态场域（dynamic field），它决定着工程的存在与发展状态。这些生态关系存在于工程的诸要素之间、工程利益相关者之间、工程不同层次之间、工程与工程之间以及工程与环境之间，大体可以归结为人员互通、资金往来、技术融合、创新协同、能量流动、物质代谢、信息传播、市场竞争、社会影响等维度，体现为供应链、产业链、共生园区和职业共同体等复杂样态，它们共同构成了工程活动得以发生和演进的复杂关系网络。

"工程生态"不同于"工程系统"，也不同于"工程环境"，因为工程系统是边界清晰的，而工程环境则是外在的。工程生态概念是对工程全要素、全过程、全方位的生态性认知和理论性阐释，它将工程系统和工程环境融于其中，形成工程生态这个新视角。作为造物活动和造物过程，工程本身就是一个极其复杂的概念。在工程生态中，项目是基本单位，有复杂的结构和层次性。作为一个有特定目标和功能的工程项目，其本身就是一个包含着子系统的生态系统，同时它又必定是更大的工程生态系统的有机组成部分。在这个意义上，可以将工程项目理解为"类生命体"的"物种"，以此为切入点关注工程系统和工程过程时，就会发现工程的"种群"和"群落"，发现许多与自然生态系统类似的工程生态规律。

工程生态既是一种存在状态，又是一个发展过程，它打破了地域局限，处于广泛联结和动态发展之中。这种联结和发展，既是建构的，也是演进的。一方面，工程要适应既有的环境，如当地气候、自然生境、人文社会、政策法律等；另一方面，工程也会推动环境的改变，催生新的平台、产业链，推动政策、法律的修订等。因此，从"生态"视角关注工程更能揭示其间各种关联和动态关系，更能找到认识和发展工程的健康路径。

工程生态作为"公共物品"，并非单个行动者所能完全掌控。基于工程生态概念，可以发现，工程活动面临的许多问题，往往不是特定工程自身的问题，不是特定个体的问题，而是一种生态问题。因此，改善工程生态，强化工程生态治理，才是解决这些问题的可行出路，而这当然还要建立在对工程生态的规律性认识的基础之上。

理解工程生态概念还需注意生态性和生态化两个维度。所谓生态性，是指工程主体、工程诸要素以及工程造物成果都源于天然自然并有赖于自然生态系统。所谓生态化，是指工程主体应该有意识地探寻"基于自然的解决方案"，建构适应自然生态系统并能与之和谐共生的工程系统。生态性主要关涉工程的生态背景、生态环境和生态现实，生态化则关涉如何使工程系统具备生态功能、依生态方式而运行，体现着一种"规范要求"。

第二节　工程生态的基本性质

工程生态概念的提出旨在从生态视角重新认识工程，梳理工程生态关系、关注工程的互联共生与动态融合，倡导新的工程观和方法论，助力工程实践的健康发展。要理解工程生态概念，就需要阐明和理解工程生态的基本性质与基本特征。所谓"基本性质"与"基本特征"常常相互渗透，二者难以绝对区分。但是，也不能认为二者绝对没有区别、二者完全就是一回事。大体而言，"基本性质"往往更注重"自身和内在"视野与分析，而"基本特征"往往更注重"自身与外部比较"视野与分析。对于工程生态的基本特征，将在第三章论述，而本节以下将着重阐述工程生态的六组基本性质。

1 工程生态具有生态要素和生态关系的双重多样性

工程生态离不开各类相关生态要素和生态关系。无论是工程生态的构成要素，还是这些要素之间的相互作用，都具有丰富的多样性。特别是，工程生态中的"物种"具有异质性、自主性、多样性，存在着各类工程生命体、各类人工智能体、各类人类行动主体、各类生态关系。正因为工程生态中存在多种具有"自主性"的"物种"，具有各类自主的行动者，具有各类生态关系（例如共栖关系、竞争关系、捕食关系、共生关系、寄生关系等），工程生态才能生生不息，不断孕育新的工程物种。这种生生不息导源于工程生态中物种之间以及各类行动者之间存在着的非线性相互作用，特别是"网器"和其他行动者之间存在着的非线性相互作用，而这些相互作用本身也具有丰富的多样性。因此，只存在单一物种和单一生态关系的工程生态是不可想象的。

❷ 工程生态在时空分布上同时具有集聚性与分散性

工程生态不仅具有空间维度，也具有时间维度。工程总是在特定时空中发生，各种工程革命也只有在不同时空中聚集了多种相关条件，才有可能发生。无论是在地理空间上还是在历史进程中，工程的分布都呈现出集聚性和分散性，产业集群和工程革命都是这种时空分布不均衡性的突出表现。历史上工程革命之所以发生在一些特定地域，其深层原因在于这些地域由于技术、文化、法律、经济等相关因素的汇聚，率先形成了收益递增，发生了强烈的技术、经济、社会发展的正反馈，对周边地区形成了人力和资源的虹吸现象，使周边地区只有加入这个生态中才能跟随发展。发达国家曾经繁荣昌盛的老工业区，以及我国长三角、珠三角、京津冀地区的大量工程集聚，就是明显的例子。可以说，正是收益递增网络在特定地域的形成，带来了工程生态的繁荣。因此，无论从共时维度还是历时维度看，工程生态都存在着强烈的不均一性或者说集聚性与分散性。

❸ 工程生态在认识论意义上既有透明性又有暗藏性

面对这种工程生态的多样性，任何一门学科都无法穷尽工程生态的认识。工程生态的边界总是模糊的，内部结构和关系总是处于变动之中。工程生态概念还提醒我们，人类不可能建立关于工程实践过程的完备认识。换言之，从认识论角度看，工程生态是一种半明半暗的存在，既有当下能够看得真切的地方，也有一时看不清楚的地方。因此，需要思考的问题是，在不可能建立完备认识的基础上，如何能够驾驭工程和工程生态。无论作为个体、组织，还是政府，都需要思考这个问题。这不是一个单纯的工程管理问题，而是工程治理和工程生态治理的问题，是工程和工程生态的适应性治理问题。随着信息技术的发展，特别是大数据分析技术、人工智能技术的广泛应用，工程生态网络不断扩展，个体掌控的范围大大扩展了，但与此同时个体需要考虑和协调的范围也大大扩展了。换言之，个体可以掌控的范围和事物以及不可掌控的范围和事物都大大扩展了。在这种情况下，个体行动的不确定性非但没有减少，反而大大增加了，而且更加依赖于与其他行动者的网络联系，这也是今天人类"网络意识"日益增强的原因。

4　工程生态具有整体性与网络复杂性

　　工程生态是具有整体性的复杂生态网络。从历史上看，第一次工业革命的标志性人工物是蒸汽机。蒸汽机发挥了巨大的"转译"（translation）作用①，催生了新的人工系统和人工制品，并将各类产业和人工系统关联起来，将越来越多的国家关联起来，从而形成了一个以蒸汽技术为基础的工程生态。随着第二次工业革命的兴起，内燃机和电力技术扩散到全社会、全人类，家家户户、每个人都被拉入网络之中，工厂的动力基础从蒸汽升级为电力，形成了以电力技术为基础的工程生态，整个世界都被关联起来了。第三次工业革命就是互联网革命，带来了万物互联的新世界。人工智能支撑着庞大的信息网络，形成了以信息技术为基础的信息工程生态。无论是以蒸汽技术为基础的工程生态、以电力技术为基础的工程生态，还是以信息技术为基础的信息工程生态，本质上都是一种网络关系。只不过随着科学技术的发展，这种网络关系不断扩展，网络关系复杂度不断提升。正在发生的新科技革命已将智能工程推向前台，未

---

　　① Latour B. Reassembling the Social：An Introduction to Actor-Network-Theory ［M］. Oxford：Oxford University Press，2005.

来人类社会的样态或许会发生天翻地覆的改变，但具体演进方向还难以预知，这也是"工程生态具有认识论意义上的不透明性"的表现。

⑤ 工程生态具有内生力量驱动的进化性和阶段稳定性

工程生态网络不是也不可能是一种静态网络，之所以如此，不仅在于工程本身就具有变革当下社会-物质现实的内在本性，而且在于工程生态网络具有内在的变革驱动机制——导源于"网络效应"①的工程生态加速进化机制，从而带来工程生态物种多样性和相互作用复杂度的不断提升。所谓"网络效应"，简单说来，就是加入网络的行动者越多，行动者得到的收益也就会越高，这实际上是网络内部存在着的"收益递增"现象。② 正是收益递增，创造出了越来越多的价值，吸引更多的行动者加入网络。这个进程可以从几次工业革命中得到印证。从第一次工业革命到第二次工业革命再到第三次工业革命，已经达到了"万物互联"的状态，发挥关联作用的核心"网器"发生了革命性变革，网络效应也越来越大，以至于常常发生"赢者通吃"的现象。

工程生态的进化离不开创新，在工程生态中开展工程创新，就是通过工程创新变革乃至颠覆原有生态，构建新的工程生态。这表明工程生态是动态的、生成的，其中不同工程物种或要素以共生方式相互依存，没有确定的中心，处在不断变化之中，在每一瞬间既有对过去的延续，又有对过去的超越，犹如"热带雨林"，生生不息。这种思想的创造，新的工程生态的生成，也反映了德勒兹（Gilles Deleuze）所强调的：走向域外，才是思；站在域外，才有思。③

⑥ 工程生态具有渐进性和生生不息的涌现性

工程总是生态中的工程，不能否认其有渐进性，也不能否认其

① 斯特里特.网络效应：浪漫主义、资本主义与互联网［M］.王星，裴莤迪，管泽旭，等，译.上海：华东师范大学出版社，2020.

② 阿瑟.复杂经济学［M］.贾拥民，译.杭州：浙江人民出版社，2018.

③ 德勒兹.德勒兹论福柯［M］.杨凯麟，译.南京：江苏教育出版社，2006.

有涌现性，它是渐进性和涌现性的统一。工程创新总是生态中的创新，而工程和工程创新会反过来塑造工程生态。工程生态进化总是一种推陈出新的过程，一种超过现有认识的过程，总是会出现"令人意外"的新事物。这也是工程生态各要素、各主体之间非线性相互作用的必然产物。任何新的工程设计都是从结构-功能关系的"生态"中涌现出来的。任何备选的结构-功能关系都要经受市场竞争、标准、规范的筛选，适者生存。在工程创新中要确立生态思维、塑造工程创新生态，把握颠覆性创新的复杂性和不确定性。在网络生态中，某些工程的衰落，并非自身的失败，更可能是工程生态演化带来的"意料之外"的失败。类似地，某些工程的成功，也可能并非自身的成功，而是工程生态演化带来的"意料之外"的成功。这里实际上存在着一种非线性机制：同样的工程努力，有可能差别极大；微小的行动偏差，很可能带来极大的影响。

当前企业与企业之间的竞争，乃至国家与国家之间的竞争，很大程度上已经演变为"生态竞争"。在这种情况下，大批企业一荣俱荣、一损俱损的情况比比皆是。例如，华为等头部企业受到美国打压时，整个中国信息通信产业整体承压；当其实现技术突破时，国内产业链随之焕发出新的生机，同时对美国、日本和韩国等国企业产生竞争效应。这实际上是工程生态的"网络效应"使然，这种效应远远超出特定企业可以掌控的范围。所有企业都需要对这种机制有深刻理解，以便重新定位自身。对于工程建设者来说，当说到大局意识时，往往就是指"工程生态意识"。

第三节　工程生态研究的基本进路

1 从相关学术领域汲取思想资源

为了开展工程生态研究，首先需要从相关学科发展中借鉴概念资源和理论分析资源。

1.1　生态学及相关理论资源

当前，生态学的发展已经远远超出了最初的生态学构想，超出了对物种与环境之间关系的关注，自然生态学、生态系统生态学、盖娅理论等将生态关系放大到整个自然生态圈，这些理论应该作为本研究的重要理论基础。此外，还有许多将生态学理论做延伸移用产生的交叉学科，如组织生态学、政治生态学、社会生态学、产业生态学、创新生态学、信息生态学等，本研究也应从这些理论中汲取精华。

1.2　系统工程理论及方法

系统方法和系统工程产生于工程建设本身，并反过来对工程建设发挥着十分重要的指导作用。系统工程实践表明，不仅存在着简单工程，也存在着复杂工程；为了应对复杂工程的挑战，传统系统工程需要走向复杂系统工程，从而为复杂工程系统设计和建构提供方法论指导。① 在这个过程中，复杂工程建设者和系统工程研究者都注意到了工程实践中的生态问题，超越传统系统思维，发展生态思维，已成为一种趋势。复杂系统工程理论是传统工程理论中最接近工程生态思维的部分，也应作为本研究的理论基础之一。

1.3　创新理论

创新本质上是一种工程现象，创新过程也就是工程过程。近年来，关于创新生态系统的研究十分活跃，之所以如此就在于创新活动本质上是一种生态现象。只有在生态中才能理解创新，也只有理解了创新，才能理解经济生态和社会生态的变革。在创新生态系统研究方面，也已经积累了大量研究文献。这些文献已经建立了若干理论认识，可以移用于工程生态研究。与此相关，当前关于负责任创新的研究，其分析框架也具有一定的生态意蕴，同样应该借鉴。②

② 微观、中观和宏观相结合

工程生态研究不仅要从新的视角关注个体工程，而且要将着眼

---

① 李秀波，王大洲.复杂工程系统自组织问题研究综述［J］.工程研究——跨学科视野中的工程，2012，4（2）：181-189.

② 格伦瓦尔德.负责任研究与创新的解释学面向［M］.姜小慧，译.沈阳：辽宁人民出版社，2023.

点放在工程与工程、工程与环境以及当下的工程与前后相关的工程的关系上。因此，工程生态研究必然要求微观、中观和宏观的有机结合，这种结合既涉及理论研究，也涉及经验研究。

2.1　理论研究的意义和价值

从理论上看，需要从微观、中观和宏观层面揭示工程世界的立体交叉网络和协同进化进程。就微观而言，可以着眼于特定工程，将其看作一种生态建构过程。就中观而言，可以着眼于集群或区域工程发展，探讨其内在逻辑。就宏观而言，可以着眼于国家工程发展、工程革命的历史进程，揭示生态演进逻辑。然后，将这三个层面关联起来，揭示工程生态中的网络效应、自组织机制和适应性进化机制。

2.2　案例研究的意义和价值

工程生态研究离不开案例研究。只有通过案例研究，才能揭示工程生态形成和发展的细节，从而为理论发展提供素材。案例分析包括微观案例、中观案例和宏观案例三个层面。基于工程个体、工程群体和工程区域的案例分析及其贯通理解，可以帮助我们从现实世界中萃取工程生态思想精华，从而支撑工程生态理论发展。

❸ 关注智能体在工程生态中的作用

智能体可以分为天然智能体（人类）和人工智能体（智能部件、智能系统等）两大类。当今世界，人工制品的普遍智能化是一个新的发展趋势。在这种情况下，工程生态演进的一个基本特点就是大量人工智能体的出现和广泛应用。智能体是工程生态中的一种基本要件，可以看作一种"网器"。只有在生态视域下理解智能体及其功能，才能对工程生态概念建立比较深入的认识。

（1）作为类生命体的智能体产生的必然性。智能体是一种网器，具有一定的自主行动能力，也就是具有了一定的"生命属性"。智能体促进、强化了工程生态网络的形成和扩展。要把握网络效应和收益递增现象，就有必要讨论智能体，特别是在当代网络化、智能化条件下更是如此。

（2）作为类生命体的智能体在工程生态中的生态位。工程生态网络中存在三种类型的交互关系：人与人的交互、人与物的交互、物与物的交互。智能体在这三类交互中都具有特殊作用，即带来了交互的智能化、自动化、实时化，从而使收益递增的网络效应成为可能。通过这种分析，可以在工程生态中定位智能体，反过来也为理解工程生态奠定坚实基础。

（3）智能体用以贯通微观、中观和宏观分析的特殊潜能。工程生态的微观、中观和宏观三个层面并非相互割裂，而是存在着有机的内在联结。智能体是具有贯通性的"网器"，可以用来分析三个层面之间的内在联系。智能体是一类特殊的"转译"者，使工程生态中物质、能量、信息的流转速度大大提升，流转空间大大扩展，从而推动形成各个行动者乃至各个工程生命体之间的高效"转译链"。这样，借助"智能体"的"转译"潜力，任何"局域"事件都有可能很快转变为"全局"事件，从而发挥"牵一发而动全身"的作用。反过来，任何宏观层面的扰动，都会迅速直达每个局部而发挥统摄性作用。这样，微观、中观和宏观就借助智能体紧密关联起来了。

（4）基于智能体分析，有可能进行工程生态建模仿真分析，用以检验工程生态建构的基本原则。当然，这种模拟分析已经超出了哲学研究的范畴，但哲学研究应该可以为此类研究提供若干方法论。

4　注重战略导向，突出工程方法论意义

工程起于生态，涉及工程的孕育、工程意象和工程预见活动。工程需要在生态中定位自身，从而拥有自己的生态位。工程作为生态，涉及多主体、准主体、工程共同体的形成、生命体群落、协同进化的过程。工程塑造生态，涉及生态效应、识别和调控、适应性进化。据此进行理论分析，有可能建立诊断系统。

（1）如何让工程成为人类永续发展的现实支撑。基于生态思维，深入把握工程生态和自然生态之间的相互作用，把握工程生态建构和工程系统建构之间的辩证关系，从而使工程建设真正服务于人类可持续发展。

（2）如何用工程生态思维指导特定工程建设。基于工程生态认

知，识别生态位，是工程建设规划决策的必然选择。在此基础上，需要充分认识特定工程建设的工程生态效应，并在更高的层面对工程生态进行调控。这样才能求得工程目标、工程生态建设和自然生态演进之间的和谐。今天中国企业的生态位，容易导致"卡脖子"问题以及社会责任、生态责任缺失问题，就是因为其在生态中处于弱势地位且缺乏生态意识。要摆脱这种弱势地位，就需要用生态思维指导工程建设和工程生态建构。

（3）如何用工程生态思维指导产业规划、行业工程战略乃至国家工程战略，特别是要站在全球可持续发展的大视野下思考此类问题。从微观层次迈向中观层次，从中观层次迈向宏观层次，然后再返回中观和微观，从而在微观-中观-宏观相互作用中把握工程生态，从工程生态视角思考产业规划、工程战略，这样才能避免工程决策的偏狭，真正让工程战略制定达成"工程战略自身"，这一定是着眼大局的、立足长远的、上下通达的、服务于国家发展乃至人类可持续发展的战略规划。

总而言之，工程是一种生态性存在。在生态网络中定位工程、理解工程、驾驭工程，是工程实践的必然要求，也是"要全面地看问题"这个方法论原则在工程实践中的具体体现。只有用生态思维来面对工程，才能更好地成就"工程自身"。工程生态是工程哲学的新的研究对象，可望带来新的洞见，不仅有助于带来新的生态思维，而且有助于拓展关于工程实践的基本认识。工程生态研究意味着要超越"点状思维""线性思维"，走向"生态思维"。生态视域下的工程创新与道家思想有内在联系：工程实践是"无中生有"的过程，在工程实践过程中，总是无形先于有形，不可见先于可见，虚先于实，空先于有。如果不重视"虚的""无形的""不可见的""空的"东西，就不会有工程和工程创新。工程生态概念就是要提醒我们注意这些"虚的""无形的""不可见的""空的"东西，是虚与实、无形与有形、不可见与可见、空与有的辩证统一。从这个角度看，工程实践过程就是从无到有、从虚到实、让不可见走向可见的"生态过程"。许多创新不是规划设计出来的，而是在生态中涌现出来的。工程生态也提醒我们，既要重视必然性和可控性，也要重视偶然性和自发性，这样才能真正把握工程生态的方法论要义，助力人类工程可持续地健康发展并造福人类。

工程生态的基本特征及其思想源流

无论从理论角度看还是从现实角度看，"工程生态的基本性质"和"工程生态的基本特征"都是密切联系、相互渗透的，在许多情况下甚至可以"混为一谈"，但在另外语境中，二者又有许多区别。大体而言，在研究"性质"时往往会更关注"自身的性质"，而在研究"特征"时往往会更关注"自身与他者的比较"。第二章对"工程生态的基本性质"进行了系统分析，本章着重对"工程生态的基本特征"进行具体分析和阐释。

第一节　认识和研究工程生态基本特征的思想源流与意义

在研究工程生态时，一个重要主题就是要研究其基本特征。这个主题具有广泛的渗透性——渗透到工程生态研究的各个方面。

从客观辩证法与主观辩证法统一的角度看，所谓工程生态的基本特征有两个基本内容：一是指工程生态"对象自身"的基本特征，二是指对这个客观对象的主观认识。一方面，二者不可混为一谈，因为常常出现片面认识甚至错误认识的情况，以及对象发生变化而认识跟不上变化的情况；另一方面，二者又不可分割，因为如果离开了一定的认识方式和认识结果而侈谈"客观对象"，就可能陷入张冠李戴或捕风捉影的困境。在讨论二者的相互关系时，重点和难点都在于"对象自身"以及"认识方式与认识结果"都处在不断变化之中。以下先从历史性和历时性角度进行一些分析和讨论，然后具体分析和阐述我们当前对工程生态基本特征的概括与认识。

在历史进程中，人类在不同时期会对工程的基本特征有不同的认识。随着工程的现代发展，当前更出现了"工程生态思维方式"和对"工程基本特征"的新认识，认为工程系统是一个广义生态系统，从而主张必须立足工程生态思维方式形成对工程基本特征的新认识。

如果从客观辩证法与主观辩证法统一的角度看问题，一方面，应该强调指出，能否掌握"工程生态论"理论范式和思维方式，决定了不同的人在认识工程的诸多问题时不可避免地会有不同的认识①，在掌握了"工程生态论"理论范式和思维方式之后，外部的"工程基本特征"问题就转变为"工程生态基本特征"问题；另一方面，又要承认，"工程生态论"理论范式和思维方式不是"先天存在"和一蹴而就的，而是有其思想缘起和理论形成与发展逻辑的。

"工程生态基本特征"与"工程基本特征"相比，多出了"生态"二字。由于"工程生态"中的"生态"是指"广义生态"，而"广义生态"不但涉及生物现象、物理现象，而且涉及经济现象、社会现象等，这就使我们的研究视野和理论工具必须大大扩展。这里不可能全面讨论有关问题，以下仅简单讨论生物学和经济学的认识史与观念史方面的一些问题。

1 生物学和生物学哲学中"自主论"与"还原论"的论争

在生物学发展中，关于生物学性质的自主论和还原论的论争源远流长且意义重大。前一种观点认为生物学是一门"自主"的学科，反对"（关于生命和生物学的）还原论"观点；而后者认为生物学规律可以还原为物理规律，生物学只不过是物理学的一个"分支"，因而又被称为"分支论"。在生物学发展史上，自主论和还原论的具体表现多种多样，二者都源远流长，并且不断有新的发展。二者的相互争论、相互渗透、相互影响和相互作用至今仍未结束。

在历史上，地球最初是没有生物的物理世界，后来有了生命，

---

①　这里所出现的区别，最典型的表现就是对于"同样的外部世界"，有不同哲学世界观的人和掌握不同科学理论（例如托勒密理论和哥白尼理论）的学者会有不同的观点、解释和结论。

更晚才有了人类。如果说人类已有几百万年的历史，那么，哲学和科学只有两三千年的历史。古希腊的第一位哲学家泰勒斯提出"水是万物的本原"。在这种关于"万物本原"的哲学思维中，未对生物和非生物进行区分。柏拉图认为，"在苏格拉底以前，哲学只包括物理学。"① 柏拉图的学生亚里士多德（公元前 384 年—公元前 322 年）"是古代最伟大的生物学家"。② 他不但完成了"第一批描述性生物学著作"③，而且提出了关于生物与非生物之间存在本质区别的观点。他认为生物有"灵魂"而非生物没有"灵魂"，从而形成了生物学哲学中的"活力论"观点。亚里士多德认为，"'有生命'和'有灵魂'这两个概念，是同延性的。所以也只有生物具有灵魂。""生命系统的第二个特征在于它'自发地'进行着自己的活动。"从哲学上看，这种灵魂活力论观点与还原唯物论观点是相互排斥、相互对立的。④

在近现代时期，虽然物理学和生物学都取得了"今非昔比"的发展，但许多科学家和哲学家仍然认为，基于现代物理学的辉煌成就，可以用物理运动规律解释甚至取代生物学规律。例如，卡尔纳普就曾说："如果根据物理语言的普遍性，把物理语言用作科学的系统语言，那么，所有的科学都会成为物理学。""实际上只有一种客体，那就是物理事件，在这物理事件范围内，规律是无所不包的。"⑤ 不但生物学规律，甚至心理学规律，都"可以翻译成物理语言，因而也是物理学的规律。"⑥ 维也纳学派的领袖人物石里克也持类似观点，他认为："对于自然哲学而言，有机体不过就是一些特殊的具有复杂结构的系统，它被包含在物理世界图像的完美和谐的秩序之中。"⑦ 这种认为生物学理论可以还原为物理学理论的还原论观

① 玛格纳.生命科学史［M］.李难，崔极谦，王水平，译.武汉：华中工学院出版社，1985：37.

② 罗斯.亚里士多德［M］.王路，译.北京：商务印书馆，1997：124.

③ 汪子春，田洺，易华.世界生物学史［M］.长春：吉林教育出版社，1997：11. 亚里士多德研究了植物学、动物学、心理学，贡献巨大，更被誉为动物学之父。

④ 希尔兹.亚里士多德［M］.余友辉，译.北京：华夏出版社，2015：261-267.

⑤ 洪谦.逻辑经验主义：下册［M］.北京：商务印书馆，1984：476.

⑥ 洪谦.逻辑经验主义：下册［M］.北京：商务印书馆，1984：477.

⑦ 石里克.自然哲学［M］.陈维杭，译.北京：商务印书馆，1984：68.

点，在近现代科学哲学和生物学哲学领域曾长期占据优势地位。正如迈尔所说："自从伽利略、笛卡尔、牛顿以来直到 20 世纪中叶，科学哲学一直由逻辑学、数学和物理学所左右达数百年之久。"①

然而，自 20 世纪下半叶以来，一些生物学家和哲学家立足于现代生物学的成就，强烈主张和坚持认为生物学有自己的特性，不能还原为物理学，于是，生物学哲学中的自主论观点也出现了某种重振雄风的趋势。②

应该强调指出，物理学和生物学的关系以及生物学哲学中自主论与还原论之争，绝不是仅仅局限在生物学和物理学领域的问题。如果换一个角度看问题，也可以说这是一个思维方式和哲学观点方面的"机械论"（或曰"还原论"）与"有机论"（或曰"生命论"）分歧的问题，其内容和影响都广泛涉及其他许多领域。

在"还原论"占上风的环境和条件下，许多人在认识"工程基本特征"时也顺理成章地形成了主要立足于"物理学"认识"工程基本特征"的观点和倾向。有人把在这种倾向和观点指导下形成的对工程基本特征的认识称为机械论还原论观点。由于机械论还原论观点的缺陷和问题日益暴露与凸显，这就形成了呼唤形成新的"工程生态理论"和"工程生态思维方式"的形势。在新形势、新理论和新思维方式的影响下，对"工程基本特征"的传统认识也势必发生重大变化。

2　经济学、创新研究和工程观领域的观念转变：从机械论还原论到生命体生态论的转变

在认识工程活动的基本特征时，不但涉及自然科学，而且涉及社会科学，首先就是经济学。

2022 年，中国社会科学院学部委员、经济学家金碚发表了一篇文章，谈到了经济学思维方式的新变革和新进展。他认为，"观察和研究经济现象，总是基于一定的隐喻想象所形成的观念。现代经济学主要有两个隐喻，即牛顿机械论隐喻和达尔文进化论隐喻。主流

---

① 迈尔. 生物学哲学［M］.涂长晟，等，译.沈阳：辽宁教育出版社，1993：iv.
② 李建会. 国际生物学哲学研究的若干新进展［J］.学习与探索，2011（5）：27-29.

经济学的微观-宏观范式，基于牛顿机械论隐喻。这就把整个经济系统想象为如同牛顿物理世界或一个巨大的机器体系：运转、均衡、优化。工业化不仅以机器为工具，而且经济高速增长为中轴原则，就如'永动机'般地运转，不可失速、失衡，否则就危机临头。进入新工业化时代，这种'机器工业化'的思维观念，正在转向'生态工业化'的新思维观念，即从把工业化的机理逻辑想象（隐喻）为机器系统的机制，转变为类似生态系统的机制。对于机器工业化，人成为工具，受工具理性支配。对于生态工业化，人是目的，同时也是生态系统的有机体成员。"① 金碚的这篇文章简明地提出了一个关于经济学和工业化的新观点。

虽然金碚使用的术语是"机器观""机械观""有机体"和"生态观"，但其含义与上文谈到的生物学哲学中的"还原论"和"自主论"实有异曲同工之妙。本章以下将根据行文的需要灵活地使用"还原论"（"机械观"）和"生态论"（"有机体""生命观"）等术语。

此外，所谓"还原论""生态观""有机观"等术语，不但"理论工作者"会在理论研究中使用，而且"实际工作者"也会在实践活动和实际生活中使用。这些术语不但用在哲学、经济学（经济活动）领域，而且用在管理学（管理活动）、创新研究（创新活动）、生物学、生态学、政策研究等许多领域。

我们知道，创新理论最初是经济学家熊彼特提出的一种经济学理论，后来又拓展到科技和工程领域。

现在，当研究创新政策和创新活动的学者纷纷把"创新生态"理论看作创新理论的重大新进展时，经济学家也认识到经济学领域也需要在经济观和经济理论方面有类似的观念转变。经济学家金碚的上述文章实际上就是这种趋势的反映。

在工程活动中，科技、创新和经济都是必不可少的要素和内容。所谓"工程观"也必然离不开"科技观""创新观""经济观"的内容、成分和影响。

由于在第一次工业革命之后，现代工程活动和现代工程科技——例如动力工程、汽车工程、机械工程等——都显而易见且大

---

① 金碚. 工业化从机器观向生态观的衍生 [J]. 中国发展观察，2022（7）：55-59.

张旗鼓地运用了现代物理学的成就和观点，加之物理学哲学在现代科学哲学领域长期占据"优势地位"，这就使"机械论"思维范式和认知范式在工程观领域也大行其道。

现在，当"生态隐喻"和"生态思维方式"在创新观、经济观领域都锋芒毕露、产生重大影响的条件下，工程观和工程思维领域也势必发生相应变化，"工程生态"理论也就应运而生地"登场"了。

"工程生态"研究离不开"生态学"知识，但其基本对象和内容却不是进行传统的"生态学"研究。以往人们在认识工程活动时，由于绝大多数工程活动的直接对象都是"非生命体"，从而不认为工程活动与生物学和生态学会有什么密切联系。现在，由于可以从"隐喻方法"和"思维方式"角度看问题，"工程生态"概念和理论也就不再是不可思议的事情，而是顺理成章的事情了。

在研究"工程生态"时，如果不能依据理论与实践相结合的原则深入揭示和阐明工程生态的基本特征，整个工程生态概念和理论就有可能在一定程度上成为"华丽的空话"。鉴于工程生态的基本特征是一个影响工程生态理论全局的重要问题，以下将努力对这一问题进行一些具体而深入的分析和阐释。

第二节　对工程生态基本特征的认识和阐释

本书已经多次强调，"工程生态"概念来自"自然生态"概念，自然生态是"本义"或"狭义"的生态，而工程生态是"广义"的生态。

"工程生态""工程生态思维方式"和"工程生态基本特征"是三个密切联系的概念和术语，与之类似还有"创新生态""创新生态思维方式"和"创新生态基本特征"，更一般地还有"（一般性或广义）生态""（一般性或广义）生态思维方式"和"（一般性或广义）生态基本特征"等概念和术语。本节以下会在不同语境和不完全相同的含义下使用和分析这些术语，在不同的语境中会强调其含义中不同的方面，这是需要首先加以说明的。

在对"创新生态"的研究中，许多学者都论及了对创新生态基本特征的认识问题。然而，许多论著往往都只简单地谈到了创新生态的若干特征而缺乏具体而深入的分析和阐述；虽然也有某些论著中有比较具体的分析和阐述，但仍多有不足之处。这些对创新生态基本特征的认识虽然都可以成为我们分析和阐述"工程生态基本特征"的参考和借鉴，但不应以对"创新生态特征"的认识替代对"工程生态特征"的认识，而应依据工程发展的新状况，概括出对"工程生态基本特征"的新认识。

1　工程生态基本特征的主要内容和表现

1.1　工程生态是由异质要素、异质"成员"组成的具有广义生态特征的整体

虽然"工程生态"是"作为整体的工程生态系统"和"工程生态系统中的个体或部分"的"统一"，但在认识和研究"工程生态"的不同问题时，有时需要将其视为"作为整体的工程生态系统"，有时又需要关注"工程生态系统的单元"，而这两个方面都需要运用"结构和功能统一"的方法进行分析和研究。

从结构分析角度看，虽然有些系统是"同质要素"组成的系统，而工程系统却是由"异质要素"组成的系统。

工程生态系统在"要素"和"成员"方面具有突出的异质性。具体地说，工程生态系统的结构组成中包括了以下的异质"要素"和"成员"：自然物（自然资源、自然环境）、人工物（硬件、软件）、人（工程共同体成员、其他各界利益相关者、生产者、消费者等）、社会与文化要素和环境（制度、习俗等）。人们必须从异质"要素"和"成员"及其系统性、整体性观点认识工程活动的结构和功能，进而认识工程生态。

1.2　工程生态的对象和内容既有"生命自主性"又有"人为建构性"，是自主性和建构性的统一、自组织和他组织的统一

工程活动往往涉及或牵涉生物界"成员"或"要素"（自然界中的生命体和生物环境），它们具有"生命自主性"。然而，工程也具有"人为构建性"，因为工程是工程主体根据工程目标对工程要

素、结构、功能和效率的综合建构与集成，工程的存在和演化的动力往往是外在于工程自身的。因此，工程生态的对象和内容是自主性和建构性的统一。

必须特别注意的是，"自主性"可有不同含义，并且"自主性"与"自组织"有密切的内在联系。工程活动中既有"自组织"又有"他组织"，工程活动是"自组织和他组织统一"的过程。对此，笼统地说一句"自组织和他组织的统一"并不难，但要真正揭示和具体阐明"自组织和他组织"相互统一的具体原则、机制和具体规律，实在不是容易的事情。

看一个简单的对比：铁路运行系统需要"半军事化"，列车开行需要有"中枢命令"，这是"他组织为主，自组织为辅"；而在公路运营中，不可设想汽车开行也要服从"中枢命令"，这是"自组织为主，他组织为辅"。虽然铁路运营和公路运营都属于"交通运营"，但二者的"自组织和他组织"的相互关系存在很大差异；如果再加上与"航空运营""管道运营""海运""内河运输"的对比，如何认识"统一中的差别"和"差别中的统一"就是更加复杂和更加困难的任务了。不同行业和不同企业中，"自组织和他组织的相互关系与模式"会有很大不同。具体认识和揭示不同行业、不同企业中具体的"自组织和他组织的相互关系与模式"是一项重要且困难的任务。

1.3　工程生态的结构和功能都表现出复杂立体网络的特征

所谓网络，不但有平面网络，而且有立体网络①；不但有"中心化"的网络，而且有"去中心化"的网络。

工程生态系统是立体网络系统，有些情况下是"中心化"的立体网络，但在另外情况下，往往也会是"去中心化"的立体网络。

工程生态系统中诸多异质结构单元之间，不但形成了复杂多样的"链"（例如"供应链"）和"线"方式的关系以及更加复杂的"多种平面（截面）"和"复杂曲面"关系，而且形成了极其复杂

---

① 平面网络是"二维网络"，立体网络是"三维网络"；如果使用多维空间概念，则我们还可以谈论"四维网络"乃至"更多维"的网络。但出于多方面的考虑，本书主要使用"立体网络"这个术语，而不再谈论"N维"网络。

多样的立体网络关系。

在研究工程生态系统这个立体网络时，不但必须关注和研究其中的各种"点"（个别企业、个别项目、企业和项目的各个要素等）、"链"（供应链、生产链、服务链、创新链、价值链等）、"面"（经济层面、资源层面、技术层面等）、"局部网"（开发区、产业集群、城市等），而且需要更加关注生态整体性立体网络。

许多学者和从业者都关注了工程互动中形形色色的"链"的重要性。从立体网络中观察"链"关系，"链"的形态和关系更加多样和复杂。不但有"串联"关系的"链"，而且有"并联"关系的"链"；不但有"直线性"的"链"，而且有更多"曲线性"的"链"；"链"与"链"之间不但有"平行"和"替代"关系，而且有"长短"和"选择"关系。

对于立体网络来说，仅仅有"链"视角是不够的，因为不但必须把各种"链"放在"工程生态网"中分析和研究，而且必须重视对"界面和曲面关系"的研究，重视对"要素网""局域网"性质问题的研究，要研究供应网、生产网、服务网、创新网、价值网等方面的问题。

在研究网络时，不但要研究网络的结构，而且要研究网络的功能和动态关系，特别是多元互动关系。所谓网络的多元互动关系，不但包括"点"与"点"在网络中的互动，"链"与"链"、"局部网"与"局部网"之间的互动，而且包括"点"－"链"－"局部网"乃至"全域网"的"跨层次互动"和"立体互动"。在互动关系中，"平面层次的互动"和"跨平面的互动"又是两种不同的互动方式。

从互动关系和过程看，军事活动与战争隐喻中突出和强调的是"中心化"和"金字塔化"。很显然，在工程决策和工程运行中，绝不能否认"中心化"和"金字塔化"特性的存在及作用。必须承认在"工程生态系统"中的一定条件和一定情况下，"中心化"和"金字塔化"特性也要发挥重要作用。

然而，许多工程生态系统往往更具有"去中心化"的"网络化"特征。例如，在通信工程和信息技术发展史上，电话技术和工程都曾经以"中心化的'点用户'网络化"为基本特征。应该承认那时的电话系统已经形成了一个信息网络，各个电话用户可以通过"信息中枢"（"总机"）进行通话，但不同的电话用户之间不能

"不通过总机"而直接通话，这是一种"中心化"的网络。

在网络化技术的发展史上，阿帕网的出现迈出了革命性的一步，因为这是一个"去中心化"的网络。现在，互联网已经大显身手，而互联网功能空前强大的关键原因就在于它是一个规模空前的"去中心化"的立体网络。

1.4　工程对象（包括"内部单元"和"外部单元"）和工程活动中的"广义生命体"以及"广义生态"中的竞争、合作、竞合、共生、（传统）继承、创新、演化、涌现关系和特征

必须承认和肯定，在直接意义上，不但工程活动中的自然资源（煤矿、石油、风力等）是物理对象而非生命现象，各种工具、机器、人工产品（洗衣机、住房等）也不是"有（生物学）生命"的对象。虽然在农业生产中，必须面对水稻、小麦等"生物"对象，但在进行"中耕"等农业作业和使用收割机等农具时，也必须承认和肯定在很大程度上都是在直接涉及"物理现象"和进行"物理操作"；对于"播种""嫁接"等活动，虽然不能说它们仅仅是物理操作而不是生物学操作，但也不能说它们完全是生物学操作而不含物理操作的性质；而更需要注意的是，"作物学"和"育种学"都带有"人为"和"人工"性质，而绝不等于"纯粹的生物学"。也许可以说，正是由于这方面的状况和原因，在很长时间内，工程界和其他各界都没有把工程视为生物学对象和生命现象，而是主要从"（广义）物理学"的观点认识工程对象和工程活动，并且由此形成了"机械论"的工程观和认识工程的思维方式。

虽然在以往也会有人在讲工程活动和工程现象时使用隐喻方法，将其比喻为生命体和生命现象，但人们往往会将这种隐喻视为偶然的、文学性的、修辞性的活动，而不会将其视为"思维方式"水平的问题和现象。

可是，在现代社会中，不但语言学进展中对隐喻方式的认识有了革命性的变化，社会对生态问题、生态学、生态文明的看法有了根本性的变化，工程活动本身也发生了今非昔比的变化，这就呼唤以新思维方式和新范式认识与运筹工程活动。在这种新形势下，那种以生态隐喻工程的现象进一步"跃升"为认识与运筹工程的新思

维方式和新范式，这就形成了"作为新思维方式和新范式"的"工程生态论"。

　　工程生态作为新的思维方式，一个关键内容就是"把工程的'对象单位'看作具有生命特征的'生命体'"和"把工程系统看作具有'生态特征'的'生态系统'"。在研究"创新生态"时，绝大多数学者都言必称"生态系统"，但却在很大程度上忽视了对"工程微观主体（微观个体）"的"生命体"性质和特征的研究。在研究工程生态时，我们必须既重视对"工程生态系统"的"整体性"研究，同时又重视把"微观的工程个体"看作"生命体"，将这两个方面结合起来进行分析和研究。

　　经济活动和工程活动往往是"合二而一"的现象。在经济学领域，经济学家往往更加注意经济活动中的"竞争"关系；而在工程社会学领域，学者们往往需要更加强调工程活动中的"合作"关系。①

　　应该承认，竞争（competition）和合作（cooperation）的关系并不是"绝对对立"的关系，而是"辩证统一"的关系。实际上，学术界已经有人清醒地认识到："商业运作是战争与和平的综合体。但不是托尔斯泰式的永无止境的战争与和平的循环"，它是"竞争与合作的综合"。有人甚至还因此杜撰了一个英文"新词"co-opetition（可以译为"竞合"或"合作竞争"），认为"这种竞争和合作的结合要比'竞争'（competition）与'合作'（cooperation）这两个词所单独表达的含义更能生动地表达出它们之间的联系。"②

　　在工程生态研究中，不但需要关注"竞争"和"合作"以及更加关注"竞合"现象和关系，而且需要深入研究工程生态领域的共生、（传统）继承、创新、演化、涌现等现象、过程和关系。

1.5　工程生态系统中的"内部单位"和不同层次的"结构""功能""边界""相互关系"具有类似"生命体"的特征，具有生态系统中的生态位表现和模糊、动态、开放特征

　　20世纪中叶，贝塔郎菲提出了一般系统论，如今这一观点和思

---

① 李伯聪."工程人"和工程合作［J］.山东科技大学学报（社会科学版），2018，20（1）：1-8.

② 内勒巴夫，布兰登勃格.合作竞争［M］.王煜全，王煜昆，译.合肥：安徽人民出版社，2000：4-5.

想的影响越来越大。贝塔郎菲是一位理论生物学家，他提出一般系统论时必然关注了生物系统，但他也强调一般系统论不仅适用于生物系统，也适用于物理系统。由于在当时乃至其后一段时间，科学哲学的"大环境"是物理学哲学占压倒优势，这就必然使得"一般系统论"的理论研究不可避免地更加"偏重"物理系统而不是生物系统。

由于一般系统论往往更加"偏重"物理系统，这就使许多人在认识"工程系统"时有意无意地更偏重将其看作"物理系统"而不是"生物系统"。这种"偏重物理系统"的倾向也势所必然地反映在了对"创新系统"的认识和研究中。在这种思想背景下，当"创新生态系统"这个更加强调生命体和生态特征的观念提出后，许多人"豁然开朗"地认识到，从"（主要偏重物理系统的）创新系统"到"（主要偏重生命特征的）创新生态系统"是一个思维方式和范式性的转变。

与其类似，从"（主要偏重物理系统的）工程系统"到"（主要偏重生命特征的）工程生态系统"也是一个思维方式和范式性的转变，意义重大，影响深远。

一旦确立了"工程生态"和"工程生态系统"的观念，在认识和运筹工程活动时，生态学中的思维方式，生态学中的许多重要概念、观点和方法，例如生态位、生态环境、种群、群落、丰度、多样性、合作共生等，便可以顺理成章地进入工程认识和工程运筹领域了，富有启发性且影响巨大。

在工程生态系统中，其各种形态的"内部单位"和不同层次的"结构""功能""边界""相互关系"都具有类似"生命体"的特征，工程从业者和理论研究者都会更加关注工程生态系统中的生命力、占位性、模糊性、动态性、开放性等方面和问题。

② 工程生态的三个层次（微观、中观、宏观）及不同层次的相互联系、相互影响和相互作用

在认识工程活动的基本特征时，绝不能仅仅从"微观层次"认识和分析，也不能仅仅从"微观层次"或"宏观层次"认识和分析，而必须从三个层次（微观、中观、宏观）的相互联系、相互影

响和相互作用中认识与分析。

在不同学科和领域，针对不同对象和问题，对于微观、中观、宏观可能有不同的理解和界定。例如，在消费经济学中，主要把"个人"看作"微观消费主体"，而在研究生产问题时，经济学又把"厂商"看作"微观生产主体"。在伦理学中，传统伦理学一向以"个人"为伦理主体，而很少研究"集体"的伦理行为和伦理问题。由于现代伦理学也开始关注集体性、制度性伦理行为和伦理问题，工程伦理学[①]和经济伦理学[②]中也提出了伦理学中的微观、中观和宏观问题。

在现代工程活动中，也存在微观、中观、宏观三个不同的层次。我们可以把企业（包括企业中的"个人"）看作工程活动的微观主体，把项目看作工程活动的"微观活动单位"；以"中观"指行业、产业集群、区域（例如一个开发区或某个省、市等）性工程集合；以宏观指"国家"甚至"世界"的"工程整体"。

在研究工程生态时，不但要研究微观、中观、宏观三个层次本身中的复杂的相互影响和相互作用，还需要特别注意研究微观与中观、微观与宏观、中观与宏观之间的"跨层次"的相互影响和相互作用。例如，中观层次的"行业""产业集群""区域性工程集合"必然要对微观层次的许多企业发生深刻影响，而离开了微观层次的诸多企业的状况，所谓"中观"层次也势必成为空谈。实际上，工程活动中微观层次与中观层次的相互渗透和相互作用早已是工程界、经济学界研究的问题和主题，而当前的形势是如果有了工程生态这个新的思维方式，人们在认识"工程活动中微观层次与中观层次的相互渗透和相互作用"时又会有许多不同于以往认识的新分析和新认识。

第三节　工程生态与自然生态的差异

"工程"与"（自然）生态"是两个不同的对象和不同的概念。

---

① 李伯聪. 微观、中观和宏观工程伦理问题——五谈工程伦理学 [J]. 伦理学研究，2010，10（4）：25-30，141.

② 恩德勒. 面向行动的经济伦理学 [M]. 高国希，吴新文，等，译. 上海：上海社会科学院出版社，2002：131.

二者既有相似性又有差异性。

1 "工程系统"和"自然生态系统"的相似性是运用隐喻方法形成"工程生态"概念的基础

从辩证法的角度看，运用隐喻方法的基础是两个对象之间既有"严格区别"又有"相似性"的关系。例如，在"儿童是祖国的花朵"这个隐喻中，使用"花朵"来隐喻"儿童"，其首要前提之一就是"花朵"与"儿童"是两个有严格区别的"不同对象"——没有人会认为"花朵"和"儿童"是"相同的对象"。然而，这两个不同对象之间又有程度不同的"相似关系"，否则就不能进行"隐喻"了。

在运用突出"相似关系"的"隐喻关系"和"隐喻方法"时，人们可以"形象化"或"深化"对有关对象、有关问题的认识。如果说在文学和诗歌中，隐喻方法的运用常常主要是通过"形象化"手法把"隐喻"作为"修辞格"使用，从而增强文章和诗歌的形象性与感染力，那么，在理论研究领域，隐喻方法的运用可能发挥更重要而深刻的作用，达到一个意义重大的目的——把隐喻作为"思维方式"的转换方式。在这方面的一个典型事例就是"演化经济学"的开创中隐喻方法所发挥的作用。[1] 在研究"工程生态论"时，其对隐喻方法的运用与演化经济学对隐喻方法的运用可谓有"异曲同工"之妙。

2 必须重视工程生态和自然生态之间存在的差异

"工程生态"是一个隐喻。在运用隐喻方法时，首先强调和突出的是"本体"（隐喻对象或"被隐喻者"）和"喻体"（"隐喻者"）之间的相似关系。但是，隐喻方法绝不认为"本体"（隐喻对象或"被隐喻者"）和"喻体"（"隐喻者"）之间没有差异。在把握和认识运用隐喻方法的"工程生态"这个概念的含义时，绝不能认为工程生态概念和理论认为可以把"工程概念"和"生态概

---

① 杨虎涛. 演化经济学讲义——方法论与思想史［M］. 北京：科学出版社，2011.

念"等同视之。对于工程生态概念和理论来说，不但承认"工程"和"生态"（狭义的生态，或曰本义的生态，也就是"自然生态"）的相似相通之处，而且承认"工程生态"和"自然生态"之间存在重要的差异。

"工程生态"和"自然生态"之间的差异主要表现在以下几个方面。

2.1　工程生态和自然生态发展的"时间尺度"与"速度"的不同

"工程生态系统理论"运用"隐喻方式"和"生态范式"认识工程活动，深化了对工程活动的认识。但"工程生态系统理论"绝不认为可以忽视"自然生态系统"和"工程生态系统"之间存在着深刻的区别，绝不认为可以把"自然生态系统"和"工程生态系统"混为一谈。

自然生态系统是"自然过程"，而工程生态系统是人的能动性发挥重要作用的过程。地球上自生命起源以来，自然生态系统已经有 35 亿年以上的演化史和演化进程，而工程生态系统只有人类起源以来的大约二三百万年的演化史和演化进程。

如果采用同样的物理时间坐标，并且假定自然生态系统和工程生态系统有相同的演化规律，二者在物理时间上便会出现大约"1000∶1"的惊人差别。进一步来看，工程生态系统不是"均匀演化"的过程，而是"加速演化"的过程，新石器时代以来一万年的演化进度和速度远超之前的二三百万年；并且第一次工业革命以来的二百多年的演化进度和速度又远超之前的一万年。这就是说，工程生态和自然生态发展的"时间尺度"有很大差异，工程生态的变异和演化"速度"要远超自然生态。

2.2　工程生态和自然生态中的传统稳定性与变异创新性的表现方式和内容、作用和意义的不同

必须注意，我们说工程生态和自然生态中都存在传统稳定性与变异创新性时，所谓传统稳定性与变异创新性在两个领域中的"具体表现方式和内容"是迥然不同的，这是"常识"，不再赘言。

还要注意，如果依据上述第一点差异进行推论，可以得出一个意义重大的结论：对于同样的时间"长度"或"区间（例如一百

年）"来说，自然生态系统中"稳定性"更凸显，而工程生态系统中"创新性"更凸显。因而，在工程生态系统中，我们必须更加重视和强调"工程创新"的"基因突变"和"新物种（隐喻含义的工程新物种）形成机制和过程"，更加重视"从技术突变到工程化再到产业化"乃至"新行业诞生"和"产业革命"的机制和过程，如此等等。可是，人们也很难设想在未来出现"每十年"甚至"每两三年"便发生一次"产业革命"的现象。

2.3　工程生态和自然生态中的"生态问题"与"生态修复"中因果关系的差异

人为活动与自然过程相比，有很重要的区别。虽然有时人们也会以拟人的方法谈论自然物，但二者仍然有本质性区别。

在一定意义上，也许可以认为二者最根本的区别之一就在于"自然界没有错误"而"人为活动——包括工程活动——难免会有错误，甚至不可能完全没有错误"。火山爆发、特大洪水、小行星撞击地球等，都不是自然界出现了错误，而是"正常性""自然现象和过程"。然而，如果桥梁工程、水利工程中出现桥梁垮塌或大坝垮坝，往往就是某些人为"错误"的结果。

在生态学中，"生态修复"是一个重要概念。人类的错误活动往往造成"某些物种濒临灭绝"或"生态平衡严重破坏"，甚至引发"生态灾难"，于是就需要进行"生态修复"。应该注意，如果说"生态问题"是指由于人类的错误行为而导致的生态领域的不良后果，那么"生态修复"就是指通过人类的新行为来"纠正"和"补救"原先已经造成的"不良的生态后果"。反之，如果某些物种的灭绝是由"自然原因"和"自然过程"造成的，那么也就不存在"生态修复"的问题了。实际上，在生物进化史和古生物学中，无数次发生了物种灭绝现象，例如恐龙的灭绝。那时还没有人类出现，这种物种灭绝就是自然过程，与人类的行为没有关系。

应该注意，当提出"工程生态"这个对象和概念时，无论是从现实还是从理论视野来看，都会出现"工程生态"领域的"生态修复"问题。由于"工程生态"是指"隐喻的生态"和"广义生态"，"工程生态"领域的"生态修复"不仅指"自然生态的修复"，更指"工程活动中的经济生态、文化生态、制度生态"的

"生态修复"。实际上，这也就是以往所说的纠正工程活动的各种错误的过程。由于运用了工程生态的理论框架和思维方式，人们对这些问题势必会有一些新分析、新认识和新措施。

工程生态的动态演化机制

工程生态是工程活动和各类生态关系交织而成并能支撑工程实践存在与发展的动态场域①，它在人类的工程实践中诞生和发展，经历了一个复杂的动态演化过程。工程生态的动态演化是在诸多行动者之间"冲撞""竞争"或谋求"共生"的过程中壮大起来的。这种动态演化与科技发展、时空因素和社会经济文化因素息息相关。工程生态论不但要对工程生态的概念、性质、特征、范式等进行研究，还要认识和解释工程生态动态演化的历史轨迹，把握工程生态演化的内外动力与机制。

第一节　工程生态动态演化的时空结构

工程是生态中的工程，既是自然生态中的工程，也是工程生态中的工程。作为工程的一种存在样态，工程生态是在时间长河中不断演化的，这种动态演化既是一个时间现象，也是一个空间现象。在时间尺度上，工程生态的动态演化是一个从无到有、由简入繁、从低级到高级的迭代过程，是渐进性发展和革命性飞跃的辩证统一。在空间尺度上，工程生态的动态演化呈现出由点及面、跨界融合的特点，核心地理区位随着新工程生态的兴起不断扩散和转移。

1　工程生态动态演化的一般过程

工程生态演化的历史路径不是预设的，工程生态的未来演化也

---

① 王大洲，范春萍. 工程生态：内涵分析与研究进路 [J]. 工程研究——跨学科视野中的工程，2023，15（5）：378-389.

绝非历史路径的简单"线性外推"。只有梳理工程生态演化的历史轨迹，描绘工程生态地理区位的扩展过程，透视工程生态各层次间交互作用的时空结构，才能更好地揭示工程生态的存在样态以及未来演化的进程和趋势。

巴萨拉（George Basalla）在其著作《技术发展简史》中提出："整个人造物世界的主旋律是延续性。"① 所谓延续不是简单的复制，而是在继承中发展，是一种渐进性。技术是工程的核心要素，技术一经使用，各类相关要素就会以技术为中心集聚起来，从而在一定程度上推动工程生态的演进。简单的石器制造技术为后来的复杂技术提供了遗传和变异的基础，初级工程生态的存在也为后来工程生态在几次工业革命期间朝向庞大、复杂、聚合、互联的动态演化提供了潜在的选择。

尽管前人工作的产物（知识、物件、组织形式等）是后人继续前进的条件，但是这种前后相续的生态演化并不只是线性累积过程。工程生态中各类生命体之间以及各个生命体与非生命体之间的相互作用（竞争、合作、共生等）是工程生态推陈出新的关键。这种相互作用不仅是非线性的，还是"实验性"的。这不仅意味着人对周遭事物及其进程的尝试性干预，还包括人在内的多种异质要素围绕"焦点物"（focal device）进行的相互"转译"（translation）、彼此建构与协同进化。② 工程生态进化总是一种推陈出新的过程，总是会出现"令人意外"的新事物。这也是工程生态各要素、各主体之间非线性相互作用的必然产物。

工程生态在各个历史时期的表现形态迥然有别。原始时代，工程要素之间联系松散，原始工程生态初步生成。农业时代，以前期工程实践为基础，以新生农业技术为抓手，各种异质性要素联系逐渐紧密，催生出了农业工程生态。工业时代，随着工程实践的深化（例如开始广泛运用蒸汽动力来代替人力和畜力）和各类工程实践的关联度越来越强，工程生态的规模也越来越大。从英国工业革命算起，已经发生过三次工业革命。第一次工业革命的标志性人工物

① 巴萨拉.技术发展简史［M］.周光发，译.上海：复旦大学出版社，2000：29.
② 王业飞，王大洲.实验就是力量——培根的实验哲学思想新论［J］.自然辩证法通讯，2022，44（9）：55-62.

是蒸汽机。蒸汽机发挥了巨大的"转译"作用，催生了新的人工系统和人工制品，并将各类产业和人工系统关联起来，从而形成了一个以蒸汽技术为基础的工程生态。例如，为了提高蒸汽机的效率和安全性，绰号"铁疯子"的威尔金森（John Wilkinson）就曾受邀用其制造大炮炮筒的镗孔技术为瓦特蒸汽机生产一体成型汽缸，从工艺上杜绝了用传统铆钉连接铁板工艺生产汽缸难以避免的漏气问题。① 随着第二次工业革命的兴起，化工、内燃机和电力技术扩散到全社会、全人类，家家户户、每个人都被拉入一个全新的网络之中，工厂的动力基础从蒸汽升级为电力，形成了以电力技术为基础的工程生态，更多国家乃至整个世界都被关联了起来。1844 年，美国华盛顿到巴尔的摩的试验性电报线路开通；同年 5 月，民主党全国代表大会在巴尔的摩召开，会议决定的总统候选人名单很快就通过电报传到了华盛顿，比由蒸汽火车带来的书面报告整整早了 64 分钟。② 第三次工业革命就是信息技术革命，带来了万物互联的新世界。在世界的任何一个角落，只要我们的终端设备接入互联网，就能受益于信息工程生态，并同时成为推动其继续发展的一员。无论是以蒸汽技术为基础的工程生态、以电力技术为基础的工程生态，还是以信息技术为基础的信息工程生态，本质上都是一种网络关系。只不过随着科学技术的发展，这种网络关系的边界不断拓展，复杂程度不断提升。当前正在发生的新科技革命，将智能工程推向前台，一个以人工智能为基础的智能工程生态已经呼之欲出。可以看出，每一次工业革命都会有一项主导技术脱颖而出，并带动一个主导技术群的出现与进步。新的主导技术和主导技术群将引发技术-经济范式的新转换，而新的技术-经济范式也将引领主导技术和主导技术群向更宽领域、更深层次扩展，实现工程实践的跨界融合和深度发展，同时促成所有经济活动潜在生产率的量子跃迁③，推动工程生态的加速变革。

---

① 罗森. 世界上最强大的思想：蒸汽机、产业革命和创新的故事［M］. 王兵，译. 北京：中信出版社，2016：182.

② Standage T. Writing on the Wall：Social Media—The First 2000 years［M］. London：Bloomsbury Publishing，2013.

③ 佩蕾丝. 技术革命与金融资本：泡沫与黄金时代的动力学［M］. 田方萌，胡叶青，刘然，等，译. 北京：中国人民大学出版社，2007.

回望历史，工程生态的演化是一个从无到有、由简入繁、从低级到高级的过程，是渐进性与革命性的统一。二者在时间尺度内的交替与共存，推动工程生态从历史走进现实，从当下走向明天。从演化的观点看，任何新的工程设计都是从"结构-功能关系"的"生态"中通过"组合"涌现出来的，而任何备选的"结构-功能关系"都要经受市场竞争、标准、规范的筛选，适者生存。某些工程的衰落，常常不是自身的失败，更可能是工程生态演化带来的"意料之外"的失败。类似地，某些工程的成功，也可能并非自身的成功，而是工程生态演化带来的"意料之外"的成功。值得注意的是，非技术要素也在工程生态演化的历程中起到了重要作用。例如，工厂制和流水线的发明、工程科学的诞生与铺开、大学中教育与科研的结合、企业创立实验室成为创新主体等。它们既是工程生态演化的结果，也是工程生态演化的动力，还是我们审视工程生态演化的视角。

② 工程生态动态演化的空间维度

有人生活的地方就有工程生态存在，工程生态天然存在着向外扩展的潜能和趋势。人类文明早期，世界各地散布着各种各样的初级工程生态。在落后的交通和通信技术条件下，这些工程生态之间鲜有交流。一些早期的技术只能在一种文明内部代代相承而且极易失传。因此，那个时代的工程生态是脆弱的，只能随着原始文明的诞生、壮大、衰落而不断演化，几乎不具备大范围扩展的条件。

在农业时代，工程生态开始向更大范围扩展，不同类型的工程生态之间的交流和融合成为常态。四大发明之一的造纸术正是在这个时期开始了向外传播，逐渐扩散到世界各地。在汉文化圈内部，造纸术早在公元2世纪就已经向南传至越南北部。魏晋南北朝时期，造纸术向东传到朝鲜半岛，并在公元5世纪传至日本。在汉文化圈之外，天宝十年（751年），唐朝在怛罗斯（现哈萨克斯坦江布尔州首府塔拉兹）败于大食（阿拉伯帝国），造纸匠人与士兵一同被俘，造纸术从此经中亚、西亚、北非一路西传。造纸术至少在10世纪之前就已传至西班牙，15—17世纪进一步传遍整个欧洲。造纸术每到一地都与当地工程要素融合，促进工程生态的演化，催生出高丽纸、和纸、阿拉伯纸、大马士革纸等一大批具有不同文明特色的造纸工程生态及其产品。① 类似的工程生态扩展和转移还出现在很多行业，造纸术的传播只是了解整个过程内涵与原因的一个窗口。从中可以看到，各类工程生态之间的联系在农业时代就已经得到大大加强，形成了大地理区域内部甚至洲际间的工程生态。

自第一次工业革命以来，不到三百年的时间里，工程生态在全球完成了空前的空间扩展。最初的蒸汽机作用有限，只能为英国的矿井排水提供动力。18世纪下半叶，经瓦特（James Watt）等工程师改良后，蒸汽机逐渐成为广泛适用于纺织、交通等工业领域的通用动力机械，英国因此率先进入工业时代。虽然欧洲大陆各种形式的"偷师"或人才争夺行为层出不穷②，蒸汽驱动的火车和轮船在美国也非常成功，但在第一次工业革命期间，英国始终是新兴的蒸汽动力工程生态的核心区域。19世纪70年代，随着第二次工业革命的开始，世界工程生态格局开始发生重大变化。以电力技术为核心的工程生态在英国、美国、德国、法国、日本等国家陆续铺开。作为其中的代表，美国和德国接替英国，成为电力工程生态的核心区位。在此期间，像通用、西门子等一大批各行业的领军企业相继诞生。它们上百年来成功的跨国经营活动，大大推动了电力工程生态的全球化。第二次世界大战以后，世界工程生态格局再一次演化。在以计算机、互联网和半导体技术为基础的第三次工业革命中，美国成为信息工程生态的核心区位。一方面，相关领域软硬件核心技术标准最初都是美国制定的；另一方面，美国相关行业的发展与产业技术转移，带动了日本、韩国、中国台湾等众多国家和地区的经济发展，也顺势将更广大的地区纳入这个工程生态之中。不同于以往，凭借个体对网络的使用，这次工程生态的扩展带来了更深层次的全球化。尤其是网络内容的制作与传播，使普通人不再仅仅是单纯的产品使用者，同时也成为工程生态的重要建构者。每一个人都像毛细血管一样，持续推动工程生态在人类生活不同领域的扩展。当前，新一轮科技革命和产业革命正在重构全球工程创新版图，以人工智能技术为主导技术的智能工程生态已经初具形态，必将推动

① 汪前进.中国造纸术的发明及传播［N］.光明日报，2018-01-15（14）.
② 卡内基.瓦特传［M］.王铮，译.南昌：江西教育出版社，2012：83-84.

工程生态未来的动态演化走向更大范围、更宽领域和更深层次。

从历史一路走来，工程生态在地理空间上的扩展呈现出由点及面、跨界融合的特点。在原始时代，刚刚亮起的人类文明之光还很微弱，囿于有限的条件，工程生态往往只能独立演化，即使有交流，也只能在很小的范围内进行。到了农业时代，长期的技术积累、畅通的贸易路线（例如丝绸之路）、帝国扩张引发的战争等因素，使得占优势地位的工程生态有条件向外强势扩展，一定程度上奠定了全球化的基础。到了工业时代，从英国到欧洲大陆、美洲、亚洲乃至全世界，工程生态完成了真正的全球化扩展。最初的蒸汽动力工程生态只诞生在英国，但后续发展完成了由点及面的跃变，越来越多的国家乃至个人同时参与到其中。对于很多较晚被纳入工业时代工程生态的国家和地区而言，往往前代工程生态扩张浪潮带来的冲击还未消退，新的浪潮就已经赶来。特别是基于互联网、大数据和人工智能的智能工程生态，一开始就是面向全球的，其典型特征是"万物互联"和"赢家通吃"，这就使全球范围内围绕智能工程生态的争夺愈演愈烈。现代工业工程生态的扩展和转移之所以影响如此深远，与思想、政治、经济、科学、教育、军事等要素密切相关，是多重要素共同作用的结果。

第二节　工程生态动态演化的三个层次

工程生态的动态演化表现为微观、中观、宏观三个层次之间的相互作用。微观可理解为企业与特定工程项目；中观可着眼于行业、集群或区域工程发展；宏观则意味着国家工程发展乃至世界工程总体。微观是宏观的组成和演化单位，宏观是微观的存在和演化前提，中观是联结微观和宏观的枢纽地带，三者的互动推动着工程生态的动态演化。

1 工程生态动态演化的微观层次

任何工程生态，均发端于微观，比如一个企业、一个项目、一个产品，诸如此类。因此，最初的工程生态往往领域狭窄、地域分布零散。

以蒸汽机的发明与改进为例，最初投入精力进行蒸汽机研发的人很少。从萨弗里（Thomas Savery）1698 年发明蒸汽水泵开始算起，直至瓦特于 1776 年改良出第一台有实用价值的蒸汽机，在这近80 年间，该领域有突出贡献且常被提及的只有 1712 年发明大气压力机的纽可门（Thomas Newcomen）。研发人员体量如此之小，蒸汽机技术与其他工程要素的接触机会自然就少，工程生态的形成与发展必然是迟缓的。当瓦特致力于改进蒸汽机并使之成为"万能"的动力机器之后，事情就有了很大变化。特别是当他与博尔顿合作成立索霍工厂后，蒸汽机的改良与制作不再是一个人在实验室或小作坊里的兴趣爱好或独立工作，而是一个企业中包含企业主、工程师、技术工匠在内的所有人合作的事业，是众人的谋生手段。与他们有个人交往的工程师、科学家、企业家、官员，乃至使用索霍工厂产品进行矿井排水的康沃尔矿区矿山业主们，都从不同的侧面推动了蒸汽机这一事业的进步。这些人在成为以蒸汽机为核心的工程生态的有机组成部分的同时，也推动了工程生态的进一步演化。

类似的事情一直在世界的各个角落反复上演。每个创业者在其奋斗初期，都在致力于微观工程生态的建构。例如，爱迪生（Thomas Edison）与通用电气公司的建立，本茨（Karl Benz）、戴姆勒（Gottlieb Daimler）、迈巴赫（Wilhelm Maybach）创造梅赛德斯-奔驰汽车，盖茨（Bill Gates）开发微软 Windows 操作系统等。当然，无论工程生态后来多么复杂，每一个新的项目依然是审视工程生态的一个微观窗口。这表明，微观层次是工程生态的根基，既是演化的早期阶段，也是结构上的基础支撑，是立体考察工程生态时不可或缺的切入点。

② 工程生态动态演化的中观层次

随着一个又一个工程项目的完成，企业度过草创时期并逐渐成长起来。一个企业的成功往往会为关注它的人带来信心。他们有的会投资这家企业，有的会加入其中求得共同发展，还有的会进行类似的创新，以期借助行业已然形成的工程生态壮大自身，并最终融入产业集群共同发展。如此，产业集群和工程集合体就有了很强的地域性特征。

长春市的汽车工业发展就是一个典型事例。起初，中国一汽落户长春是国家"一五"计划的统一安排。经过几十年的发展，中国一汽现已成为拥有红旗、解放、奔腾三大自主品牌，同时与大众、奥迪、丰田多家国外厂商合作，生产车型覆盖各级乘用车、中重型卡车和客车的国有特大型汽车企业集团。正所谓"孤木不成林，单丝难成线"，中国一汽在发展壮大过程中产生了巨大的辐射效应，带动了众多周边相关企业的成长。据官方报道，长春现有汽车零部件企业 1034 户，其中 50 亿级企业 6 户、10 亿级企业 36 户、规模以上企业 401 户，产值规模最高达到 1600 亿元，形成了涵盖动力系统、车身系统、汽车电子、底盘和新能源等较为完善的区域生产网络。①不仅是生产，围绕汽车工业，长春也形成了科研与人才培养的高地。以吉林大学为代表的长春多所高校均开设车辆工程专业，吉林大学还设有汽车仿真与控制国家重点实验室，中国科学院长春光学精密机械与物理研究所、长春应用化学研究所等科研院所也都发挥各自优势参与其中，合作共赢。所有这些因素汇聚在一起，使长春上下游产业链齐全，产业集聚效应显著，发展势头迅猛，构成了一个生生不息的汽车工业领域的工程生态。

我国手机制造行业的发展历程也说明了这一点。20 世纪末，国内规模本就不大的手机市场被摩托罗拉、诺基亚、三星等国际老牌通信企业占领，国内企业只是国外品牌的代工厂。21 世纪头十年，国内厂商不满足于代工生产，纷纷试水自制手机。但是因为政策放开晚、前期技术积累薄弱等原因，即使有深圳华强北的山寨机奇迹，却也始终无法撼动诺基亚的霸主地位。2007 年 11 月，随着谷歌公司公开安卓系统源代码，中国手机终于迎来了和世界品牌在同一起跑线上参与竞争的机会。华为、中兴、小米、联想等企业纷纷开始新一轮手机竞争。现如今，广东已从当初山寨手机的发源地，华丽转身成为国产手机乃至通信设备研发与制造的高地，集聚了众多优秀企业，形成了信息与通信技术（information and communications technology，ICT）行业生态圈。国产主流手机厂商如华为、小米、

---

① 马俊华. 长春：串点成链　聚链成圈　推动汽车产业集群做优做强［EB/OL］.（2023-12-23）［2025-03-15］.

vivo、OPPO 等的产品，凭借愈发精细的做工、上乘的工业设计、优良的软硬件性能，走出了一条自主创新的中国道路。

可以说，当一个行业在一个区域形成产业集群乃至工程集合体后，它将进一步吸引周围的可能资源和工程要素以它为中心发展并向它汇聚。在相互依靠、相互渗透的过程中，无数要素聚集在一起，催生出具有强烈地域特征的工程生态。

3 工程生态动态演化的宏观层次

常规工程，一般的企业即可完成。再大一些的工程，一个健全的产业集群也可以胜任。但有些大型工程，工程生态没有一定规模是无法担当的。这个规模给人的直接印象主要是以下三点：工程量大、工程时间跨度长、工程合作范围广。

一个典型的例子是黄河的治理，这对中国而言是一个旷日持久的大工程，或者说工程集群。自古以来，黄河泛滥无定，危害中原百姓生活，威胁国家政权稳定。从大禹治水的传说开始，历朝历代的统治者为了治理黄河都费尽心力。新中国成立以来，也有包括三门峡工程、刘家峡工程、小浪底工程在内的一系列治黄工程项目。所有这些项目，逐步形成了一个治理黄河的宏观工程生态。在全球化的今天，宏观工程生态常常是超越国界的。在世界范围内，大飞机的生产基本都是跨国合作。波音公司虽然是美国所有，但波音飞机的供应商却来自全世界。单是在中国，波音就拥有 35 家以上的直接供应商，他们参与了所有波音在产机型的制造，包括 737、767、777 和 787 客机，超过 10000 架波音飞机使用了中国制造的零部件和组件。[①] 全球与飞机相关的制造商、供应商、用户，以及相关的规章、制度、法律等关联在一起，共同构成了一个宏观工程生态。

宏观工程生态存在的基本依据在于，巨大的工程量需要完善的工业体系、健全的管理机制、强有力的政府和充满凝聚力的人才的支撑；超长的时间跨度需要一代又一代人始终如一的信念和持之以

---

① 界面新闻."中国制造"支持波音供应链稳定［EB/OL］.（2024-06-04）［2025-03-15］.

恒的精神；全球合作需要高效的合作机制、便捷的交通以及和平稳定的国际局势。因此，实施这些大型工程，必须定位于宏观工程生态，通过多方联动方能成功，而大型工程的实施必将拉动产业链的成长，催生出更宏大、更健全、更高效的工程生态，成为未来工程实践的宏观背景。事实上，在当今互联网时代，几乎所有人都已经被纳入巨型工程生态之中且自觉或不自觉地成为其建构者。

4 工程生态微观、中观、宏观三层次间的内在联系

工程生态是一个内含立体交叉网络的总体，各部分和层次间存在相互依存、相互影响的关系。工程生态的微观、中观和宏观三个层次并不是"油水分离"的，而是联系在一起的。认识工程生态，应该像认识自然生态不同层次间关系一样，揭示工程生态微观（项目-企业）、中观（行业-集群）、宏观（国家-世界）三个层次间的相互依存与影响。这种相互依存与影响的关系，可从自下而上和由上至下两个方向来理解。

一方面，微观是宏观的组成和演化单位。在自然生态中，从个体、种群、物种、群落直到自然生态整体的层次性是鲜明的。每一个高级层次都由数量众多的低级层次组合而成。例如，一个种群是由相当数量的个体组成。当然，这种组成并不是机械地集合在一起，不同个体彼此之间可以交配，并通过繁殖将各自的基因传给可育后代。个体数量庞大，在每一个细微的特征上都呈现出丰富的多样性。只要这个多样性以及遗传与选择的机制存在着，自然生态也就会继续动态演化下去。[①] 工程生态亦然。在工程生态中，中观生态是由无数微观生态组成的，微观生态互相之间的交融会催生出新的增长点。例如，互联网行业的企业有很多，但并不是腾讯、小米、阿里巴巴等企业及其产品简单地摆在一起即可谓之曰一个行业。这些企业和产品的存在只意味着多样性，为整个行业和产业集群的演化提供可能性，他们之间的合作与竞争才是这个行业存在并演化前进的关键。也就是说，正如自然生态中个体组成种群，种群组成物种，

---

① Hodgson G M. Darwinism in economics：From analogy to ontology ［J］. Journal of Evolutionary Economics，2002，12（3）：259-281.

直至最后所有在一起成为生态一样，工程中的微观生态组成中观生态，中观生态组成宏观生态，最终整个世界就是各类行动者一起建构的工程生态总体。

另一方面，宏观是微观存在和演化的条件。在自然界中，每个个体、种群、物种的生存和演化发展都是在生态中进行的，都依赖于自然生态本身的供养。某种意义上，有什么样的物种存在，种群和个体朝着什么方向演化，是自然生态决定的。工程生态也是如此。如果总的工程生态没有演化发展的需要，各行业也会陷入迷茫，具体到微观层面，企业可能不知道朝哪个方向设立怎样的工程项目进行攻坚。我国汽车工业的发展就很好地诠释了这一点。新中国成立初期，面对席卷全球的工业化浪潮，我国大力发展汽车工业是迎头赶上的必然选择。长春作为东北地区的重要工业城市，早在 20 世纪初就奠定了良好的工业基础，东北地区率先解放且与苏联接壤，基于此，中央最终决定将中国一汽选址长春进行建设。具体到项目，当时工业建设用车和国家元首的礼宾车最为急需，因此解放牌卡车和红旗牌轿车也就成了中国一汽在那个年代的主要产品。

因此，要理解微观，就必须把握宏观。在这个过程中，中观就成了联系微观和宏观的枢纽地带。工程生态中微观、中观、宏观三个层次之间存在着丰富的相互联系、相互影响和相互作用。[1] 所有影响与作用都通过串联工程生态三个层次的"网器"——主导技术（每个生态中都有其主导技术）起作用。这就是说，要理解三者之间的关系，就必须理解技术在其中扮演的关键角色。

作为"转译"者，主导技术能够将工程生态中各种要素关联起来，并提升工程生态中物质、能量、信息的传递与循环的广度和速度。借助"网器"及其"转译"能力，微观生态成为中观乃至宏观生态的组成和演化单位，同时，宏观生态的存在也变成中观和微观生态存在与演化的前提。最终，微观、中观、宏观三个层次间的界限变得模糊，任何一个层次或点的扰动，都会产生全局式的影响，真正实现了"你中有我，我中有你"，"牵一发而动全身"。随着人工智能的不断进步，智能体作为一类特殊的"转译"者，使工程生

---

[1]　李伯聪，王楠，傅志寰. 工程生态研究：社会与时代的呼唤［J］. 工程研究——跨学科视野中的工程，2023，15（5）：365-377.

态中物质、能量、信息的流转速度大大提升，流转空间大大扩展，从而推动形成各个行动者乃至各个工程生命体之间的高效"转译链"。这样，借助智能体的"转译"潜力，任何"局域"事件都有可能很快转变为"全局"事件，从而发挥"牵一发而动全身"的作用。反过来，任何宏观层面的扰动，都会迅速直达每个局部而发挥统摄性作用。这样，微观、中观和宏观就借助智能体更加紧密地关联起来了。

第三节 工程生态演化的基本动力

研究工程生态的动态演化，不仅需要分时间、空间两个尺度对演化过程进行现象描述，还必须揭示和解释工程生态动态演化的动力机制。技术创新及其引发的"收益递增"与"网络效应"为工程生态演化提供了内生动力，而不同工程生态间的竞争压力则是特定工程生态演进的直接推动力量。

1 内生动力

工程是以造物为目的的诸多要素的集成，技术要素是其中的核心。工程生态是围绕、依靠技术搭建起来的，甚至技术创新也是工程生态存在与演化发展的目的之一。正是特定类型的技术创新所带来的"收益递增"和"网络效应"，成为推动工程生态动态演化的内生动力。

研究表明，每个历史时期都有众多技术并存，但总有一项技术在特定历史时期的技术发展中处于主导地位，代表着这一时期技术发展的趋势和主流。这种技术即"主导技术"，与它相关的技术——导致主导技术产生的技术、与主导技术发展相配合的技术、受主导技术的推动和影响而产生和发展起来的技术——则组成"主导技术群"。[①] 主导技术一般都导源于基础创新，展示出丰富的"可能性"，成为新的"技术机会"。当这个网络张开后，"网络效应"

---

① 关士续. 科学技术史简编［M］. 哈尔滨：黑龙江科学技术出版社，1984：261.

就会很快显现出来。所谓"网络效应"，就是加入生态网络的行动者越多，行动者得到的收益也会越高。[①] 而越来越多的行动者的加入，意味着技术将在更多的使用中获得更多的经验，从而快速迭代改进，形成"收益递增"，使原本就处于领先地位的技术进一步拥有优势。[②] 作为最初只为线上即时聊天开发的软件，QQ 因其一人一号、即时性、可传递文件等优点，上线没几年便拥有了数以亿计的用户。很多使用场景和功能甚至是用户开发出来的，QQ 在网民心中的地位也随之陡升。后来，微信的诞生直接依托 QQ 的用户基础和技术平台，轻松击败竞争对手飞信（中国移动）和易信（网易）。时至今日，除了聊天之外，微信更是集成了支付、理财、购物、快递、办公等多种功能于一身，几乎成为日常生活必备工具。这种"收益递增"为新进入者带来了越来越多的价值，就像滚雪球一样，不断吸纳更多行动者加入网络。当越来越多的人捕捉到可能性并参与其中之后，可能性就很快转变为现实性，从而催生出主导技术群，进一步推高加入网络的收益。其结果是，一个新的几乎覆盖整个社会的工程生态就此生成，并作为社会前进的支撑持续存在和演化，变得更加超乎想象。从几次工业革命的历史中可以十分清楚地看到这一点。几百年前，恐怕鲜有人能预测未来工程生态的走向和发展。然而，几百年间，各类工程生态不断从特定地域扩展到全世界；工程生态所能连接的行动者空前多样，几乎实现了万物互联。

在看到主导技术的革命性作用的同时，也应看到已存在的相关技术渐进性改进的贡献。在人类文明的不同时期，由于主导技术的不同，形成了不同的工程生态，而新工程生态总是在传统工程生态的基础上演化发展而来。这意味着，每一次新工程生态的出现，都不是从头开始。前后代工程生态间具有技术体系的继承性，而且就其他要素而言，也是如此，即新工程生态的演化生成是综合了以往工程生态发展历史、自然资源，以及社会、文化、政治等各方面因

---

① 斯特里特.网络效应：浪漫主义、资本主义与互联网 [M].王星，裴苒迪，管泽旭，等，译.上海：华东师范大学出版社，2020.

② 阿瑟.复杂经济学：经济思想新框架 [M].贾拥民，译.杭州：浙江人民出版社，2018：121-122.

素后的结果。① 当然，这种继承也是存在差异性的。可以说，新工程生态的诞生是对前代工程生态予以扬弃，并以基础技术为中心，经过反复试验、全面扩散、充分迭代后形成的具有自身特色的结果。

总之，基于"网络效应"的工程生态加速进化机制，带来了工程生态物种多样性和相互作用复杂度的不断提升。这个进程在几次工业革命中可以得到印证。从第一次工业革命到第二次工业革命再到第三次工业革命，人类社会逐步达到"万物互联"的状态，网络效应也越来越大，以至于常常出现"赢者通吃"的现象。当然，工程生态的进化离不开创新，而创新又与科学密切联系，正是各类主体持续不断地开展基础性创新，才有可能颠覆原有生态、构建新的工程生态。

2　竞争压力

在社会中，一件事情的完成往往会有好几种技术路线，从而形成不同的工程生态。为了确保自身安全、抢占市场等目标，不同工程生态间难免存在竞争。这些竞争有的是生态演化发展的内在必然，有的则是人为的选择。但无论如何，竞争激发出来的创新活力，是工程生态动态演化的重要动力。

工程生态间的竞争是工程生态演化发展过程中的固有环节。例如，在现代通信技术发展史上，有线通信与无线通信两个工程生态的竞争非常激烈。尽管现在看来，无线通信因其方便快捷以及兼容性强（以通信为基础兼容了商业销售、行政管理、休闲娱乐等）的优势，已成为广为大众接受的最常用的通信方式。但有线电话在企事业单位的办公室，以及特殊行业如保密系统内部仍有很大的需求。类似的例子还有直流电和交流电之争，二者各自都有一块领地。手机、笔记本电脑、计算机内部电路、电动汽车等都使用直流电，而家庭用电、工业用电和电力输送等领域则被交流电占领。由此可见，不同工程生态的竞争不仅能够激发各自的创新潜力，而且可以优化资源配置，促使不同工程生态在竞争中发现自己最合适的领域。最

---

① 弗里曼，苏特.产业创新经济学 [M].华宏勋，华宏慈，等，译.上海：东方出版中心，2022：437-440.

终，在竞争压力下，不同的工程生态为了延续各展其长，在一个行业中找到平衡，使工程生态在更高层级上看起来有序、稳定。当然，在很多领域，相对落后的生态也难逃被淘汰的命运。不过，从更高的层次看，彼此竞争的工程生态又处在一个更大的工程生态之中，因而可以看作这个更大的工程生态的子生态，例如交流电工程生态和直流电工程生态都可以看作电力工程生态的子生态，因而对他们的竞争关系的理解就必须将其置于电力生态之中进行把握。

工程生态间的竞争格局常常受到非技术因素特别是地缘政治因素的重大影响。例如，第二次世界大战后，世界政治上的冷战格局也带来了某些工程生态演化方向的分道扬镳。从军队装备建设角度看，分属社会主义阵营的中国在飞机、导弹、舰艇等多种武器类别上的引进、吸收、消化、再创新在很长时间内只能依靠苏联的军事工业体系，以至于今天中国武器设计和制造等方面仍能明显看出苏联技术的影子。如今，面对百年未有之大变局，为了国内软件技术不再被"卡脖子"，为了国内各类平台使用上自主研发的操作系统，华为已经打造出鸿蒙系统及鸿蒙生态，初步形成了智能手机操作系统领域安卓、iOS、鸿蒙三分天下的生态格局。[①] 为了赢得这场生态竞争，华为充分利用了"网络效应"。用户数的增加使得鸿蒙生态产品和服务的价值与功能可以更好、更快地得到提升和优化，同时也为产品和服务赋予了更多价值。随着用户数量的增加，鸿蒙系统的开发成本可以在更大的用户基础上摊薄，从而降低单个用户的开发和维护成本，使更多的资源可以用于进一步研发和市场推广；与此同时，通过与多种设备制造商合作，鸿蒙扩展了用户网络，用户数量的增加又增强了鸿蒙系统的吸引力，使得更多的开发者愿意加入鸿蒙生态的开发中，这样，就形成了内生发展动力，推动产品和服务的快速更新迭代，形成正向循环。可以说，工程生态竞争中的非技术因素直接改变了工程生态演化发展的走向。

事实上，企业与企业之间的竞争乃至国家与国家之间的竞争，在很大程度上就是"工程生态竞争"。在这种情况下，大批企业一荣俱荣、一损俱损的情况比比皆是。华为等头部企业受到美国打压，

---

① Counterpoint. Global smartphone sales share by operating system［EB/OL］.（2024-11-14）［2025-04-12］.

整个中国信息通信产业都受到重大影响；这些企业一旦实现技术突破，整个中国大批企业都焕发出新的生机，而美国、日本和韩国的相关企业就会受到程度不等的打击。这实际上是工程生态的"网络效应"使然，这种效应远远超出特定企业可以掌控的范围。

第四节　外部环境与工程生态的动态演化

工程生态的演化受到自然环境因素和社会环境因素的深刻影响。两者从不同的方面与工程生态产生密切互动，一方面推动和制约着工程生态的演化，另一方面也受到工程生态演进的反作用。

1 自然环境与工程生态的动态演化

工程生态根植于自然生态，自然生态为工程生态的演化提供"自然"的基础和边界条件。工程是合目的性的实践，同时也是合规律性的实践。之所以这么说，是因为工程生态的建立与发展必须顺应、依靠自然生态，并适度地改造自然。离开自然生态，工程生态将缺失对象、材料，也会失去可以学习的老师，既丢掉立足之本，也会损失一部分进步的可能性。所以说，自然生态是工程生态存在与演化的基础。

然而，需要注意的是，自然生态提供的一切在成为工程生态生成、发展前提的同时，也规定了其存在和发展的界限。一方面，规定即否定。自然生态可供人类工程活动开发的上限在其向我们敞开的那一刻基本已经规定好了，有限的人面对有限的自然，只可能做出有限的事情。1500 年以来，尤其是 16、17 世纪，英国因取暖、制炭、炼铁、造船的需要出现了严重的木材短缺，不得不以高价从他国进口。18 世纪英国发明和改进蒸汽机，开启新的工程生态，一个很重要的原因就是为了解决能源困境。[①] 同样的难题今天也困扰着中国。为了摆脱因石油等传统能源严重依赖进口而随时可能被"卡脖子"的风险，大力发展新能源产业是我们的应对之策，而这

---

① Thomas B. Was there an energy crisis in Great Britain in the 17th century? [J]. Explorations in Economic History, 1986, 23 (2)：124-152.

也将推动我国工程迈入新的工程生态。另一方面，人类活动必须遵循自然生态的规律。长期以来，人类只是片面追求工程总量的野蛮生长与扩展，忽略了自然生态本身的承载能力，致使很多工程实践给自然生态带来了破坏，甚至是不可逆的影响。咸海曾是世界第四大湖，但自 20 世纪中叶以来，随着土库曼斯坦卡拉库姆运河的兴建及周边国家棉花种植业的大力发展，工农业和人民生活用水量剧增，致使阿姆河和锡尔河不堪重负，注入咸海的淡水日益减少。从 1960 年至 2011 年，半个多世纪里，咸海水域面积急剧缩减了 85%，水体平均含盐量也从 10 g/L 升至超过 100 g/L①，生物大量死亡，湖底盐碱化严重。如果任凭这种情况持续下去，那里的工程生态无异于自断根基。

可喜的是，近几十年来，人类已经逐渐在观念上认识到，工程生态的生成与演化要建立在自然生态健康的基础之上并积极做出改变。例如，在管理上，（自然）环境影响评估已经是工程实践的必备环节。这一环节旨在对拟议中的建设项目在兴建前即可行性研究阶段，就对其选址、设计、施工等过程，特别是运营和生产阶段可能带来的环境影响进行预测与分析，提出相应的防治措施，为项目选址、设计及建成投产后的环境管理提供科学依据。② 基于眼光长远、格局宏大的伦理考量，环境影响评估能够在很大程度上帮助工程共同体审慎地决策。在技术上，内蒙古自治区鄂尔多斯市杭锦旗的"引凌入沙"工程堪称典范。从 2014 年开始，杭锦旗在黄河水利委员会的支持下，创新生态修复思路，实施"引凌入沙"工程，在黄河处于凌汛高水位时，通过利用黄河南岸的总干渠和牧业分干渠，将黄河水引入库布齐沙漠低洼地形成水面。这个工程的效果可谓一举多得。一方面，不仅减轻了黄河的防凌压力，还治理了库布齐沙漠，改善了沙漠生态环境；同时，在枯水期将水反哺黄河的做法，也有利于维持流域水环境和生态平衡。另一方面，形成的沙海湿地，既有效减少了流沙流入黄河，也为当地的农牧业发展带来了新的

① Micklin P. The future Aral Sea：Hope and despair ［J］. Environmental Earth Sciences，2016，75（9）：1-15.

② 张敬东. 环境科学与大学生环境素质 ［M］. 北京：清华大学出版社，2015.

可能。①

工程乃至人类有没有未来，有怎样的未来，取决于人们在工程生态建构中是否尊重自然生态。面对严重的生态危机，今天比历史上任何时候都更加迫切地需要在自然生态禀赋的基础上，在生态条件的约束下，探索、建立并维持好工程生态与自然生态的相对平衡。否则，在大自然的报复下，工程生态的动态演化势必遭受重大制约乃至毁灭性打击。

2 社会环境与工程生态的动态演化

工程是在社会环境因素的制约下，人类为了实现某种具体目标，通过各种要素的综合集成和各种资源的有效配置进行的物质性实践活动。这些社会环境因素涉及人类生活的方方面面，具体表现为经济需求、安全需求、军事需求、文化需求、政治需求、伦理需求、心理需求等。在不同的具体环境和条件下，这些需求以不同的方式导致了工程生态的诞生并促进其演化发展。

可以想见，吃得饱、穿得暖、安全有保障，是人类最初的几种社会需求。因此，与狩猎和采集有关以及与房屋建设有关的工程生态一般会率先出现并发展起来。随着生产力的发展，人们的物质生活水平大大改善。此时，人们的精神需求就会日益增长，知识文化、心理情感、艺术审美、服务体验等原来不被重视的需求开始得到重视。新的需求拉动工程生态向新的方向演化。例如，建筑工程开始强调艺术设计和文化内涵，城市规划开始注重休闲风景的建设，商店服务员开始注重为顾客提供良好的购物体验等。当然，如果生产力发展停滞不前，人们的需求会显著降低，催生新工程生态的动力减弱，甚至已经形成的工程生态也会消失。

同一时代利益主体间的需求并不总是一致的，相互之间的需求矛盾导致的竞争，也会推动工程生态的演化。前文提及的华为鸿蒙系统，本质上是中美竞争的产物。中国尝试在操作系统上拿回主动权，这既是出于国家信息与网络安全的考虑，也是希望在商业上与

---

iOS 和安卓分庭抗礼。不仅是技术问题，工程共同体内部也会因为不同社会需求产生矛盾。我们经常看到工会代表工人与老板抗争以维护职工权利，甚至工会本身也是抗争的产物。因为这种抗争，劳动者获得了更大的权益，劳动者与管理者的关系在历史上也从主奴关系转变为雇佣关系，未来也许会变成平等的合作关系，真正成为工程生态的共同主人。毫无疑问，这对于工程实践的健康发展以及激发劳动者的创新能力而言都大有裨益。

　　在众多需求中，军事需求尤为特殊，也正是这种特殊的需求对工程生态的激发作用异常强烈。信息社会的两大支柱——计算机与互联网，都是军事需求的直接产物。第一台现代电子计算机埃尼阿克（ENIAC）的诞生是为了快速计算导弹弹道。互联网的前身阿帕网（ARPANET）意为美国国防部高级计划局网络，其建设初衷是满足美国军方建立分散式指挥系统的需求，用来将指挥系统中分散的节点连接起来。后来，人们才认识到这个连接功能可以移为别用，除了军队指挥系统外，很多领域也都有互通互联的需求。慢慢地，诞生于军事领域的技术逐渐转为民用，其工程生态也吐故纳新，转型成功。

　　显然，社会环境是推动和制约工程生态演化发展的重要因素，而工程生态的演进也反过来推动了整个社会的发展与繁荣。当经济社会快速发展或社会出现重大变革时，社会需求会对工程生态的演化带来巨大的拉动力，而如果经济社会发展迟缓或停止，社会需求的拉动力就会减弱，甚至有可能出现副作用，抑制工程生态演化发展。这样，在工程生态建构和演化过程中，密切监测社会需求的变化特别是重大变化，适时调整生态策略，就成为一个基本要求。反过来，特定工程生态的繁荣和衰落也往往成为社会发展的指示器，从宏观层面密切监测、协调和规制工程生态的发展，也理应成为国家治理的一个基本要求。

工程生态中的生态位

"生态位"概念，萌芽于生物学的进化论，成熟于生物学的生态学，又以"生态位建构"理论见于当代进化论。1859 年，达尔文（Charles Robert Darwin）提出："只有当现存生物的变异更适合一个地区自然生态体系的一些位置时，自然选择才能发生作用，而这些位置的出现，有赖于自然条件的缓慢变化和阻止更适应的生物从外界的迁入。当旧物种变化后，它们与其他生物间的关系就被打乱，新的位置就将出现，以待更适应的类型去占领。"① 这里的"位置"表述的就是"生态位"，随着生物区系变化而变化。20 世纪初，在生态学意义上，格林内尔（Joseph Grinnell）用"生态位"界定动物在一定地点栖息和繁殖的物理环境条件集合②，埃尔顿（Charles Sutherland Elton）用"生态位"概念强调各种生物在一个群落中的功能角色和生态关系③。1957 年，哈钦森（George Evelyn Hutchinson）沿着格林内尔的路线，认为"生态位"是生物物种生存和自我迭代的一种 N 维超体积（包括温度、湿度、酸碱度、食物、营养、水、土壤、空气等）。④ 这是融合生理特性和栖居特点的基础生态位，包括竞争、掠食等生物之间的互动关系。

21 世纪初，奥德林-斯米（F. John Odling-Smee）等把生态学的

① 达尔文. 物种起源［M］. 舒德干，译. 北京：北京大学出版社，2005：67.

② Grinnell J. The niche-relationships of the California Thrasher［J］. The Auk，1917，34（4）：427-433.

③ Elton C S. Animal Ecology［M］. New York：The Macmillan Company，1927.

④ Hutchinson G E. Concluding remarks［J］. Cold Spring Harbor Symposia on Quantitative Biology，1957，22：415-427.

"生态位"概念引入生物学的进化论，提出"生态位建构"理论。①
按照基因-物种-环境模型，生态位建构理论强调物种对其环境的积
极塑造。辛哈（Chris Sinha）把这种行为结果称为"准人工物"。②
例如，雄性园丁鸟利用引人注目的花朵、贝壳和树叶等，构筑、装
点和精造类似凉棚的鸟巢，吸引同类雌性鸟同居，实现性的自然选
择；河狸使用树枝筑坝，通过协同合作，防御其他捕食者对自己栖
居地的侵害，增强食物的可获得性。这两个例子表明，在物种的全
部技能中，存在着各种适合建构准人工物的特殊能动行为。反过来，
这些行为为开拓物种的"生态位"提供了支持。

　　无论是生态学的描述性生态位研究，还是进化论的生态位建构
理论，都是用以解释物种在时空上对自然环境的适应性和选择性，
描述一个物种在持久生存竞争中的最适宜栖息地或小生境。与其他
物种相比，人类作为最高级的物种，之所以能够取得创造历史和创
造世界的巨大成功，源于人类改造环境的工程能力。自现代智人形
成以来，人类不仅强化了对动物的半人工化培育，还创造了一系列
功能各异的人工物，这些人工物具有相对于自然物的独立性。正是
这些独立的人工物持续地塑造并改变着人类的日常生活。③ 人工物
富集着各种资源，包括新旧实践、经验和知识积累等，生成着人类
生活所依赖的"人工物生态"④，日益展现出其相对独立性。特别是
在现代社会，城市社区、车站、通信设施、电厂、光伏电站、大坝、
桥梁等工程设施，支撑了人类生存与发展生态位的构建。这就是说，
在研究工程生态时，不但要关注外部物理世界、人类的主观意识世
界以及精神产品世界，还要关注那个由工程活动创造出来的人造物
质世界⑤，包括建筑物、道路、桥梁、发电设施、计算机、互联网

---

① Odling-Smee F J, Laland K N, Feldman M W, et al. Niche Construction：The
Neglected Process in Evolution［M］. Oxford：Princeton University Press，2003.

② Sinha C. Language and other artifacts：Socio-cultural dynamics of niche construction
［J］. Frontiers in Psychology，2015，6（10）：1601.

③ Krippendorff K. The Semantic Turn：A New Foundation for Design［M］. London：
Taylor & Francis，2006：198，202.

④ Vasiliou C，et al. An Artifact Ecology in a Nutshell：A Distributed Cognition Perspective
for Collaboration and Coordination［M］. Cham：Springer，2015：55-72.

⑤ 李伯聪. 工程哲学引论——我造物故我在［M］. 郑州：大象出版社，2002：415.

等众多元素。本章并非旨在探讨人类如何创造自身生存与发展的物质环境，而是将人类工程活动本身视作一个生态系统，并借用"生态位"这一概念来深入剖析工程生态的内部结构及其与外部环境的相互关系。具体而言，本章将围绕工程生态位的概念、特征、分类，以及工程生态位的变移情况这四个核心问题展开探讨，以期能够更全面地理解工程生态位的本质和内涵，为工程活动的可持续发展提供思想和理论支撑。

第一节　工程生态位的概念

"生态位"一词的英文"niche"源自法语"nicher"，意为"筑巢"，在生态学和进化论中描述的是一个物种如何在栖息地生活，怎样与栖息地互动。在中文中，除译为"生态位"外，还有"小生境""栖域""龛""区位"等译法。"龛"是宗教概念（供奉神佛的石室或小阁子），"区位"是地理概念，二者均是指具体位置或空间。相比之下，"小生境""栖域"也许更能表达"生态位"概念的生态学含义，它表达了物种生活的时空范围，也表明了物种生存依赖的资源集合。但采用"生态位"译法的人更多，本书也采用"生态位"这个译法。

"生态位"概念在生态学中已被广泛接受，正在逐步从生物学扩大到非生物学，包括经济学、管理学，特别是产业经济学和技术经济学等领域。来自经济学、管理学等学科关于产业生态位、技术生态位的见解，以及关于企业生态位的丰富论述，为我们将"生态位"概念引入工程生态研究提供了启示。对于工程生态而言，应更加注重从工程所处的行业层面和企业层面两个维度来深入理解"工程生态位"的内涵。

1 行业层面的工程生态位

工程是一种有组织的社会活动，表现为行业和企业两个层面。在经济学中，行业指产业；在管理学中，行业指部门。经济学的产业分类以产品和服务为依据，而管理学的部门分类除产品和服务分类外，还包括组织机构，其中的经济组织自然包括企业。从工程角度来看，中观层面的物质生产行业是由微观层面的大量企业共同运作构成的。一个企业依其提供的产品或服务，可以归口到某个行业。因此，讨论工程的生态位问题时，在中观和微观两个层面，应该分别关注"行业"的工程生态位和"企业"的工程生态位。

工程行业主要包括八大门类，即机械与运载工程，信息与电子工程，化工、冶金与材料工程，能源与矿业工程，土木、水利与建筑工程，环境与轻纺工程，农业，医药卫生。① 任何工程行业，都是从提供物质产品或人工物开始的，与此相关的工程活动包括设计、建造（或制造、生产）、配送和维修、退役等。例如，中国化工行业拥有数十万家企业，涵盖了从石化、煤化工、盐（矿）化工到生物化工等多个领域。这些企业的生产活动，从原材料供应到化工产品的生产、存储、运送和投递，形成了复杂的全国乃至全球供应链和产业链。一个行业的工程生态位，是该行业在整个工程系统乃至社会中占据的位置或发挥的作用，它与其他行业的工程生态位的不同是它提供了与其他行业不同的产品或服务，由此将该行业与其他行业区分开来。例如，化工行业提供的是大量化工产品，建筑行业提供的是居民住所和商业地产，水利行业提供的是防洪、农业灌溉、通航和水电，等等。

在一个国家或地区，一个行业及其强关联的行业集聚形成的"产品形态、市场效益、技术水平、物流机制、资产规模以及产业链条"②，映射出该行业适应与利用环境的生态特征，共同构成了该行业的工程生态位。以铁路行业为例，其工程生态位涵盖市场规模、进入区域、企业数量及资源占有量等多个维度。任何一个行业的工程生态位，在空间关系上表现为生产规模、产品特色与数量、价格定位、市场细分等方面。其内涵则涉及战略互动、知识流动、信息交换和文化共享；在行业关联上，这种生态位通过专业分工、技术优势和功能互补形成复杂的生态关系，具体表现为供应链上下游企业间的共生协作，以及生态位高度重叠企业间的激烈竞争。

---

① 按照中国工程院学部分类列出，工程管理学部不在此列。
② 许诺，唐亮. 产业集群生态位的形成、特征及功能［J］. 商业时代，2009（20）：108-109.

2 企业层面的工程生态位

与行业的工程生态位相关联，我们可以将企业的工程生态位视为其在行业中生存与发展的角色或地位，实质上反映了企业在所属行业生态中"所占有的多维空间资源"状况。① 这种多维资源占有涵盖了行业位置、物质原料与能源、人力资源、技术或工艺流程、资本或资金、市场规模，以及制度许可、政策扶持、公众支持等环境资源。企业的工程生态位，以包容性的适应度，实现了对稀缺资源、制度环境、产品功能等多种要素的整合与集聚。例如，在制药行业中，药品专利常被视作生态位层面的核心资源，制药企业更是将药品专利视为生存与发展的命脉，因此，药品专利的竞争成为制药企业构建工程生态位的典型表现与特征。

从行业、企业两个层面理解工程生态位，我们可以看到，所谓工程生态位包括三方面含义：一是工程行业生态状况属性的生存力；二是工程行业生态状况属性和工程企业生态角色（位置或地位）属性的发展力；三是工程企业生态角色属性的竞争力。工程生态位概念既是描述性的——用来辨识工程行业、相关企业的功能和性质，也是动态性的——用来解释和应对曾经有的、正在或将要进行的工程项目选择、推进和建设，以及工程行业演化和发展的整体情况。企业层面的工程生态位是微观的工程生态位，行业层面的工程生态位是中观层面的工程生态位。前者是后者的组成部分，后者是前者的生态依托，两者又进一步共同构成宏观的工程生态位。后文还将通过对工程生态位特征的深入探讨，进一步深化对这一概念的理解。

第二节　工程生态位的特征

在现实的工程实践中，工程生态位的运行是一个价值实现的过程，它依赖于工程行业及其企业内外部关系的协同演化，以实现工程产品在市场空间中的绩效提升。作为行业生态状况与企业生态角

---

① 孙嘉言，余金城，邓小鹏. 国际高铁企业生态位测度与分析［J］. 决策探索，2017（9Z）：86-88.

色的社会运行体现，工程生态位具有三个显著特征：构成因素的多维性、结构关系的多要素多层次性和功能发挥的多面向性。

1 工程生态位构成因素的多维性

从理论上讲，影响工程生态位的因素很多，工程生态位的维度是多维的。正如可以把物种的生态位的有效维度减少到地点、食物和活动一样，也可以把工程生态位的维度缩减为空间、资源和市场三维要素。

在空间维度上，一个国家或地区的独特工程生态位，鲜明地展现了其不同区域特有的工程行业及其企业间的共生状态。这种共生状态涵盖局部工程生态位与区域工程生态位两大范畴。局部工程生态位聚焦于特定地点，旨在实现特定工程目标的项目、研究、任务、使命以及构建的社会网络组织等；而区域工程生态位则体现为拥有共同知识、规范与标准的区域工程行业或企业网络。后者作为"桥梁"，联结局部工程生态位与全球工程生态位，依托企业的自主决策能力和区域的认知学习能力，驱动工程生态的持续演进与提升，助力实现战略愿景，进而在全球工程共同体中占据优势地位。在此过程中，多种区域因素，如公共机构、研发中心、大学、非政府组织及企业组织等，构成了工程生态位的核心组成部分。它们共同参与学习进程，共同勾勒区域发展愿景，从而织就一张紧密的区域工程生态共生网络。

工程生态位的资源维度涵盖了原材料、技术、资金、人力及信息等诸多方面。这些资源要素与其空间维度之间存在着紧密的关联。行业（我们有理由把"行业"理解为一个"经济空间"）的工程生态位形成是一个集群演化的过程。在此过程中，资源规模逐渐扩大，行业内部在纵向上呈现出日益精细的专业分工，而在横向上，竞合关系不断加剧，促使企业之间以及企业与外部环境之间的互动变得更为频繁。由此，工程生态位逐渐形成一种资源配置的空间结构。以石化行业为例，石油和天然气的开采活动自然集中在资源富集的地区进行，而石油、天然气的精细化工生产则主要布局在资金充裕、市场密集的城市或城郊地带。通过石油化工产品的配送网络，整个石油化工生态位形成了一个完整有序的空间布局。

工程生态位的市场维度包括产品供给、市场需求和消费。产品是一个行业或企业生产或提供的物质产品或服务，这是满足市场需求的基础；市场是一个行业或企业所处的用户环境，包括市场需求、消费者偏好和购买力等，这直接影响产品或服务的销售和市场占有率。工程生态位究竟呈现为怎样的空间布局，取决于"基于人力资源生态位、资金生态位、市场生态位、技术生态位和信息生态位等相互影响、作用的基础上形成的组织形态"。[①] 工程生态位以空间生态位、资源生态位、市场生态位为纽带和载体，空间生态位、资源生态位、市场生态位的有效组织和互为促进是实现工程生态位功能与价值的重要方式。

② 工程生态位结构关系的多要素多层次性

工程生态系统体现在工程行业间、同一行业内部以及企业内部等多个要素和多个层次上，相应地，工程生态位在结构和结构关系上同样呈现出多要素多层次性。

第一，不同工程行业生态位类型结构关系是多要素多层次的。例如机械工程、化学工程、电力工程、交通工程以及信息通信工程等，均属于规模较大的工程行业范畴，它们的工程生态位在整体结构关系上呈现出明显的多要素多层次性。举例来说，当前任何工程行业均离不开电力工程所提供的电力支持；交通工程与信息通信工程则为其他工程行业的物流和信息流通提供了极大的便利；而机械工程与化学工程则为其他工程行业供应所需的设备与材料；等等。物质流、能量流、信息流构成了不同工程行业生态位的重要支撑体系。试想，一旦这些流动出现中断或停滞，这个世界将会陷入怎样的困境？恐怕任何工程生态位都将难以为继，停止运转。

第二，同一工程行业的工程生态位结构关系是多要素多层次的。就交通运输领域而言，该领域涵盖了公路运输、铁路运输、航空运输等多个方面。在运输市场上，这些运输方式之间存在一定的生态位竞争关系；然而，它们在很大程度上难以相互替代。通过合理的

① 许诺，唐亮.产业集群生态位的形成、特征及功能［J］.商业时代，2009（20）：108-109.

分工，这些交通工程领域可以实现协同共生。

第三，企业生态位结构关系也是多要素多层次的。一个企业为了构建自己的工程生态位，一开始主要通过自身的组织能力，调动各种资源进行创业。一旦通过项目的完成并以其成功的建造或生产赢得市场并被制度化（包括产品认证、标准化、便利的售后服务等）后，潜在的竞争关系就会被激活，进入扩散性竞争过程。例如，中国高铁的发展起初是在原有铁路基础上的提速，进而推动了动车组、轨道的自主设计与制造，并逐步实现了标准化。随着技术、资金等资源要素密度提高，工程生态位得以确立。这时，中国高铁企业开始进入扩散性竞争。目前，日本、德国、法国、中国、韩国等铁路车辆制造企业不仅在轨道领域展开激烈竞争，还涉足其他多个领域，呈现出跨行业资源竞争态势。①

③ 工程生态位功能发挥的多面向性

工程生态位，在资源上是多维的，在结构上是复杂的，在功能上是多样的。工程生态位是工程行业及其企业与外部环境互动的结果，要保持竞争优势，必须应对外部环境压力，确保工程生态位的功能地位和作用有效发挥。工程生态位的这种功能地位和作用，表现为增强和提升生产能力、关键核心技术能力、战略管理能力、层级管理能力、营销能力以及学习创新能力等。现代工程的内在结构及其与外部环境的关系复杂多样、相互交错，提升工程生态位的价值能力和角色水平是借助物质流、能量流、信息流进行的，因此工程生态位的功能提升和作用发挥具有多面向性。

第一，工程生态位内部的结构优化面向。工程生态位是一种由各种行业生态位、企业生态位构成的分层组织网络结构，它根植于"企业网络、生产网络、知识网络、社会网络和空间网络构成的关系结构"②。工程生态位结构在行业层面之间、企业层面之间互为交叉，相互影响，形成一个纵横交错、错落有致的层状关系网络，实

---

① 孙嘉言，余金城，邓小鹏.国际高铁企业生态位测度与分析［J］.决策探索，2017（9Z）：86-88.

② 许诺，唐亮.产业集群生态位的形成、特征及功能［J］.商业时代，2009（20）：108-109.

现物质、能量、信息的持续流动。由于各层面间物质、能量和信息的交换，工程生态位往往会突破单一层面的条件约束，通过各个层面之间的广泛互动和频繁交流，使内部结构得以优化，整体价值得以提升。

第二，工程生态位外部的环境共生面向。提升工程生态位的价值能力，不仅要维系和优化有序、稳定的内部结构，还要不断改善内部结构与外部环境的相互关系。这种关系不是线性的、静态的，物质、能量、信息的输入和输出也不是确定的关系，而是内部结构与外部环境之间的双向互动关系。任何行业的工程生态位和企业的工程生态位，都要以特定的外部环境条件为依托，以良好的内部运作机制将外部环境条件吸收并内化为自身生存、发展乃至竞争的力量。在不确定环境中，多样化的复杂外部关系为企业提供了灵活性。面对宏观环境，工程生态位必须增强其适用度。在行业与行业之间、企业与企业之间，工程生态位总是存在着一定的重叠度，如获得投资、占有市场等。任何一个行业或企业要取得战略性竞争优势，就必须针对工程生态位重叠度，提升自身的工程生态位韧性、竞争力和安全水平。例如，"鲸鱼型企业"由于在特定行业内拥有显著的规模和影响力，一般选择与外部环境共生的发展战略；"鲨鱼型企业"要突出敏锐的市场洞察力和强大的竞争力，也要兼顾与外部环境的共生发展和灵活运用市场生态位细分两个方面；"螃蟹型企业"因其内部利益冲突不断导致整体效率低下，一般需要以优化内部生态为引领，引入有效的外部环境条件为补充，做好市场生态位细分。① 企业越能有效吸引利益相关者和输入资源，其工程生态位便越具韧性。多样性意味着选择，缺乏多样性选择，工程生态位的韧性便难以形成。

第三，工程生态位的资源优势互补面向。企业的工程生态位一般由资金生态位、技术生态位、产品生态位、人力资源生态位、信息生态位等构成，它们之间存在着相互依存、相互制约的生态关系。在工程生态位中，资源扮演的功能角色被称为"位能"。单一资源维度的位能是有条件的，当内部结构调整和外部环境变动时，这种

---

① Xie B. Study on selection of niche competitive strategy of enterprises [J]. China-USA Business Review, 2017, 16 (5): 246-251.

位能会出现退化，发生"偏位""位移"，甚至导致工程生态位整体"位能"衰退，或被"占位"。企业要为工程生态位提供特定环境，推动各种资源维度协同演进与共生发展。只有不断创造条件，促进主要资源维度之间形成优势、功能互补的作用机制，才能提高工程生态位的整体位能或竞争优势。

第四，工程生态位的态势扩充面向。在生态学中，物种的生态位取决于如下两种情况：一是物种自身的新陈代谢状况，这就是"态"；二是物种与环境的物质、能量、信息交换状况，这就是"势"。工程生态位的"态"是其孕育形成、适应外部环境不断积累的结果，工程生态位的"势"是其内部协调、交流沟通、资源流动和协同创新对外部环境的影响力与作用力。通过"扩态增势"，优化工程生态空间，可以提高工程选择和利用外部条件的能力，促进工程行业内部企业资源的良性发展及其与外部环境的协同共生。

第三节　工程生态位的类型

在对工程生态位进行分类时，很难确立一个统一的标准。不过，既然是以生态学或进化论的生态位为隐喻来讨论工程生态位，那就可以类比生态学或进化论的生态位分类，使工程生态位类型化。传统的自然选择进化论认为，生物进化是对环境带来的选择压力的适应性反应。这是一种标准的外部论观点，它将环境视为外部力量，可以把这称为外部压力。但是，当代进化论表明，生物物种并非总是被动地接受环境挑战，而是具有相对的能动性，可以积极地影响甚至改变周围环境。物种的生态位，实际上是物种与环境相互作用的结果：物种若不迁徙，在外部环境变化时就需要改变自身习性或调整与环境的关系。据此，物种的生态位可被划分为构成性生态位、关系性生态位和外部性生态位三种类型。[①] 类比物种的生态位分类，可以把工程生态位划分为构成性工程生态位、关系性工程生态位、外部性工程生态位三种类型。

---

① Aaby B H, Ramsey G. Three kinds of niche construction [J]. The British Journal for the Philosophy of Science, 2022, 73 (2): 351-372.

1 构成性工程生态位

构成性生态位是生物物种经历很长时间的选择进化的结果。这来自两个相反而又同时发生作用的力量组合，即随机的替代方案选择（实现多样性）和特定变异选择导致的物种减少（淘汰）。蜜蜂能感知紫外线，因此对花朵拥有独特的视觉体验；狗能嗅出数小时前鹿留下的微弱气味，而人类却没有这些能力。动物界的这些特性，唯有经过长时间的进化历程，方能得以保留。进化论中的这一核心原则，可概括为"盲目变异中的选择性保留"[①]。这一机制的概括中包含变异、选择和保留三个环节，它们之间的相互作用为我们分析构成性工程生态位提供了框架。

工程生态位的演化是一种普遍现象，同时也伴随着一定的"随机性"。其演化方向由选择过程所决定，该过程筛选出有利的变异，使工程生态位能够适应市场和制度环境的变化。这是一个积累知识的学习过程，也是一个产生新知识、新产品的创造过程。选择和变异的结果作为工程生态位资源保留下来。例如，美国道格拉斯公司研发的 DC-3 飞机，其金属外壳、低翼设计以及活塞动力系统等构造，奠定了后续飞机架构的基础。同样地，无线电通信系统的最初设计，仅用于收发调频无线电波信号，对于调频范围外的电磁信号，如调幅无线电信号、手机信号等，则不予接收。无论是电子发射装置（如电台），还是电子接收装置（如收音机），均由天线、电路板、扬声器、电源等主要部件构成。这一结构，在通信领域保留至今。工程生态位通过不同企业在市场上推出的产品、工艺等，展现出通用规则和默会知识等基因序列。其中，那些可共享的、可复制的通用规则，构成了工程生态位演化的基石。

在通用规则的框架下，企业会对工程生态位进行小幅度的改进或调整，以有效应对竞争压力。对于生物物种的构成性生态位而言，它们会主动调整自身特征来适应环境的变化。例如，狮子在成长和成熟的过程中，其体型、体力和协调能力会显著增强，进而拓展其

① Ziman J. Technological Innovation as an Evolutionary Process [M]. Cambridge：Cambridge University Press，2000：41.

捕猎空间。有些动物通过夏眠或冬眠的方式，减少新陈代谢活动并长时间休息，以此保存能量，这是对气候变化和食物短缺的自我适应策略。同样，植物在干旱条件下，躯干可能会下垂，叶子在白天高温蒸腾时会蜷缩，夜间蒸腾减弱后又恢复展开。这些变化都是植物对环境作出的自我调节。与生物界物种通过自身特征改变来适应环境相似，一个行业或企业也会对其工程生态位进行微调。它们会在现有资源的基础上，通过一系列微观变异或模仿，不断积累新的知识和规则，逐渐获得竞争优势。仍以无线电通信行业为例，虽然无线电通信系统本身并不能在广泛的频率范围内收发信号，天线的大小和形状限制了可能的收发频率范围，电子收发设备只能在较窄的频率空间内工作，而声学设备的体积和性能，如扬声器形状、放大器性质等，也决定了声音的可能范围和特征，包括音量、音高、音质等，可是，这并不妨碍无线电企业可以通过技术手段调整天线大小、改进电路板设计，提升收发无线电信号并将其转换为声音的能力，从而拓展或提升自身的工程生态位。

　　构成性工程生态位主要停留在微观改变上。历史学家巴萨拉（George Basalla）指出："一旦我们去积极地探索连续性，就可以清晰地看到，每样新奇的人工物都成为引信。这种说法适合于最简单的石制工具，适合于类似轧棉机和蒸汽机这样的复杂机器；它适用于依赖科学研究和理论的各种发明，如电动机和晶体管等。"[①] 通过选择，启用可获得的资源选项，可以在特定应用或生态位上，催生出工程新产品。微观变异的长期积累，最终可能导致主流工程生态系统转换。推动细节设计优化、市场靶向定位，让不同变异共生共存，就能形成独特的工程生态位演化模式。一旦"窗口时机"到来，就能实现生态位变移。如今的无线电通信系统，其电子设备已从收音机、电视等逐步发展到移动电话等，传输信号也从模拟音频发展为集声音、文字、图像等为一体化的数字化多媒体数据，其生态位在此过程中不断被重塑，持续实现转型升级。

② 关系性工程生态位

　　微观变异并不限于构成性工程生态位变化，也出现在关系性工

　　① Basalla G. The Evolution of Technology ［M］. Cambridge：Cambridge University Press, 1988：208-209.

程生态位变化中。在生态学中，关系性生态位涉及的是同种生物之间或与其他生物和非生物环境因素之间的互动关系。这些关系可以在不改变生物构成特征和物理环境的情况下发生改变，形成生态位分化。对于工程生态位而言，以微观变异形成的改进后产品投放市场，可能不受现有工程规则约束。当其市场运营带来极端不同的选择压力时，这种变异的适应过程，会以新的不同方向出现，发生工程生态位分化。这种工程生态位分化，分为早期和后期两个阶段或曰"相位"。

在早期，工程生态位的微观变异可能会占据一定的市场份额，进而形成新的实际工程生态位。在生态学领域，群居生物物种通过其内部关系的调整来确立各自的生态位。例如，老鼠扎堆取暖，尽管并未直接提升巢穴的整体温度，但彼此身体靠近能有效减少热损失；当巢穴空间不足时，部分老鼠会另辟蹊径，构筑新的巢穴，从而实现生态位的分化。类似地，在工程演化过程中，微观变异同样能引发这种分化现象。当一个新兴工程领域或新业态依据不同的选择标准形成时，尽管在市场规模上的直接影响可能有限，但这些不同的选择标准却足以触发工程生态位的分化。关键在于，这种分化伴随着工程生态位在技术层面上的分离。因此，工程生态位的分化会催生出一系列新的实际工程生态位。例如，就像改变同种生物间的关系或生物与外部环境的关系一样，将收音机功能嵌入手机并接入网络，使其能更便捷地从信号源接收信息，可以吸引并拓展产品用户的范围。

进入后期阶段，会形成新的实际工程生态位，并迅速与原有的工程生态位形成竞争态势。在生态学的视角中，生物物种通过调整自身与外部环境的时空关联，来确立其独特的生态位。有些被捕食动物倾向于靠近捕食者栖息，以便随时掌握捕食者的动向，从而规避被捕食的命运。动物的迁徙行为、栖息地的选择，以及对食物、配偶、巢穴或其他资源的重新布局，均是它们为应对种内及种间竞争压力而作出的选择。在工程生态位的分化进程中，新兴业态与产品的市场份额逐渐攀升，会赢得更多的支持与资源积累，进而引发工程生态位的拥挤效应。然而，这种竞争并不一定会进一步激化，新兴的工程领域与业态同样有可能在原有的工程领域中蓬勃发展，可能与以往稳定运行的传统工程生态位实现共生共存。以高速铁路为例，相较于传统铁路，高速铁路无疑是一个新兴的工程领域。尽管两者间存在竞争关系，但通过合理的分工机制，它们依然能够在一定范围和程度上实现共生共存。在客运领域，高速铁路所带来的工程生态位提升是显而易见的。

3 外部性工程生态位

前文谈到的主要是构成性工程生态位和关系性工程生态位的微观变异。然而，由于外部环境的巨大变化，外部性工程生态位也会发生宏观变异，甚至是颠覆性变化。在生态学中，新物种涌现并不一定全部源于微观变异，也可能来自宏观变异。所谓外部性生态位建构，即指通过改变环境来塑造生态位。以汽车行业为例，内燃机长期占据主导地位，其背后的用户偏好、厂商技术能力、商业模式、生产技术以及法规和制度支持共同构建了内燃机汽车的工程生态位。然而，随着环境保护法规的不断完善和化石燃料资源稀缺性问题的日益突出，新能源汽车行业迎来了蓬勃发展。特别是自 20 世纪 90 年代起出现的纯电动汽车，导致了与内燃机动力的重大变异。目前已培育起由包括高续航电池、充电桩等在内的全新产品和设施所支撑的生态位。在技术领域，与微观技术变异主要表现为渐进性变化不同，宏观技术变异是颠覆性的创新驱动发展。

宏观变异缺乏明确的亲代血缘关系，它代表着对以往规则的工程突破。莫凯尔（Joel Mokyr）把这种突破称为"充满希望的怪物"。① 之所以说宏观变异是"充满希望"的，是因为它预示着未来的新技术、新动能；而之所以说它是"可怕的怪物"，是因为宏观变异早期的绩效表现不尽如人意，尤其是当选择压力巨大，没有明确细分市场时，任何力量都无法保证宏观变异会取得成功。宏观变异开始不过是企业在社会的土壤中播下的新技术种子，而种子进入的环境决定着它是否能发芽长大。宏观变异是低概率事件，多数时候会不敌更为高效的现有系统，可能淹没在各种替代方案或既得利益中。于是，要么陷入"死亡之谷"，要么变成"沙漠之狐"。

相对于微观变异的"渐变期"，宏观变异的"孕育期"需历经

---

① Mokyr J. The Lever of Riches ［M］. New York：Oxford University Press，1990：291.

诸多改进以应对复杂的对抗性竞争。为了从宏观变异中催生工程新业态与新产品，需借助创新、营销、宣传及说服等手段，促使外部环境发生变动。宏观变异一旦赢得社会的广泛支持，便能借助工程新业态与新产品脱颖而出，将"充满希望的怪物"转变为"真实而美丽的白天鹅"。

第四节　工程生态位的变移

正如物种进化一样，任何工程行业或企业，都遵循从初创期、成长期到优化期、衰退期的生命周期过程。工程生态位是伴随工程行业或企业的生成发展而逐步演化的，其演化是一个动态、复杂的历史过程。工程行业或企业生命机体的发育，促进了工程生态位的不断优化，塑造了工程生态位的不断变移。但是，工程生态位并不是被动形成的，任何工程行业或企业为保持自身的生命机体的生态活度，运用自身"拥有的人力、技术、产品、资金、经营与管理等核心资源优势，通过主动与外部相关资源、不同生态位的行业或企业互联互补、交互作用，进而找准、建立和优化对自身竞争有利的生态位"[1]。由于内部资源和外部环境的影响，这一过程会表现出不同的工程生态位变移。这主要表现为构建工程行业新生态的"占位"、扩大工程行业规模的"升位"和开拓工程行业新领域的"跨位"三个方面。

1 构建工程行业新生态的"占位"

在投资学中，"黑天鹅""灰犀牛"被用来指代两类风险。前者是指超出认知的难以预料的事件，罕见但往往能引发颠覆性后果[2]；后者是指人们习以为常的风险，但是一旦爆发，会带来极大的破坏力[3]。"黑天鹅"事件的典型案例有 2001 年"9·11"事件、2020年新型冠状病毒感染，"灰犀牛"事件的典型案例有 2008 年金融危

①　刘秉君，董明德. 找准企业生态位 [J]. 企业管理，2024（1）：18-20.

②　塔勒布. 黑天鹅 [M]. 万丹，刘宁，译. 北京：中信出版社，2019.

③　渥克. 灰犀牛 [M]. 冯毅，张立莹，译. 北京：中信出版社，2021.

机、2016 年美国对中国发起的贸易战与科技争端。这两类事件均构成了企业所面临的巨大外部环境变化。

面对外部环境的巨大变化，企业需要构建行业新生态，"通过整合外部资源与内部核心能力，创建全新的、兼顾各方利益的新生态体系，进而在推动行业变革发展过程中，使自己的生态位长期处于优势地位"①。这在企业管理中叫作"创位"，这里我们把它称为"占位"。运用行业或企业内部优势资源，有效引入外部资源，占据有利的行业生态位。如果把普通的企业比喻为"丑小鸭"，把优质的企业比喻为"白天鹅"，把拥有颠覆性商业模式或独特核心技术的企业比喻为"独角兽"，那么，我们会看到这三类企业有着不同的工程生态位。其中，"独角兽"企业往往通过占位，构建行业新生态。企业如果想不做普通的"丑小鸭"，不止步于优质的"白天鹅"，而是致力于做持续的"独角兽"，那就要有构建新生态的"占位"格局。

华为成功研发了鸿蒙系统，该系统为操作系统行业构建了全新的生态格局。2012 年，基于自主创新和安全的考量，华为在芬兰赫尔辛基成立了智能手机研发中心，并开始招募包括手机操作系统架构师在内的技术型人才，着手研发自有操作系统。最终，华为推出了适用于物联网嵌入式设备的 LiteOS 系统。2019 年，美国将华为列入"实体清单"，禁止向其出口任何产品。因此，谷歌暂停了对华为的硬件、软件和技术服务转让。面对外部环境的压力，华为在LiteOS 的基础上，加速了自主操作系统的研发进程。2019 年，华为正式发布了鸿蒙系统，该系统不仅应用于智能手机，还广泛应用于华为智慧屏、华为手表等产品。2023 年，鸿蒙 4.0 版本正式发布，为车机系统提供了强大的智能互联能力，并展示了鸿蒙系统在多屏跨设备投屏等领域的突破性进展。通过一系列的发展策略调整，华为鸿蒙已成为与 iOS 和 Android 并列的操作系统，并逐渐从专为物联网设备设计的系统，发展成为支持全场景智慧生态的全平台操作系统，其工程生态地位日益凸显。鸿蒙系统通过促进内外资源的互通互动，推动了行业供应链和价值链的提升，解决了华为乃至中国操作系统领域的技术短板问题。华为鸿蒙系统涉及的工程生态问题很

---

① 刘秉君，董明德. 找准企业生态位 [J]. 企业管理，2024（1）：18-20.

多，本书第十四章对这些问题进行了更具体、更全面的分析和研究。

② 扩大工程行业规模的"升位"

雁是大型游禽，善于飞行，春到北方，秋到南方，不惧远行，故称征雁。雁飞行采取特定的队形——雁阵（如人字形、一字形），形成了一种奇特的雁群结构——头雁带领群雁飞行。头雁飞行时，它扇动翅膀会在身后形成低气压区，后面的雁群利用这个低气压区，可以减少空气阻力，节省体能。这种雁群结构，可以通过飞行确定谁具有领飞地位，确保雁群更有效地利用资源。

从行业供应链看，领军企业或"链主"企业，往往能够产生"头雁效应"。所谓供应链，是指"链主"企业"通过对信息流、物流、资金流的控制，将供应商、制造商、分销商、零售商、最终用户连成一个整体的功能网链结构模式"①。一个企业，要在行业供应链中取得领军地位，发挥头雁效应，必须进行做大行业规模的"升位"，即"在现有行业中从规模较小的产品品类向规模较大的产品品类升级，达到占有更大市场、获得更大规模、找到更高生态位"②。

比亚迪新能源汽车堪称一个典范。自1995年创立之初，它便着手生产二次充电电池，并于1998年毅然转型至新能源汽车领域，不久推出了纯电动乘用车——比亚迪e6。自2009年起，新能源汽车的发展动力逐渐由地方政府的支持转变为国家政策的强力扶持。2010年，比亚迪启动了全球化战略，2015年更是推出了全新的"次世代品牌形象"，以更年轻、前卫的姿态与消费者建立联系，在全球范围内积极拓展市场、推广品牌，实现了品牌的"升位"。2023年，比亚迪成为中国汽车工业70年历程中首个跻身全球汽车品牌榜前十的自主品牌。比亚迪凭借持续的技术革新与市场拓展，已成为全球新能源汽车领域的领航者，不仅推动了新能源汽车行业供应链上下游的协同发展，还构建了集研发、生产、销售于一体的完整产业链，

---

① 张华，高作峰，吴会宁. 考虑模糊参与度的供应链利润分配问题研究［J］. 价值工程，2008（10）：69-71.

② 刘秉君，董明德. 找准企业生态位［J］. 企业管理，2024（1）：18-20.

为中国新能源汽车行业的整体竞争优势形成发挥了"头雁效应"。

在推动工程生态升位时，对所升品类行业规模发展趋势，要有清醒的分析判断；设计升位发展，要主动与外部环境形成共生关系，为占据竞争优势找准和优化工程生态位；方向、道路一旦确定，要确保落地，持续增长，升位发展，实现新的跨越。

③ 开拓工程行业新领域的"跨位"

在工程行业或企业演化过程中，特别是在区域工程集群转型过程中，有退潮行业和企业退出，也有潮头行业和企业兴起。其中的工程生态位变移，有避免正面竞争的"降位"，有填补小众市场的"补位"，也有借势塑造品牌的"顺位"，还有占领标准高地的"上位"，更有开拓新领域的"跨位"。所谓"跨位"，是指"企业打破现有模式和固有思维，通过抓住新的市场机遇，充分发挥自身的专业核心竞争力，从现有领域进军新领域，实现从单一生态位到多元生态位的跨越"[1]。

自 2021 年起，我国开始重点扶持国家级专精特新"小巨人"企业的高质量发展。截至 2024 年 5 月，专精特新中小企业数量已达 13.2 万家，其中专精特新"小巨人"企业增至 1.3 万家。这些企业不仅注重技术创新，还紧密跟踪市场动态，将技术创新与市场需求紧密结合，以在未来工程行业的新领域中构建竞争优势。尽管专精特新"小巨人"企业规模往往不大，但它们蕴含着巨大的能量。这得益于它们通过攻克关键技术难关、打破行业壁垒，实现了"跨位"发展，掌握了独特的核心技术，进而不断提升自身的竞争力和市场占有率。

济南大陆机电股份有限公司（简称大陆机电）就是一个成功进行"跨位"的案例。大陆机电于 1993 年创立，定位于仪器仪表专业领域。从那以后，大陆机电实现了三次"跨位"[2]：一是从公司创立至 2003 年，大陆机电依托集成电路与 CPU 技术，开发出体积小、功能强、功耗低的智能化仪表，并凭借其独树一帜的服务理念，在

---

① 刘秉君，董明德. 找准企业生态位［J］. 企业管理，2024（1）：18-20.

② 戚晨. 大陆机电：小仪表磨出产业新生态［N］. 经济导报，2023-11-20（5）.

市场上赢得了广大客户的赞誉，跻身首批高新技术企业之列；二是2003—2013年，随着互联网的兴起，大陆机电瞄准工业控制计算机，做系统集成，实现了计算机控制系统与现场仪表的屏幕集中显示；三是2013年至今，大陆机电抓住国家推动制造业高端化、智能化、绿色化的"时代红利"，开始做管控一体化系统，对制造全过程进行严格质量监控和自动化升级，跃升为国家级专精特新"小巨人"企业。大陆机电的三次"跨位"，在供应链产业链关键领域"补短板""填空白"，在强链补链中不断推进"卡位"入链工程，打磨出纵深行业产业链上下游新领域，实现了对企业和行业的新生态布局。

从理论角度和战略角度看，工程生态位属于战略性工程管理范畴。特别是对于区域工程集群转型、新兴工程行业而言，既要避免因片面性地过度关注渐进性创新带来的微观增量，从而陷于思想保守、动量惯性、路径依赖、技术锁定、稳定性诱捕等困境，又要避免因颠覆性创新带来的生态位失衡，而陷于过度竞争、创新陷阱、被竞争对手击败、无法占领市场等困境。这意味着必须正确、合理地审时度势，既重视渐进性创新又重视颠覆性创新，要使二者相互渗透、相互促进，这构成了战略性工程生态位管理的重要方向。

第六章

工程生命体及其生态支持系统和健康诊断

工程是人类通过在特定环境、条件下开展造物活动，最终形成"人工实在"的过程。[①] 工程本体论认为，工程是现实的、直接的生产力，应当从工程自身产生、发展、演变过程的事实出发认识工程活动的本质。[②] 工程演化论认为，工程作为一种基本的人类社会活动，其存在的整个过程总是呈现出不断演化的各种形态。[③] 从工程生态角度看，工程生命体是工程生态的基本组成单元，而工程生态是工程生命体存续和不断演化的重要条件。一方面，工程总是处于特定的（广义的）生态环境中，无法脱离这一现实的外部条件。另一方面，工程活动本身具有结构性、功能性、规律性，是一个动态的过程集合。从时间的微观尺度来看，工程在每一个时点都处于复杂的运动状态。从时间的宏观尺度来看，工程的发展呈现出阶段性特征。随着时间的推移，工程历经项目规划、设计、施工、运行、退役等多个阶段，表现出与"生命体"类似的特征，同时在各个阶段需要对工程的健康状况进行各项诊断，以判别工程生命体是否可以在现有生态下继续生存。

基于工程生态论的基本范式与理论设定，工程生命体是从功能解释角度生发出来的概念，是一种隐喻，其实质是一种类生命体。所谓类生命体，指的是具有类似生命特征但并非传统意义上的碳基生命的实体。在这一规定下，进一步讨论工程这一类生命体所对应

---

① 殷瑞钰. 关于工程方法论研究的初步构想 [J]. 自然辩证法研究，2014，30（10）：35-40.

② 殷瑞钰，李伯聪. 关于工程本体论的认识 [J]. 自然辩证法研究，2013，29（7）：43-48.

③ 李伯聪. 略谈工程演化论 [J]. 工程研究——跨学科视野中的工程，2010，2（3）：233-242.

的生命活力、生命周期及其生态支持系统，并据此分析工程生命体的健康诊断问题，为工程生态理论研究、工程活动的健康发展提供思想支持。

第一节　工程生命体的生命周期

工程可以看作生命体，有自己的生命活力，有自己的生命周期——包括孕育、成长、运营、退役四个阶段，而每个阶段又包括若干环节。当然，这些阶段或环节之间并不是截然分开的，而是具有某种交叉和内在的连续性。

1 工程生命体及其生命周期的概念

恩格斯在《反杜林论》中指出："生命是蛋白体的存在方式，这种存在方式本质上就在于这些蛋白体的化学成分的不断地自我更新。"[①] 这就突出强调了生命活动中不断自我更新的本质特征。

工程生命体、工程健康等工程生态领域的概念和语境之所以日渐凸显，受到越来越多的重视，就是因为工程本身表现出了与生命体相似的特征。在工程活动的全生命周期中，具有与"生命体"相似的孕育、成长、成熟直到最终消亡的过程。工程生命体是人类有目的、有计划、有组织地运用各类知识、技能、要素和资源建造的具有特定功能的人工系统或装置。[②] 工程本身虽然不直接具备"生物体"意义上的自我调节、自适应、学习和进化能力，但由于作为工程主体的人的因素，或者说工程的社会属性，使得工程在外在表征上能够形成类生命体或实现自然生命体的关键特性，如能量转换、信息处理、功能协调和环境响应，因而是一种具有生命动态属性的复杂系统。

随着智能科技革命的不断推进，智能化已经成为工程及工程活

[①] 马克思，恩格斯.马克思恩格斯选集（第三卷）[M].中共中央马克思恩格斯列宁斯大林著作编译局，译.北京：人民出版社，2012.

[②] 梁军，王镇中.工程生命体健康支持系统刍议 [J].工程研究——跨学科视野中的工程，2023，15（5）：400-411.

动的一个重要特征。智能工程是在工程领域中由人类设计和构建的，具备某种可谓自主感知、决策、执行与学习能力的人工系统。它通过集成智能算法、传感器、执行机构，能够动态适应环境变化，完成复杂任务，优化资源配置，并协同其他系统工作。智能工程可以看作工程生命体在智能化时代的一种新的表现形式，是工程生命体进化链条上的一种新形态。

与其他生命体一样，工程生命体也有自己的生命周期。工程生命体的生命周期从工程的概念设想阶段开始，经历设计、开发、实施、运营，直至工程报废、结束或转型的整个过程。这一过程可分为孕育阶段、成长阶段、运营阶段和退役（或转型）阶段。工程生命体的生命周期不仅反映了工程从概念设想到完成所经历的所有阶段，还强调了在这些阶段中形成连续、系统的管理组织责任体系的重要性，以确保工程管理的连续性和系统性，从而提高工程管理的效率，改善工程活动的运行状况。

❷ 工程生命体的孕育阶段

工程生命体的孕育阶段是整个工程生命周期的起点，它奠定了项目从概念设想到现实转化的基础。此阶段不仅涉及项目设想的形成，还包括对项目可行性、合理性和可持续性的全面分析与验证。工程生命体的孕育过程是一个复杂而精细的系统工程，涵盖了从初步构想到实施准备的多层次、多维度环节。它不仅关乎工程的技术和经济层面，还涉及管理决策、社会影响、环境可持续性等多个领域。对工程生命体孕育阶段的深入研究，有助于更好地理解和把控工程项目的前期流程，从而为后续的成长与成熟奠定坚实基础。

工程生命体的孕育阶段包括立项、论证、决策和设计四个关键环节，这些环节相互衔接，共同构成了工程生命体孕育的完整过程。首先，立项是工程生命体孕育的起点。在这一环节，相关主体根据需求或目标提出工程项目建议，并开展初步调研，为工程生命体的"实质内容"奠定基础，同时明确项目的初步方向。接着，项目进入论证环节。这是工程生命周期的关键一环。在此环节，通过可行性研究对项目的背景、目标、范围，技术、市场、财务、法律等要素，以及社会、经济、环境等效益进行全面分析。论证结果决定了工程生命体是否具备继续孕育的条件。若论证表明项目不可行，工程生命体的孕育将中止；若论证可行，则会形成详细的可行性研究报告，为后续环节提供支撑。随后，进入决策环节，这一环节是工程生命体孕育的重大转折点。在决策环节，依据可行性研究的成果，对项目的风险和预期回报进行综合评估，并最终作出能否立项的决策。如果立项通过，这就标志着工程生命体孕育从设想迈向实现进程。于是，设计环节就成为工程生命体孕育过程中的核心环节，旨在将前期论证和决策成果转化为具体的实施方案。该环节围绕功能性、可行性和可持续性展开，进行详细的技术和工程设计。通过立项、论证、决策和设计的有序推进，工程生命体从最初的概念设想逐步转化为现实的人工系统，奠定了其成功实施的基础。

在工程生命体的孕育阶段，工程项目建议提出之后的论证环节是重中之重。该环节涉及工程项目在社会、技术、环境和经济效益等方面的可能性、必要性、可行性和实际功能。其核心在于明确工程项目规模、功能、性能等需求，评估投资可行性，确保技术方案的可接受性和市场的需求性。立项决策环节则基于前期论证，结合管理层的战略意图，综合考虑技术可行性、经济回报、社会影响、风险管理、法律法规等关键因素，最终决定工程项目是否正式立项。这一环节需要高级管理层的批准，涉及工程投资方、政府及相关工程主体的综合考量。设计规划环节是工程生命体进入成长阶段的基础。这一环节需要明确工程项目的目标、需求、技术，以及工程设计方案、预算、进度、供应链等要素。设计规划的质量直接关系到工程项目实施的成效和工程生命体的最终效果。整体而言，工程生命体孕育阶段的每个环节都是相互关联且至关重要的，它们共同确保工程项目从概念设想提出到落地实施的顺利进行，为工程生命体的健康成长提供保障。

③ 工程生命体的成长阶段

当一个工程生命体成功走过孕育阶段，它将迎来一个充满挑战和机遇的关键时段——成长阶段。在工程生态的语境中，工程生命体的成长具有与生物生命体成长相似的特征。

工程生命周期的成长阶段主要指工程项目的实施阶段，即从现场开工到项目所包含的计划目标实现。这一阶段的主要环节包括工程组织、工程建设、工程实施、工程验收等。该阶段是工程项目从概念设想到实现的关键时期。

从一般生命体的特征来看，工程生命体所需的要素在其成长阶段中的流动规律凸显了该生命体的特征。一是资金流动。包括投资、成本费用支出和现金收入等方面的资金流动可以被视为工程生命体的"血液"，为工程项目提供生存和发展所需的经济驱动力。工程生命体必须保持资金的稳定流动，以支持工程项目的各个方面，如采购材料、支付工人工资、管理风险等。资金流动的合理规划和管理是确保工程生命体健康成长的关键。二是物料流动。物料和资源是工程生命体的"营养"，类似于细胞需要营养来生长和繁殖。在成长阶段，需要有效地管理物料的供应链，确保原材料和设备按需到达场地，以支持工程建设。此外，合理的物料管理也有助于减少浪费和资源消耗，促进可持续发展。三是人力流动。人力是工程生命体的主导动力，类似于生物体中的细胞和组织。在工程生命体的成长阶段，需要一定数量和质量的人力资源来执行各项任务。这包括工程师、工人、项目经理等各种专业人员。人力资源的流动要求有效地团队协作和沟通，以确保工程项目按计划顺利进行。四是信息流动。信息流动要依托工程生命体的"神经网络"，类似于生物体神经系统中的信息传递。在工程生命体的成长阶段，信息流动贯穿整个项目周期，是连接资金、物料和人力的重要纽带。高效的信息传递可以优化资源配置、实时监控进度，并快速响应问题，包括设计图纸、施工计划、进度反馈等各类信息的流转。信息流动的准确性和及时性直接影响项目的协同性与执行力。五是能量流动。能量是工程生命体存续的基本要素。在工程生命体的存续发展中，能量形式及其表现和载体多种多样。其表现形态可以是供给工程共同体生物能的基本材料，包括食物等能量形式，也可以是以煤炭、石油、天然气和电力等形态体现的能量形式。在现代工程活动中，大型工程机械及工程系统运行的能量供给是工程顺利实施的重要条件。

④　工程生命体的运营阶段

随着工程生命体的成长阶段逐渐成熟，它也从最初的概念设想萌芽发展到实体的壮大，实现了对各种资源的有效整合，在经过工程生命周期的成长阶段（即工程项目的实施阶段）之后，工程项目正式投产而进入运营阶段。此时，工程生命体不仅在物理形态上日趋完善，在功能上也达到了设计目标。在这一阶段，它将全面展开其功能，开始实现其预期价值，同时工程生命体也将接受实际运行中的各种检验，包括日常的维护、性能的优化以及对突发事件的响应。

工程生命体在运营阶段的主要内容就是工程项目的运营和维护，使工程能够持续性运作，维持其活力和功能。造物的目的是用物，工程项目运营得好不好是评价工程生命体健康状况的主要标准。健康运营是工程运营阶段的关键环节，而健康的运营状态又离不开定期的维护和保养。建立完善的监督、监测预警和应急体系是保障工程健康运营的重要内容。判断运营阶段工程生命体是否健康可依据以下标准：预期目标完成情况、效益、稳定性、安全性。预期目标完成情况是指工程生命体在其运行期间是否满足了前期孕育阶段所设计的目标，是否达到了工程运营主体和服务客体的期望价值。工程生命体的产出效益即投入与产出之比则直观反映了工程生命体"活得好不好"。运行稳定性、安全性是判断运营阶段工程生命体健康状态的重要指标。

工程生命体作为人工物的类生命体，在工程系统中还呈现出工程生态位的特征。在运营阶段，工程生命体确立了其在工程生态系统中的关键角色，它们已经具备了完善的功能和组织结构，通过直接服务于社会和自然界，展现出了显著的生产力或功能价值，同时它们能够在不断变化的环境中体现自己的生态位，与其他工程生命体建立联系，增强整体系统的协同效应。当然，工程生命体也遵循生态位平衡原则，确保了工程生态系统的生命力和多样性。为监测工程生命体顺利运行，必须通过多种技术手段采集各种有关数据，并进行正确、及时的信息加工和处理，以保证工程系统的顺利运行。

5 工程生命体的退役阶段

虽然在现实生活中，工程项目"非正常退役"（对应生命体"非正常死亡"）的情况屡见不鲜，但这里主要讨论和分析接近其设计年限，或目标、功能、寿命即将完结的项目的"（正常）退役"阶段，这是工程生命体的最后一个阶段。

工程生命体在这一阶段的首要任务是对退役过程的全面评估和规划。工程退役的评估必须科学规范，考察技术、安全、环境和经济成本。在工程退役阶段制定退役计划，确保政策法律许可和资源配置合理。工程退役阶段的另一个主要任务是工程共同体员工的安置，保障退役工程管理者、工程师、工人，以及相关群体的生产、生活的顺利转型和可持续性。工程生命体的退役阶段要求综合考虑技术、经济、生态环境以及社会、历史文化等多方面因素，要求在工程的孕育阶段就前瞻性地考虑到工程活动的全生命周期，以确保工程退役过程的顺利进行，并最大限度地减少对外部环境的负面影响。此外，工程退役还有另外一种情况或结果，即工程功能的转型，例如在社会进步过程中，位于大都市的工厂区转为工业遗产展览场所，废弃的矿山转为工业遗址。北京 798 艺术街区、西安大华 1935 纺纱厂艺术街区、贵州铜仁万山汞矿遗址等都是典型的例子。

退役不仅是工程生命体自身的结束，更是对整个工程生态系统的一次重大调整，会引发工程生态系统的结构性变化。在技术结构方面，恰当的退役标准和操作性是关键。在经济结构方面，工程退役是一个需要资金保障的活动过程，缺乏资金支持将导致工程退役工作难以进行。在社会结构方面，妥善解决因工程退役带来的失业问题和其他相关社会秩序问题是一个困难而重要的任务。

6　工程全生命周期各阶段之间的联系

工程生命体的生命周期不同阶段之间存在紧密的联系，它们相互配合、相互补充、耦合互动，形成一个结构复杂、功能多样的方法系统，围绕一个共同目标即构建一个特定功能的人工物而展开。[1]

工程全生命周期的各种工程方法，通过系统整合，形成了一个完整的集合体。这些方法既相互区别又紧密联系，具有深度相关性。在工程全生命周期中，各种工程方法的选择、运用、集成与融合，

---

[1]　汪应洛. 基于工程全生命周期的工程方法论［J］. 工程研究——跨学科视野中的工程，2016，8（5）：472-479.

都不能只着眼于某一阶段、部分的优化，而应自觉地从系统整体的视角出发，运用协同化的方法，构建并营造各阶段不同方法相互促进、相互补充、相得益彰的有机生态体，以实现系统整体优化。①

工程全生命周期的不同阶段的划分也不是截然分开的，很多时候不同阶段之间相互渗透、彼此交叉甚至互相影响。这些阶段不是单向和不可逆的线性活动，而是双向、多向、复杂的非线性活动，每一个阶段的综合信息都会影响并反馈到其他阶段。因此，从系统的、整体的、相互联系和协调的角度把握工程全生命周期，是工程生态论范式下推进工程造物、工程管理、工程活动高质量发展的基本立场。

第二节   工程生命体的生态支持系统

工程生命体的良性孕育、健康成长、高效运营和顺利退役或转型，离不开工程生命体的外部环境的支持。工程生命体的生态支持系统由自然生态支持系统、社会生态支持系统和数字媒介生态支持系统共同构成，三者形成合力为工程生命体的生存和发展提供稳定环境。同时，工程生命体依靠自身的调节、适应与反馈机制，不断与外部生态系统交互，实现动态平衡。

❶ 工程生命体生态支持系统的内涵与特征

工程生命体生态支持系统是一个涵盖自然生态、社会生态和数字媒介生态三个子系统的综合性外部支持体系，贯穿工程生命体的孕育、成长、运营和退役全过程。该系统通过协调资源配置、优化环境条件、管控工程风险以及强化信息流动，为工程生命体提供必要保障。工程生命体与生态支持系统相互联动，实现动态平衡，确保工程项目在复杂多变的环境中实现高效运行与可持续发展。

工程生命体生态支持系统具有如下特征：

（1）整体性。工程生命体的生态支持系统并非各子系统及其要

---

① 汪应洛. 基于工程全生命周期的工程方法论［J］. 工程研究——跨学科视野中的工程，2016，8（5）：472-479.

素的无序堆砌或功能的简单相加，而是基于特定规律，各子系统及其组成要素间相互关联、作用、影响并协同运作，构成了一个统一的整体。在这个整体中，各子系统及其要素虽各自具备独立功能，但彼此间紧密配合、综合集成，共同为工程生命体的健康运行提供必要的外部支持。

（2）复杂性。工程生命体的生态支持系统由众多子系统和多样要素构成，这些要素在结构和功能上各不相同，相互交织成一个多层次、多功能且广泛连接的复杂网络。在这个网络中，系统与要素间存在着错综复杂的相互作用，这些相互作用对工程生命体自身产生多重影响。

（3）动态性。自然生态因素、社会生态要素以及数字化与信息化技术等数字媒介要素，均非静态不变，而是随着社会变迁、内外环境的演变而持续变化的。此外，工程生命体生态支持系统中各部分间的共存与互联特性，以及它们的适应、调节、干预和演进能力，共同决定了生态支持系统的动态属性。

②　工程生命体生态支持系统的组成

2.1　自然生态支持系统

工程活动是人类有目的、有计划、有组织地改变自然物质世界的实践活动[①]，并在顺应自然、依靠自然、适度改造自然的实践中不断进化和发展[②]。在这一过程中，由资源、能源、土地、地质、气候等构成的自然生态支持系统既为工程生命体提供了必要的物质支撑，也设定了其发展界限。自然生态不仅孕育、支持并维护着工程生命体的生命周期，从初始的孕育、成长到运营阶段，提供了宝贵资源，还确保了工程生命体在退役、消亡时能得到环境的合理消纳。然而，自然生态支持系统同时也对工程生命体的健康状况施加着限制。自然资源的有限性、环境的稳定性、生态系统的自我修复

---

① 殷瑞钰，李伯聪，汪应洛，等. 工程哲学［M］. 4版. 北京：高等教育出版社，2022.

② 梁军，王镇中. 工程生命体健康支持系统刍议［J］. 工程研究——跨学科视野中的工程，2023，15（5）：400-411.

力局限，以及自然灾害的广泛性、突发性和破坏性，要求工程活动必须在尊重自然生态系统承载能力、维护其自我维持与修复能力的框架内进行。这种自然生态的约束机制，一方面促进了工程生命体遵循自然规律健康成长，另一方面也促使工程生命体在维护自然生态平衡的前提下，不断探索适应与进化的道路。

2.2　社会生态支持系统

工程生命体在其全生命周期中必然是在社会环境中存在和成长的。作为一项综合性活动，工程活动是在具体的社会时期由社会主体进行的社会实践活动。① 因此，社会生态支持系统对工程生命体全生命周期中的各个阶段都有着至关重要的影响。由政治、经济、历史文化等方面组成的社会生态系统在方方面面影响着工程生命体的健康状况。政治环境决定了工程生命体的政策导向和法律法规框架，为工程生命体提供了稳定的发展环境和规范；经济环境则直接关联到工程生命体的资金支持和市场条件，对其成长和运营具有重要影响；历史文化环境则塑造了工程生命体的文化内涵和社会认同，使其能够更好地融入社会并服务于民众，进一步影响人们的价值观念和行为习惯，间接地作用于工程生命体的设计和运营。这些层面相互交织、相互影响，构成了社会生态支持系统的复杂网络。

2.3　数字媒介生态支持系统

随着经济社会的全面数字化，数字媒介生态支持系统已经成为工程生命体生存和发展的基础条件。数字媒介生态支持系统是工程生命体在全生命周期内获得信息流动和数字技术支持的重要外部环境。系统以数字化手段为基础，建立起相应的工程数字生态体系，通过数字化技术的应用和创新，促进工程资源优化配置和生产力提升，推动工程活动高质量发展。

（1）数字技术的应用极大提升了工程资源的配置效率。借助大数据分析，工程项目能够实现对资源需求的精准预测和分配，通过云计算技术加快数据处理速度，确保资源配置的实时性与灵活性。

---

① 殷瑞钰，汪应洛，李伯聪，等. 工程哲学［M］. 3 版. 北京：高等教育出版社，2018.

同时，区块链技术在资源流转和交易中的应用，使得工程数据的全过程溯源公开透明，为工程生命体的健康成长提供了强有力的诊断基础。此外，资源配置的数字化能让工程项目更加高效地运转，提升了整体工程活动的可持续性。

（2）通过物联网、人工智能和智能反馈系统，智能化管理实现了对工程生命体全生命周期的动态监控与优化管理。在工程项目的实际运行中，这一系统能够实时收集和分析工程内外部环境变化数据，发现潜在问题，从而最大限度地降低工程失败的风险。通过智能化管理，工程运行的连续性和稳定性得到了有效保障，大幅减少了工程活动中可能出现的不确定性，为工程生命体的成长提供了有力支持。

（3）数字技术推动了工程生态的迭代升级。虚拟与现实的深度融合技术，如数字孪生和增强现实，不仅能够模拟工程项目的实际运行状态，还能提前预测可能的风险和优化方案。在工程设计、施工和运营的各个阶段，多模态智能化和数字技术的应用让工程活动更加精细化和智能化。这种工程生态的数字化迭代，不仅使工程生命体的成长更加灵活高效，还推动了整个工程行业的技术升级和数智化转型发展。

3　工程生命体与外部生态系统的交互平衡

工程生命体在生长发育、运行直至退役的过程中所表现出的各种"生命特征"使生命体在受到外部生态系统的影响下可以与其形成平衡状态，并在不断交互中相互影响。从物质、能量、信息交互视角来看，在物质交换方面，工程生命体在孕育阶段，从自然环境获取建筑材料、矿产资源等用于构建工程实体；在成长阶段消耗各类原材料进行生产活动，确保物质交换处于生态系统可承受的良性循环中。在能量方面，工程生命体依赖工程生态系统提供的能源（如太阳能、电能、化石能源等）维持运转。而工程活动在消耗能源过程中，部分能量会以热能、温室气体等形态散失到外部环境中，这可能改变局部气候和生态环境。在信息传导方面，工程生命体根据完善的信息监测与反馈机制，获知外部生态系统的变化，并进行相应调整，以适应变化后的外部生态系统；同时，工程生命体将自身的运行数据、对环境的影响评估等信息高效反馈到外部生态系统，实现信息的双向良性互动。从生态支持系统层面来看，一方面，工程生命体在自然生态支持系统、社会生态支持系统和数字媒介生态支持系统的维系下，得以健康孕育、成长和运行，体现了生长发育、新陈代谢、繁衍进化等特征；另一方面，工程生命体自身的适应性、调节性等特点决定了其不仅能够适应生态支持系统及其变化，进行自我调节，同时也能对生态支持系统的变化作出快速反应，进行有效干预，促进生态支持系统的动态调整，从而使工程生命体与其生态支持系统相互影响、紧密联系。

第三节   工程生命体的健康诊断

工程生命体作为一种类生命体，其健康状况不仅受外部生态支持系统的影响，更依赖于内部诸要素之间的相互协调。只有在生态支持系统的支撑下，工程生命体保持健康、有序的运行状态，才能长期、稳定地发挥其应有的效益与价值。为此，就需要基于生态思维，实时进行工程生命体的健康诊断，发现问题，及时纠偏，确保工程生命体健康成长。

1 工程生命体孕育阶段的健康诊断

工程生命体孕育阶段的健康诊断一般从需求可靠性、工程可行性、运营有效性、财务合理性、影响持续性和风险可控性六个维度进行审查，并根据诊断内容和项目特点确定诊断指标及其判断标准。其核心目的就是为工程项目的前期论证和科学决策提供依据，为工程生命体健康发育并顺利进入成长阶段奠定扎实基础，具体表现为孕育过程的演进以及诊断方式和工程决策准则的采用。

需求可靠性诊断围绕工程项目建设必要性进行评价，从宏观战略、发展规划、社会需求、市场需求和企业发展战略等不同层面诊断工程项目建设的理由和依据，提出拟建工程项目的需求方案，确定工程项目的建设目标、功能定位、建设规模和产出方案，为工程项目建设方案的可行性及风险管控措施诊断奠定基础。

工程可行性诊断是通过对工程项目场址、建设条件、工艺方案、设备方案的科学性、合理性、先进性、适用性、可靠性、安全性、经济性等进行分析评价，论证工程技术方案是否可行；通过对招标方案、平面和竖向布置、施工组织设计及工期等进行分析，论证工程组织实施的可行性；通过竣工验收和试运行方案的诊断，确保投资项目将来能够按照预定标准建成，并具备设计生产或运营服务能力。

运营有效性诊断是从拟建工程项目未来运营管理的角度，诊断工程项目所采用的运营组织模式，评价工程项目正常运营所需材料、能源、设备、人力资源等保障条件，判断工程项目产出能否顺利交付并实现可持续运营。

财务合理性诊断强调从投资回报和现金流量平衡的视角，统筹考虑工程项目全生命周期的投入和产出，在投资估算和融资方案论证的基础上，构建财务模型，判断工程项目财务可行性，明确工程项目对各财务主体的价值贡献及财务可持续性。

影响持续性诊断是从工程项目外部影响的角度，在工程项目需求方案、建设方案、运营方案、财务方案等项目方案诊断的基础上，分析评价拟建工程项目在资源及能源节约利用、生态环保、温室气体排放、经济、社会、就业等方面的影响效果，从多个维度诊断工程项目外部影响的可接受性，评价拟建工程项目对经济、社会、资源、环境等的影响，判断工程项目产生的外部正面效果、负面代价及其可持续性，为工程项目方案的整体可行性诊断提供依据，并为进一步开展风险可控性诊断奠定基础。

风险可控性诊断是在工程项目建设必要性和方案可行性诊断的基础上，对拟建工程项目的风险及其管控方案的可行性进行诊断。风险管控方案应基于工程项目的需求分析、建设方案、运营方案、财务方案和影响效果评价，通过采用合理的评价方法和技术，对影响工程项目的总目标，质量、进度、成本、声誉等子目标，以及可能造成的风险事故进行识别、分析和评价，为提出规避、转移、分担、减轻或自担等项目风险的应对方案及实施监控和动态管理计划，减少风险事故造成的损失和不利影响，保证工程项目预期目标的顺利实现提供依据。

2　工程生命体成长阶段的健康诊断

工程生命体成长阶段的健康诊断包括物理体征诊断、技术体征诊断、财务体征诊断、外部影响体征诊断等维度。

物理体征诊断是对工程生命体的实物工程量的形成过程及其样态进行监测和评价，主要包括项目选址方案的落实情况，土地利用情况，征地补偿安置情况，设备安装情况，建筑物、构筑物等工程方案建设实施情况，以及项目实施进度、项目招标和施工组织情况，是对看得见的工程实施活动及其所形成的工程量实物的数量、质量和效率进行的诊断。

技术体征诊断的对象是蕴含于工程实体之中的技术性能特征，体现为工程实体的创新活力和品质性能，包括项目技术方案指标、生产保障能力、运营服务能力、安全保障能力及运营绩效指标等。

财务体征诊断关注工程生命体的财务现金流量及其循环状况，包括投资、融资、经营等情况，如项目投资完成情况、项目融资安排、运营机构设置情况、商业模式选择、人力资源及运营管理团队情况、项目收入及成本支出情况、项目财务盈利能力、债务清偿能力、财务持续能力及财政承受能力等。财务现金流量是工程生命体中流淌的"血液"，是维持工程生命体持续健康成长的基本条件，是财务体征诊断的基础和主线。

工程生命体的外部影响体征是工程生命体的品质属性及其适应外部环境能力的重要体现。外部影响体征诊断主要关注战略规划需求、区域发展需求或行业发展战略需求的满足情况，以及工程项目所取得的资源节约利用效果、节能效果、环境生态影响效果、温室气体减排效果、经济和社会影响效果等。

3　工程生命体运营阶段的健康诊断

工程生命体运营阶段的健康诊断包括适当性诊断、故障诊断、效率诊断、效果诊断、影响诊断和可持续性诊断。

适当性诊断主要从工程项目生命周期发育各环节相互关联的视角，通过回顾总结，进一步验证分析工程项目前期研究和决策的依据是否充分，是否符合相关政策、规划及准入标准的要求，工程项目实施的具体内容、工程方案、资金构成等是否合适，能否为工程生命体的健康运营提供充分的支撑条件。

故障诊断是指通过一系列方法和技术，对系统、设备或部件的故障进行识别、定位和分析的过程，旨在确定故障的原因和影响范围并提出相应的解决措施，以恢复系统正常运行。故障诊断包括故障检测、故障定位、故障分析、故障修复等环节。随着技术的不断发展，故障诊断也在不断地引入新的方法和工具，如大数据分析、机器学习、人工智能等，以提高诊断的准确性和效率。

效率诊断主要从工程生命体投入和产出关系的角度，分析工程生命体从成长阶段转入运营阶段的投入产出效率，反映工程生命体从消耗资源到转化为现实生产力的实现程度，主要包括资金使用效率和项目实施管理效率两个方面。资金使用效率诊断主要从形成有效投资、工程建成并形成有效资产、工程的投入产出比例等方面进行诊断；工程实施管理效率诊断主要从工程管理团队能力水平、工程实施进度及运营绩效等角度进行诊断。

效果诊断是对工程生命体运营效果进行的诊断，是经营期健康诊断的核心内容，需要全面分析工程项目运营所带来的直接效果，主要包括经营效果、管理效果、技术效果和其他效果四个方面。经营效果诊断指通过工程项目的实施，对扩大产能和规模、改进产品或服务质量、提升市场占有率和竞争力、提高融资和偿债能力等方面的效果进行诊断；管理效果诊断指对加强制度建设、引进先进管理理念、降低管理成本、培养国际化经营管理人才等方面产生的效果进行诊断；技术效果诊断是对开发利用先进技术、推动科技创新等方面的效果进行诊断；其他效果诊断指对人才培养、制度创新等方面的效果进行诊断。

影响诊断关注工程生命体在运营阶段所产生的超越工程生命体之外的外部影响，包括资源节约、环境保护、绿色低碳、政治外交、经济及社会影响等。

可持续性诊断是在工程投入的适当性及故障情况、工程活动的投入产出效率、效果和影响诊断的基础上，分析影响工程生命体运营绩效的外部环境和内部条件，对项目持续运营的前景进行预测判断。

4 工程生命体退役阶段的健康诊断

工程生命体退役阶段的健康诊断包括生态环境、经济、社会影响方面的诊断。

（1）生态环境影响诊断。工程生命体在退役方案的实施过程中，会带来新的生态环境风险问题，如核废料、建筑垃圾等工程废弃物的处理等。例如，一些大型煤矿、油田工程由于资源枯竭而不得不退役，在退役方案的诊断评估中，需要综合考虑资源环境和生态安全等问题，进行工程生命体生态环境健康诊断。

（2）经济影响诊断。工程退役涉及原有生产力的终止、区域经济布局和生产结构的变迁调整等问题，工程退役方案的实施往往需要考虑接续产业的发展、经济系统的调整优化等问题，需要制定具有经济可行性的退役方案。

（3）社会影响诊断。工程退役方案中若资源处理不当，将导致社会冲突，形成社会稳定风险，需要重视社会稳定风险的监测评估，制定社会稳定风险管理行动方案。同时，工程退役处理不当还会影响政府的形象，降低公众对政府的信任度，甚至影响国与国之间政治关系的稳定。

总之，工程生命体健康诊断是工程活动的内在组成部分。工程建设者需要基于工程生态思维，将健康诊断纳入工程生命体的全生命周期，根据诊断结果进行实时优化调控，确保工程生命体保持内在协调并持续适应于工程生态系统的变化，从而使工程生命体在自然环境和社会环境中健康成长。在信息化、网络化、智能化迅猛发展的今天，在各类人工智能算法和智能体飞速成长的支持下，不仅工程生命体本身正在走向智能化，而且其健康诊断也正在走向精准化、实时化、自动化和数智化，这对工程生命体的健康成长和稳健运行无疑具有十分重要的意义。

工程生态中的工程师

在我国社会生活和传媒中，往往会有人使用"大庆人""鞍钢人""铁路人""航天人""桥梁人"等词语，可以认为在这些词语的深处就蕴含了"工程人"这一概念。《兴起中的工程社会学》一书更在与"经济人""伦理人"的对比中，把"工程人"确立为工程社会学对人性问题的基本认识和基本概念。[①]

工程活动是工程人进行的集体活动。在工程活动和"工程生态"的建构中，工程人发挥着主体性作用，工程生态的形成、发展和演化取决于工程人的活动。所谓工程人，涵盖了多种职业、多种专业、多种岗位的人员，包括工程师、工人、工程管理者、投资者以及其他利益相关者等不同类型的成员或角色。这就形成了复杂的"工程人才生态"。在复杂的工程人才生态中，工程师具有特别重要的位置和作用。

第一节 工程人与工程人才生态

1 工程生态中的工程人

工程是人类按照自身的需求，以自然界为基础和对象，通过技术，创造和使用人工物的活动与过程，"我们应该在'自然-人-社会'的三元关系中认识和研究工程活动"[②]。可以说，工程活动不仅

---

① 李伯聪，等. 兴起中的工程社会学 [M]. 北京：社会科学文献出版社，2023.

② 殷瑞钰，李伯聪，汪应洛，等. 工程哲学 [M]. 4 版. 北京：高等教育出版社，2022：1.

受自然界和自然环境的影响，还受社会中的人类的其他活动（例如政治、军事活动）和社会环境的影响。

工程生态与自然生态是两个不同的对象和问题域。在人类起源之前，自然生态中虽然已经有数不胜数的物种，但却没有人类存在；在人类出现之后，人类也成为广义的自然生态的一个组成部分。人类对自然生态的作用和影响起初微不足道，但后来就越来越大了。工程生态与自然生态的根本差异在于人是否能在其中起到根本性的主体作用。自然生态的主体是生物体系，自然生态的形成、发展和演化是各种生物体之间的相互关系和复杂作用的结果。自然生态有其自身发展的内在规律，人作为客体只能顺应自然生态的发展规律。而工程生态的主体则是包括工程师、工人、工程管理者、投资者和其他利益相关者在内的工程人。工程生态的形成、发展和演化取决于工程人通过竞争和合作而实现的某个工程目标的结果。工程生态有其自身发展的内在原理和规则，工程人作为主体可以创新和发展出新的规则。

在汉语中，"人"这个概念既可指个体又可指群体。因此，"工程人"这个术语也就既可以指工程活动中的个人和个体，如工程师、工人、工程管理者、投资者和其他利益相关者等单个个体，也可以指工程活动中的多种多样的组织、集体和群体，可以是自然人也可以是法人。就集体和群体而言，其中既包括由相同职业的人员组成的工程师协会（学会）、雇主协会、企业家协会、工会等，也包括由"异质成员"组成的从事工程项目活动的"企业""项目部"等；还有"大庆人""航天人""桥梁人"等词语也是对特定范围和类型的工程人的称呼。

应该注意，在"工程人"群体中，工程师具有不可替代的独特的地位和作用。工程师在工程生态中发挥着极为重要而特殊的作用。在工程共同体的成员中，有些成员仅仅参与工程"全生命周期"的某些阶段而不参与另外一些阶段，例如工人只参与"施工和运行"阶段，而不参与"决策""设计"阶段的工作。然而，工程师却因其特有的职业特征和职业能力，成为"需要参与工程全生命周期各个阶段"的成员。工程师是工程活动的设计者，也是工程技术的组织者、实施者和管理者。在工程全生命周期的各个环节和各项活动中，工程师与工程共同体的其他有关成员密切沟通、团结合作，共同完成工程全生命周期不同环节的不同任务。虽然在不同环节中，工程师的具体任务以及他们与其他有关成员的具体关系会有所变化，但可以肯定的是，工程师在各个环节中都具有重要作用。

2 工程人才与工程人才生态

工程人在工程活动中的地位和作用是不一样的。那些具有重要能力和能够在工程实践中作出积极贡献的工程人被称为"工程人才"。一般来说，对工程人才的评判标准是：对所需科学理论有比较深入的认识，对工程技术有令人称道的能力，拥有比较丰富的工程实践经验，能够合理、巧妙地解决现实工程问题。也就是说，他们不仅掌握工程学科的基本理论和实践技能，还具备扎实的专业知识和实践操作能力，能够进行方案策划、工程设计、技术研发、参与工程建设和运维的实践以及相关管理等工作。不同专业、不同岗位的多种多样的工程人才"群体"和"整体"构成了"工程人才生态"。

人才生态研究是从 20 世纪末开始的。1999 年，美国学者蒂欧拉利卡尔（Anil Deolalikar）首次提出"人力资源生态学（human resource ecology）"的概念，标志着国外学者开始将生态学理论运用到人力资源领域，主要研究人力资源生态环境的功能、生态学理论对人力资源管理的影响及其重要性。[①] 2003 年，我国学者沈邦仪首次提出"人才生态学"概念，认为人才生态学是研究人才生态系统以及人才开发与环境系统之间相互作用的规律和机理的一门新兴边缘学科。[②] 可以看出，人力资源生态学和人才生态学都是从生态学的视野研究人才资源与人才开发问题，认为人力资源生态、人才生态与自然生态系统具有一定的相似性。由于本章着重研究人才生态问题，因此接下来只使用"人才生态"这一概念。

根据人才生态学的基本理论，人才生态包括由人才个体、人才种群、人才群落构成的多层次复合人才群体，人才生存的组织环境、培养人才的各类组织，影响人才生存的政治、科技、经济、文化等

---

① Deolalikar A B, Hasan R, Khan H, et al. Human Resource Development and The Asian Economic Crisis：Facts, Issues and Policy [M]. Washington：University of Washington, 1999.

② 沈邦仪. 关于人才生态学的几个基本概念 [J]. 人才开发, 2003 (12)：22-23.

因素，以及这些因素之间的相互作用关系。从静态角度看，"人才生态"包含两个关键要素：人才和人才生态环境。其中，"人才"是"人才生态"的核心与关键，"人才生态环境"是"人才生态"的基础。从动态角度看，"人才生态"呈现出与普通生态系统类似的发展和演化过程，人才与周围的环境进行着物质、能量和信息的动态传递与互动，在与环境的互动中，人才实现了流动、生存、成长和发展，同时也带来了环境的改变。[①]

工程人才作为工程活动的主体，对工程活动的目的性、计划性、预见性、选择性和创造性具有主导作用。同时，工程人才的成长、发展和壮大与工程人才生态环境也是密不可分的，工程人才生态环境对工程人才的塑造和影响是巨大且多方面的。虽然必须承认在工程人才生态中不同的人才"角色（职业）"各有其特定作用，但本章无意对不同的工程人才角色进行全面分析，而只集中于工程人才生态中的工程师这个主题进行一些分析。

第二节　关于工程师的职业表现与发展的几个问题

1 工业革命与现代工程师的形成

尽管人们常把古代工匠或古代大型工程的"决策者""领导者"看作古代"工程师"[②]，但需要承认，直到近现代工业生产方式的出现，即工业革命的发生，才为现代工程师的形成提供了"适宜生长"的生态环境，才出现和形成了"现代工程师"（以下直接称为"工程师"）。

1.1　第一次工业革命进程和工厂制度的确立

在科学技术史、工程史、社会史和经济史上，第一次工业革命是一件大事。虽然科学史纪年告诉人们，在第一次工业革命之前，

---

① 周佳. 加快推动人才生态建设与优化［J］. 中国人才，2018（9）：46-47.

② 凯泽，科尼西. 工程师史——一种延续六千年的职业［M］. 顾士渊，孙玉华，胡春春，译. 北京：高等教育出版社，2008.

哥白尼、伽利略、牛顿已经迈出了现代科学革命（现代天文学革命和物理学革命）的决定性步伐，但真正推动第一次工业革命的现实动力却不是科学家阶层，而是工匠（首先是纺织行业的工匠）阶层。那时的科学家都是"业余科学家"（哥白尼、牛顿都另有"谋生职业"，搞科学研究只是"业余爱好"），"职业工程师"尚不存在，工匠是发明新技术、推动生产力发展的主力军。

第一次工业革命不仅是技术革命的进程，更是生产力和生产方式变革的过程。在这个过程中，形成了"新型的"使用现代蒸汽机动力的工厂制度。在第一次工业革命进程中，阿克赖特（Richard Arkwright）在1771年创立了第一个现代工厂，其后，现代工厂制度逐步取代了中世纪的手工业作坊制度，成为现代工业生产的主导性制度方式。

1.2 工匠阶层的分化和现代工程师的出现

中世纪的手工业作坊之所以发展演化为现代的工厂，其中一个关键条件和要素是二者运用的生产资料有了革命性的变化——手工业作坊的工人使用"手工工具"进行生产，而现代工厂中运用"由工具机、动力机、传动机组成的机器"进行生产。

应该强调指出的是，由于在第一次工业革命开始时，在手工业作坊和手工业生产方式中，工匠融合了"投资人""技术人""工作人"的"三位一体"身份和功能，工匠也就"责无旁贷"和"理所当然"地成为第一次工业革命的推动者。然而，在第一次工业革命进程中，当现代工厂制度形成、工厂中运用了在技术复杂性和专业性上都大大超越手工工具的大机器之后，工厂中的分工势必要进入一个新阶段。如果说，在亚当·斯密时代，经济学家关注的主要还只是"工作人之间"的分工（例如《国富论》中谈到的扣针制造中的"工人的分工"），那么，在手工业作坊演化为工厂制度之后，工厂化生产制度中的"职业分工"势必也要进入一个新阶段。在这个新阶段中，随着大机器的广泛运用，原先融合了"投资人""技术人""工作人"的"三位一体"的"工匠"，逐步分化为"企业家（投资人）①""工程师"和"现代（工厂制度中的）工人"这

---

① 这里权且不区分"企业家"与"投资人"的身份和角色的差别。

三个阶层。

2 现代工程师的职业责任和职业社团

现代工程师诞生后，工程师的职业责任问题提上议事日程。受医生、律师、科学家等职业制度的影响，现代工程师逐渐意识到和发展出自身的职业责任，并随着工程师职业队伍的发展和壮大以及社会进步而发生变化。

2.1　职业主义视野中的现代工程师

从欧洲历史角度看，医界和法律界人士最早获得了社会对其特有专业能力和职业地位的认可。当工程师阶层出现和形成后，他们也谋求像医生和律师那样的职业主义（professionalism）身份和社会地位。比德尔曾在《新工程师：变化世界中的管理和职业责任》一书中写道，祖斯曼认为工程师拥有与普通工人不同的专业地位，并享有与古老的更受尊敬的医生和律师同样的职业声望。[①] 莱顿在《工程师的反叛：社会责任与美国工程职业》一书中阐释了工程师职业主义精神所包含的三个主题："第一，工程师被确认为技术变迁的能动者（agent），在人类进步中绝对必要；第二，工程师被认为是'无偏见的逻辑思考者'，因而在各个阶级中能够发挥领导和仲裁作用；第三，工程师被认为对进步和技术变化的善行担负社会责任。"[②]

在莱顿谈到的三个主题中，主题一可以说获得了普遍的社会共识；然而对于主题二和主题三，无论在"工程师内部"还是就"整个社会"而言（特别是对"政治家"和"资本家"而言），引发了激烈的意见分歧、争论甚至政治"斗争"。不但莱顿的《工程师的反叛：社会责任与美国工程职业》和哈耶克的《科学的反革命：理

---

① Beder S. The New Engineer：Management and Professional Responsibility in a Changing World［M］. South Yarra：Macmillan Education Australia，1998：27.

② 莱顿. 工程师的反叛：社会责任与美国工程职业［M］. 丛杭青，沈琪，叶芬斌，等，译. 杭州：浙江大学出版社，2018：64.

性滥用之研究》① 涉及了上述的主题二和主题三，美国和苏联的"专家治国论"思潮和人物则更深、更激进乃至更悲剧性地卷入了上述的主题二和主题三。

这里无意具体分析有关主题二和主题三的各种观点，只限于指出：工程经济、工程技术、工程政治、工程文化发展的历史进程告诉我们，在具有深刻政治、经济、文化、伦理意义和影响的工程活动中，虽然工程师常常不是"第一责任人"，但工程师常常是非常重要的责任人，工程师必须有自身的严肃责任和义务担当。工程师具有雇员身份，自然应该肩负"向雇主负责"的责任；但当雇主利益与社会利益发生冲突时，工程师绝不能对社会利益置若罔闻。②

2.2　现代工程师职业社团和国家工程院的建立

随着工程师人数的增加以及工程师的社会作用和影响的增大，工程师的职业自觉以及国家对工程活动和工程师社会作用的认识都进入了新阶段。于是，现代工程师职业社团和国家工程院也就应运而生了。

2.2.1　**现代工程师职业社团**

工程师职业社团是工程师职业自觉和职业自治的主要表现之一。虽然工程师职业社团与中世纪的基尔特制和现代工会制度有某些相似之处，但仔细分析之下，它们还是有很大差别的。

英国是最早发生和实现工业革命的国家，也是最早成立工程师职业社团的国家。（英国）土木工程师学会成立于 1818 年、机械工程师学会成立于 1847 年、皇家海军建筑学会成立于 1960 年，至 19 世纪末，英国共成立了 10 个不同职业的工程师学会。③ 随着工程师职业类型的不断增加，在 20 世纪又不断有新职业的工程师社团创建。

---

① 哈耶克.科学的反革命：理性滥用之研究 [M].冯克利，译.南京：译林出版社，2003.

② 李正风，丛杭青，王前，等.工程伦理 [M].2 版.北京：清华大学出版社，2016：113-127.

③ Stephen C, et al. The Professional Engineering in Society [M]. London：Jessica Kingsley Publishers，1989：276.

与此同时，其他国家也随着本国工业化进程的发展和工程师队伍的成长，成立了本国的工程师职业社团。

2.2.2　国家工程院的建立

虽然工程活动的历史远远长于科学研究活动——工程史与人类历史一样悠久，而科学只有数千年的历史，但由于多种多样的深刻原因，现代社会中，国家体制中的工程院的成立却晚于科学院的成立。

英国皇家学会成立于 1660 年，在英国起着国家科学院的作用，而英国皇家工程院则成立于 1976 年，比英国皇家学会的成立晚了三百多年。俄罗斯科学院成立于 1724 年，而俄罗斯工程院成立于 1990 年，比俄罗斯科学院的成立晚了二百多年。美国科学院成立于 1863 年，而美国工程院成立于 1964 年，比美国科学院的成立晚了一百余年。从上述各国工程院的创立时间都晚于本国科学院这一事实可以看出，无论是工程师自身的职业自觉，还是国家和社会对工程师社会功能与影响的认识都更加困难、更加复杂。

❸ 工程师的社会形象、社会定位悖论和社会声望

现代工程师作为非常重要的工程人才群体，在整个社会职业人才队伍中的占比虽然不高，但对经济、社会的发展作出了极为重要的贡献，然而，现代工程师在社会环境中并没有获得应有的声誉。

3.1　工程师的社会形象

在《新工程师：变化世界中的管理和职业责任》一书中，有特设的"小标题"介绍和评论"工程师的公众形象（public image）"。①

澳大利亚工程师学会 20 世纪 90 年代初进行的一项调查发现，人们对工程师既有"正面感知"也有"负面感知"。前者包括可信任，善于处理重大责任，可以使目标成为现实，是构思和技术的来

---

① Beder S. The New Engineer: Management and Professional Responsibility in a Changing World [M]. South Yarra: Macmillan Education Australia, 1998.

源，是管理者和工人的桥梁，忠于政府和大公司。后者包括保守、卖弄技术、冷漠、过分理论性且缺少实用技能，倾向于严格的、过时的管理风格，与工人的交往沟通存在问题，不是高级管理人才的料。① 这个调查结果具有重要参考价值。

工程师的社会形象的塑造和形成必然要受到许多方面——政治、经济、技术、文化等——的深刻影响。在这里，一个重要的事例是在中国的"文化大革命"时期，工程师被定性为"资产阶级知识分子"，被视为"思想改造的对象"，这就使得工程师的社会形象带有了严重的负面色彩。改革开放后，科学技术被确立为第一生产力，工程师的社会形象在中国也发生了根本性的变化。

3.2　工程师的社会定位悖论

在对工程师的分析和研究——包括工程师的"自我认知"和对工程师的"社会认知"——中，在应该如何认识工程师的经济-技术-社会作用和功能的定位问题上出现了复杂的情况。正如《新工程师：变化世界中的管理和职业责任》一书中写道，工程师是边缘人（marginal men），他们不仅是劳动者、管理者，也是科学家、实业家（businessmen），他们与这几个阵营都有共享的价值和意识形态。② 如果与工人和实业家相比，无论从理论上看还是从社会现实看，工人和实业家的自我定位、社会认知及利益所在都是比较明晰的，然而，工程师由于其"雇员"身份与工人有了共同点，同时又因具有管理职能与实业家有了共同点，于是工程师就成为"边缘人"，这种情况可以说是带有"悖论"性的。工程师的社会定位的这种悖论性特征具有重要的现实意义和理论意义。

3.3　工程师的社会声望

许多社会学家关注了对不同职业群体的社会声望问题的研究。一些欧美学者和工程师都抱怨欧美的工程师没有取得与其贡献相当的社会声望，中国的情况也基本相同。

---

① Beder S. The New Engineer：Management and Professional Responsibility in a Changing World ［M］. South Yarra：Macmillan Education Australia，1998：xiii.

② Beder S. The New Engineer：Management and Professional Responsibility in a Changing World ［M］. South Yarra：Macmillan Education Australia，1998：25.

应该注意，工程师的"社会声望"绝不仅仅是个人或阶层的"心理满足"或"单纯声誉"问题，而是一个有重要社会内涵和深远社会影响的问题。吴启迪在《中国工程师史》的"前言"中说："长期以来，工程师社会作用和地位在我国一直不太受重视，工程师这一职业对广大青少年的吸引力在下降。这需要创新工程教育和宣传的方式方法，让工程师的价值得到社会的充分认同，让工程师成为千千万万优秀年轻人向往的职业。"[①]

第三节　工程师精神及其与企业家精神和工匠精神的互动与结合

1　"工程师精神"概念的提出和内涵

当前，我国已建成世界上规模最大的工程教育体系，庞大的工程师队伍为我国工程和经济发展筑牢了人力基础，推动经济社会发展的动力从"人口红利"转向"工程师红利"。然而，正如前文所述，长久以来，工程师群体的基本特征和身份认同等问题一直困扰着其发展。当今世界正处于大变革大调整时期，时代赋予的重任以及工程师群体发展的需要，呼唤工程师精神。

1.1　"工程师精神"概念的提出

在国内外现有的理论研究、政策研究和传媒报道中，科学家精神、企业家精神、工匠精神、教育家精神的研究成果可谓汗牛充栋，但长期以来，"工程师"和"工程师精神"作为重要而复杂的课题，却受到了严重忽视，"工程师精神"概念更是最近几年才明确提出的。

2020年，中国航天科技集团第一研究院第一设计部立项研究"工程师精神"。在课题研究过程中，中国航天科技集团第一研究院的研究人员与中国科学院大学人文学院的专家进行了学术交流，大

---

① 吴启迪. 中国工程师史［M］. 上海：同济大学出版社，2017：14-15.

家对"工程师精神"的内涵和意义等问题进行了深入的讨论。2021年5月24日，中国航天科技集团第一研究院第一设计部在《科技日报》发表文章《弘扬工程师精神，建设科技强国》①，文章明确提出了"工程师精神"这个概念，并对其内容和意义作了简要的阐述。同年10月，中国航空工业集团公司主管的《军工文化》杂志出版了"新时代呼唤工程师精神"专刊，汇集了近20篇探讨"工程师精神"的专题文章。

"工程师精神"真正得到社会各界的广泛重视是从2024年开始的。2024年1月，首次"国家工程师奖"表彰大会在人民大会堂举行。作为我国工程技术领域的最高荣誉，该奖项充分体现出国家层面对工程创新以及工程技术人员的重视和支持。习近平总书记在表彰大会上对工程师的重要价值予以高度评价："工程师是推动工程科技造福人类、创造未来的重要力量，是国家战略人才力量的重要组成部分。"② 此次表彰大会的社会影响巨大，反响强烈。在众多的相关报道中，也有学者从弘扬工程师精神这个角度解读"国家工程师奖"的理论意义和现实意义。

1.2　工程师精神的基本内涵

精神一般指人的意识、思维和心理状态，是人的实践的反映。工程师精神指的是工程师在工程实践中形成的价值观念、思维方式、态度、行为规范、理想信念等精神要素的总和。

工程师精神的内涵包括多个方面的内容。第一，工程师精神是工程活动特征的体现。工程师是工程活动的主体之一，工程活动则是不同于科学活动和技术活动的独立对象，因此工程活动的本性、特点、社会作用、运行机制等特征必然是工程师精神的重要组成部分。第二，工程师精神是社会文明的象征。马克思说，任何真正的哲学都是自己时代的精神上的精华。人类社会自诞生以来，就不断地用工程活动改造着自然界，推动人类社会不断进步，而自然界的变化和人类社会的进步反过来也会形塑工程师的精神世界。第三，

---

① 李勇.弘扬工程师精神，建设科技强国［N］.科技日报，2021-05-24（7）.
② 新华社.首次表彰！"国家工程师奖"来了［EB/OL］.（2024-01-19）［2025-03-15］.

工程师精神是职业精神的表征。工程师是一种延续了六千年之久的古老职业[①]，在人类认知深化的过程中，对工程师的"角色社会功能认可程度"与"角色自觉"的认知也在不断深化。

工程师精神的基本内涵和表现可以简要地概括为以下三点。

（1）重实践、负责任地追求人类福祉的专业精神。工程是根据人的需求改造世界的物质实践活动，它是"实践性"的造物活动。作为工程活动的骨干力量，工程师不仅要在头脑中对某个工程项目进行规划和设计，还必须在实践中通过制造和建设来实现这个规划和设计。工程师不可能只通过"说"来实施工程活动，而必须依靠"建造"和"干"来实现工程活动，工程实践是工程师职业生涯的核心内容。工程师作为技术领域的专业人士，在进行工程实践时会利用相关技术和资源，合理、有效、优化地达到用户和雇主所设定的目标，其行为和工作将直接影响着社会、环境和人类的福祉，这就要求工程师在开展工程活动时必须把公众的安全、健康和社会福祉置于职业责任的首位。

（2）追求卓越、创新和集成的精神。为了应对工程实践中出现的各种问题，工程师必须不断运用新概念、新理论、新方法、新实验、新试验去提出解决方案，追求卓越，实现工程创新。可以说，创新精神是工程师在推动工程科技造福人类、创造未来的过程中不可或缺的关键因素。工程师不但是科技和工程创新的主力军，而且在市场创新、管理创新、文化创新等领域也发挥着重要作用。由于工程创新的本质是集成创新，工程师必须在工程理念、发展战略、工程决策、工程设计、施工技术和组织、生产运行优化等过程中，努力寻求和实现技术要素与经济、社会、管理等要素在一定边界条件下的集成和优化。

（3）合理权衡和合作协同组织的精神。工程活动是集体活动，集体活动必然会提出对其活动成员进行协同组织的要求。现代工程活动往往规模庞大、结构复杂、影响因素众多，涉及众多领域和技

---

① 凯泽，科尼希.工程师史——一种延续六千年的职业［M］.顾士渊，孙玉华，胡春春，译.北京：高等教育出版社，2008.该书把工程师看作"一种延续六千年的职业"，这是对"工程师"作"广义"的理解。这种理解与认为工程师只是指"现代工程师"的"狭义"理解，二者没有本质上的矛盾。

术部门。工程师作为工程活动的设计者、组织者、实施者和管理者，必然要承担起现代工程活动的协调和组织工作。工程师不仅需要统筹协调工程活动的技术、进度、资源等问题，还要综合考虑工程活动的人文、环境、伦理等方面因素，对各个方面进行合理权衡，尽力使工程活动的结果达到整体性能最优、人机环境有机融合，促进各单位、各部门、各系统之间的通力合作和风险共担。

❷ 工程师精神、企业家精神、工匠精神的互补互动和密切结合

2.1 工程师精神、企业家精神、工匠精神的内涵不同

自 2016 年以来，党中央和国务院在有关文件中，相继对工匠精神①、企业家精神②作了全面概括和深刻阐述。这些文件或党中央领导人的讲话中明确指出了如何营造和弘扬这两个重要精神。2021 年，在中国共产党成立 100 周年、新中国成立 72 周年之际，党中央批准了将工匠精神、企业家精神作为第一批纳入中国共产党人精神谱系的伟大精神。

同时，多个明显具有工程师精神特征的"精神"——包括"两弹一星"精神、载人航天精神、探月精神、新时代北斗精神、青藏铁路精神、大庆精神（铁人精神）等也都入选首批中国共产党人精神谱系。这些伟大精神既是对我国工程人才在百年工程实践活动中所呈现出的精神和气质的生动概括，也是我国工程人才在未来工程实践活动中所汲取的实践智慧的重要源泉。

需要注意的是，在现代社会中，工程师、企业家、现代工人是三种不同的社会角色和志业（职业）类型。工程师的任务是发明、设计、生产、建造出自然界从未存在的各种新产品、新技术和新工艺，并使其工程化和商业化。企业家是使现代企业诸多要素集成起来的聚合力量，是推动、组织和协调"企业创新"的关键角色。现

---

① 中国政府网. 2016 年 3 月 5 日李克强在全国两会上作政府工作报告［EB/OL］.（2016-03-05）［2025-03-15］.

② 中国政府网. 中共中央 国务院关于营造企业家健康成长环境弘扬优秀企业家精神更好发挥企业家作用的意见［EB/OL］.（2017-09-08）［2025-03-15］.

代工人是"实际施行"工程计划和建成最终产品的决定性力量，如果没有卓越工人，卓越设计就只是空中楼阁。在现代社会中，工程师、企业家、现代工人各有自身"不可替代"的重要作用，工程师精神、企业家精神、工匠精神也各有其丰富而深刻的内涵。

2.2　工程师精神、企业家精神、工匠精神的密切结合是现代工程发展的强大动力

当前，我国正面临"国家科技体系"和"国家工程体系"（以下或称"双重体系"）进行"结构转型"与"发展模式转型"（以下或称"双重转型"）的历史任务。"国家科技体系"和"国家工程体系"是两个既有密切联系又有许多根本区别的"体系"，"结构转型"和"发展模式转型"也是两个既有密切联系又有许多根本区别的转型过程。

目前，中国的工程实践已经走到一个重要的转折点上，中国的科技体系和工程体系正在逐步从"模仿和跟跑"模式向"并跑"甚至在某些领域"领跑"模式转变。从具体内容、转化性质和过程结果方面看，这个"双重体系"的"双重转型"过程也就是我国从工程大国转变为工程强国的过程。在这个转变过程中，正确认识和处理"工程科学－工程技术－工程实践"的动态相互关系是一个重中之重的问题。在推进我国"双重体系""双重转型"的过程中，"战略工程师"往往发挥着关键性作用。

应该特别注意，实验室技术创新成功后，在新技术和新产品的工程化、市场化过程中也会遇到许多新的困难。有人将这个"市场海洋的考验"称为"死亡之谷"或"达尔文之海"。下海遇到风浪的困难程度往往会超出——至少往往不亚于——攀登科学高峰的困难。我们必须既认识到攀登科学高峰的难度和重要性，又认识到闯荡市场海洋的难度和重要性。在新技术的工程化、市场化过程中，在实现我国高质量发展、形成新质生产力的过程中，工程师精神、企业家精神、工匠精神的密切结合往往就是关键环节和条件。

第四节　现代工程师的教育培养与成长发展

1　现代工程师成长的"两个阶段"

现代工程师作为一种社会"职业",其概念包含两个方面的内容:一是专业技术知识,二是职业伦理。在工程师职业的准入标准中,接受过高等工程专业教育是一个"前提条件"。许多人说,高等工程院校是工程师的"摇篮",也有人说,高等工程院校的任务就是培养工程师的"毛坯"。这就是说,现代工程师要经过两个阶段的"发育":第一阶段是高等工程院校的培育,第二阶段是工程实践中的锻炼和成长。

在分析和研究工程师的成长过程时,正确和深入认识这两个阶段的性质、内容及相互关系具有重要意义。

回顾历史,中世纪的工匠培养和成长过程也要经过两个阶段:第一阶段是学徒制的培养和教育阶段,第二阶段是"(学徒)出师"后的行业实践和职业发展阶段。欧洲在中世纪已经创立了作为高等教育的"大学制度",但中世纪"大学"的教育内容中排斥了"工程知识"的教育;那时也有"普通学校",但"正规学校制度"不培养工匠。中世纪的工匠都是经过"非正规学校"方式的"学徒制"培养出来的。

工业革命之后,工程活动所需要的工程知识达到空前的"专业化"和"高级化"程度,工程活动所需要的科学基础(包括投影几何学及具体工程学科理论)也有了空前的新发展,这就促使教育领域出现了"高等工科院校"这种新的"大学类型"。随着工程发展和教育发展的进程,高等工程教育的规模越来越大、门类越来越多。高等工程教育已经成为现代工程发展的重要支撑条件和"现代高等教育体系"最重要的组成部分之一。

现代工程师的培养成长要经历两个阶段——高等工程院校教育阶段和工程实践锻炼成长阶段。这两个阶段各有特点,又相互联系、相互促进。目前,对前一阶段的研究较多,而对后一阶段的研究较少。今后，不但应该进一步加强对前一阶段的各种问题的研究，而且应该更加强化对后一阶段的各种问题的研究。

2 工程师成长过程的细胞学隐喻

正如"创新生态理论""演化经济学""教育生态学"等研究中重视隐喻方法一样，在分析和研究工程师成长过程——更具体地说也就是工程师成长的两个阶段时，我们也可以借助隐喻方法，提出关于工程师成长过程的"干细胞"和"体细胞"发育隐喻。

工程师是"专业人才"，理论上我们可以把工程职业特征所要求的工程师成长过程分为两个阶段："干细胞"阶段和"体细胞"阶段。工程师在这两个阶段中发育成长，达到符合工程岗位需求的水平和状态，并接续创新成长。

胚胎学和发育生物学理论告诉人们，在生物发育过程中，生物体的细胞经历了一个从干细胞到体细胞的发育过程。体细胞是生物体中具体发挥各种不同生物功能的细胞。为了完成多种多样、形形色色的生物功能，对应地需要多种多样、形形色色的体细胞，而这些体细胞由干细胞分化而来。干细胞与体细胞不同，它具有自我更新能力和多向分化的潜能，能够在一定条件下分化为不同类型的体细胞。

干细胞包括全能干细胞（能分化为所有细胞）、多能干细胞（能分化为一类细胞）和专能干细胞（能转化为一种细胞——体细胞）等不同类型。而体细胞指特化为具体生理功能载体的专门细胞，专司特定功能、不再具有分化为其他功能细胞的能力，但其特化功能具有不可取代性。可以看出，作为专业工程人才的工程师的成长过程与生物发育过程中从"干细胞"发育为具有专门生理职能的"体细胞"的过程颇为相似。本研究以生物发育过程中干细胞和体细胞的结构与功能转化过程来隐喻工程师的成长过程。

在当前的工程教育体系下，培养工程师的第一阶段——也就是接受基础教育以及通识性高等教育，特别是高等工程教育阶段——相当于工程师成长的"干细胞"阶段。这一阶段又可分为两个小阶段：工科院校的本科阶段以及之前的基础教育阶段大抵相当于"全能干细胞"阶段，要获得一般性、底层的、基础的、宽口径的工程相关知识，广义的职业观念、职业素养、职业能力、职业思维习惯的养成等，具备初级工程理解能力和一般意义的操作能力；研究生阶段大抵相当于"多能干细胞"阶段，要获得更加专门的工程知识、工程素养和工程能力。

工程师成长的第二阶段是"体细胞"阶段。所谓"体细胞"阶段主要指经过工程师专业教育与毕业后走进工程实践、取得具体工程岗位的阶段，这个阶段的主要成长方式是"实践中的锻炼成长"。同时也要注意，在这个阶段中，工程师往往还要接受"与工程岗位关联的多种其他形式的教育（指非学历教育）"。这时的"岗位实践关联教育"主要有三种方式：一是进入具体企业就业后所接受的针对特定企业、特定岗位所要求的职业素养和职业能力培养，以及对企业文化的融入等，例如就业之后的企业培训、岗前培训；二是跟随企业内特定"师傅"的较长期贴身学习和历练；三是为紧跟前沿科技和工程进展而参与的由大学、行业协会或企业专司部门组织的不同形式的培训。

"干细胞"阶段的人才培养和成长，也就是"正规学校教育"方式的培养和成长，其所培养和要求具备的素质与能力是基础性、综合性的，且具有可迁移性和成长性。"体细胞"阶段的人才培养和成长，也就是"工程岗位实践"方式的培养和成长，要求经过企业或具体项目历练后成为胜任实践要求的"在岗工程师"，甚至是岗位能手。企业和工程实践中的工程师与生物和生命过程中的体细胞有许多相似、相通之处。正如体细胞发生结构和功能分化一样，岗位工程师也发生了具体工程实践中的功能分化现象，从而具有了各具岗位特点且往往难以相互替代的状况。俗话说"隔行如隔山"，正是这种现象的反映和表现。因此，在专业技术人员脱岗时，往往难以迅速找到替代者，或需多年才能再培养出一个称职的人手。

对于工程师成长的"干细胞"阶段，也就是"普通教育"和"高等工程教育"阶段，已有较多研究，相形之下，对于工程师成长的"体细胞"阶段的研究就"严重薄弱"了。工程师成长的"干细胞"阶段和"体细胞"阶段是密切联系的，没有"干细胞"阶段的"前提和基础"，就不可能"形成""体细胞"；在生物体的全生命周期中，正是"体细胞"阶段和"体细胞"的"活动和功能"才"造就"了"这个生物"之真正成为"这个生物"。从这个意义上说，"体细胞"阶段具有更重要的意义和作用。

3 工程师的工作实践与成长阶段

3.1 工作实践过程和阶段的意义与作用

本章研究的"工程师"主要是指"社会学"视野中的工程师，同时我们还要注意另外一种含义的"工程师"——实行"职业资格制度"的"工程师"（在一定意义上也可以说"相当于"我国通常所说的"职称含义的工程师"）。应该注意，许多工作岗位是没有"上岗""资格要求"的（例如"当公司经理""当画家""当导演"都没有严格的"资格（学历）要求"），但对于工程实践中的工程师岗位，"只有取得职业资格证书后，方可就业上岗，所以俗称'执业'，没有证书就被排除在门外了。换言之，无此类证书，不得从事此类工作。"[①] 正如没有"医师资格"而"行医"可能受到"非法行医"处罚一样，没有"工程师资格"而"在岗工作"也有可能受到行政处罚——甚至法律处罚。值得特别注意的是，要取得"工程师资格"，除了"接受高等工程教育"这个"条件"外，还要求有一定的工作实践经历（首先表现为"工作年限"的规定）。仅凭偏重知识和理论的学校教育经历是不能取得正式的工程师执业资格的，必须有一定的工程实践经验（经历）。即便是欧美一些本科工程教育中已经充分加入了实践教育的内容，且学生在获得本科毕业证的同时可以获得初级工程师职业资格证的学校，也被诟病培养出的只是"半成品"。因此，许多学者强调高等工程教育阶段培养的只是"工程师的'毛坯'"，高等工程院校只是"工程师的摇篮"。应该强调指出的是，上述工程师"资格准入"制度要求中关于工程实践经验的"强制性要求"不但是"实践经验的总结"，而且具有深刻的理论基础和理论内涵。

可以说，工作实践过程和阶段对于工程师培养和成长的重大意义与作用是无论怎样强调也不过分的。尤其是，工作实践过程和阶段对于工程师培养和成长的重大意义和作用不但表现在"工程师资

---

① 丛杭青. 工程伦理［M］. 杭州：浙江大学出版社，2023：32.

格准入条件"方面，而且更深刻地表现在工程师取得"准入资格"后所进行的长期工程实践过程中。

3.2　工程师在工作实践阶段成长的一个重要具体表现：工程师的分类与分层

3.2.1　工程师的横向分类

正如科学和科学家有分类一样，工程和工程师也要分类。主要区别在于：科学和科学家主要依据"学科"进行分类，例如物理和物理学家、化学和化学家等；而工程和工程师主要依据"行业"进行分类，例如机械工程和机械工程师、航天工程和航天工程师等。科学学科分类的标准是自然界事物的不同存在和运动方式，而工程分类的标准是在国民经济和社会现实中不同行业的区分和划分。与工程活动的横向分类一致，工程师也有了横向分类——机械工程师、电子工程师、水利工程师等。

3.2.2　工程师的纵向分层

正如许多社会阶层都有更具体的层级分化和划分一样，工程师也有不同的技术和社会分层。众所熟知的就是助理工程师（初级职称）、工程师（中级职称）、高级工程师（副高级）、正高级工程师这四级划分。过去，人们常常把"正高级工程师"称为"教授级高级工程师"。然而，这个"命名"中暗含着"教授"才是"最高级"的知识"拥有者"的含义，从而有意无意地暗含着工程师类型的知识"低于"科学家类型的知识的含义，所以"教授级高级工程师"是一个"不适当"的命名。

从制度设计上看，工程院院士是工程师社会分层的最高层级。但以上所述都是"职称"角度的分层。同样"职称"的工程师可能在实际能力和实际社会功能上有很大差距。而如果着眼于实际的社会作用和影响，我们可以把"战略工程师"——对行业或国家的工程发展发挥了战略指导和战略引领作用的工程师——视为工程师领域的最高阶层人物。

战略工程师是产业发展和国家人才队伍中的关键人才。在20世纪的美苏航天竞赛中，苏联在发射人造卫星的第一回合中领先，然后又在第二回合的载人航天中使加加林首先进入太空，从而继续领先；然而，美国在第三回合的登月竞赛中反超苏联，取得了扭转形势的胜利。虽然必须承认导致这三个回合美苏竞赛形势变化的因果关系很复杂，但许多人都认为应该承认在这三个回合的美苏航天竞赛中，两位战略工程师——科罗廖夫和布劳恩——发挥了关键作用。

3.2.3　工程师的职能细分

工程师的职能包括许多方面的内容。随着现代工程活动越来越复杂、规模越来越大，工程师的职能也势所必然地有了更细的划分，当前已经形成了规划和设计工程师、研究和发明工程师、施工和监理工程师、运行和维护工程师、安全和生态工程师等细分的工程师岗位。由于工程师参与甚至主导了"发明—设计—建造—运营—退役"的工程生命周期全过程，特别是由于工程师是技术发明和工程设计的灵魂人物，这就使工程师往往成为现代工程和产业发展的关键岗位与角色，在工程生态中占据重要的甚至是决定性的"角色生态位"。

3.3　工程师的终身学习和继续教育

3.3.1　终身学习和继续教育的理念与政策

从不同的角度看，可以认为，所谓"终身学习"和"继续教育"既是重要的教育理论与理念，又是重要的教育政策与实践过程。

1965 年，法国成人教育家朗格朗在联合国教科文组织于巴黎召开的国际成人教育会议上，首次以"终身教育"为题作了学术报告。五年后，他出版了《终身教育引论》一书。在他看来，"人在前一阶段所获得的知识和能力可以在后一个阶段一劳永逸地享受的观点已经过时，教育的过程必须持续地贯穿在人的一生之中。"[①]

与终身教育概念有强关联性的还有两个概念：成人教育和继续教育。朗格朗终身教育理论脱胎于他 20 世纪三四十年代在法国南部与工会合作进行的成人教育实践。1948 年，朗格朗开始在联合国教科文组织任职，1965 年的巴黎成人教育会议就是在他的主持下召开

---

① 朗格朗.终身教育引论［M］.周南照，陈树清，译.北京：中国对外翻译出版公司，1985.

的。《终身教育引论》一书出版后，很快被译成 20 多种文字在各国发行，得到教育界及社会相关界别的普遍认同，并掀起了世界范围内终身学习、建设学习型组织和学习型社会的热潮。

继续教育概念的另一源头来自 20 世纪三四十年代美国的继续工程教育（continuing engineering education）。"第二次世界大战前后，面对工业生产快速发展的新形势，各类工程技术人员无论知识水平还是业务能力都远远不能适应工业生产快速发展的需要。一些高等专科以上的高校就针对企业工程技术人员的需要，举办一些新理论、新知识、新技术、新工艺的培训。由于此类培训的对象具有专科以上学历，为区别于其他类别的成人教育活动，被称为'继续工程教育'。"①

进入 21 世纪，科学技术工程再次疾速猛进，相较于 20 世纪朗格朗推动终身教育概念以及美国推动继续工程教育时的背景，终身教育的重要性更加凸显。② 2015 年，斯坦福大学在《斯坦福大学 2025 计划》中提出建立不设年龄限制、学期限制、服务于终身学习的"开环大学"（open-loop university）的设想③；2020 年，美国麻省理工学院（MIT）在其推出的"工程领导力研究生研修项目（GEL 计划）"中增加了为历届毕业生返校接受工程领导力提高学习的项目。

早在 20 世纪八九十年代，我国许多高校就为在职人员推出诸如 MBA、EMBA 的教育计划，并逐渐为各领域在职人员提供专业硕士、专业博士学位学习机会。为提升职业培训质量，一些有资源、有能力的大企业开始建设自己的职工学校，社会上也出现了一些第三方培训机构。同时，走在前沿的理工科大学纷纷将工程教育改革推向深入，在针对学生的培养目标中明确提出对终身学习的意愿和能力的培养要求。这都是对终身教育、终身学习需求的响应，以及对其观念和理论的践行。

广义的"终身教育"和"终身学习"是"合二而一"的。广义

---

① 霍良.试论继续工程教育新思维［J］.教育教学论坛，2013（15）：20-22.

② 朱敏，高志敏.终身教育、终身学习与学习型社会的全球发展回溯与未来思考［J］.开放教育研究，2014，20（1）：50-66.

③ Stanford University. Open-loop University［EB/OL］.［2024-11-28］.

的终身教育和终身学习过程可以划分为四个阶段：学前教育阶段、学校教育（学历教育）阶段、"入职后到退休前的"继续教育（在职学习和教育）阶段、（退休后的）老年教育阶段。

在教育理论与实践中，特别是教育理论研究中，对于"学前教育阶段""学校教育阶段""老年教育阶段"都有不可胜数的研究成果。相形之下，对于上述"第三阶段"，即"入职后到退休前的"继续教育（在职学习和教育）阶段的理论研究和实践进程却存在严重的轻视甚至忽视。以下就对"继续教育"——主要是工程师的继续教育——进行一些讨论。

3.3.2　工程师的继续教育

虽然不能认为在古代社会和中世纪就不存在继续教育问题，但必须承认和强调指出，在古代社会和中世纪，由于技术变迁和社会发展的速度都很缓慢，继续教育问题不是特别凸显和特别突出。

现代社会中，技术和工程的变化发展日新月异，甚至可谓瞬息万变。工程活动和社会活动有关的知识总量激增，适用知识和技能的半衰期指数式加速，社会和产业结构、技术结构、职业结构急剧变化。学校中学习到的许多知识和技能往往很快就会过时，甚至在工作岗位上刚学习到的一些知识，也会迅速"老化"甚至"被淘汰"（例如，电子管知识很快被晶体管知识取代，晶体管知识又很快被集成电路知识取代）。这就导致了不但"一次性的学校教育"不能满足工程快速发展的新需要，而且"一次性的在职培训"也不能满足工程快速发展的新需要。新的形势要求必须把"在职阶段"的"继续教育""制度化"。而问题的重要性、复杂性又在于"在职阶段"的"继续教育""制度化"又是与"全日制学校阶段"迥然不同的"制度化"。如果说，对于"全日制学校阶段"的具体机制、内容、组织方式和制度化已经有了几千年的经验和相当成熟的制度（尽管也需要不断变革和发展），那么，对于"在职人员的继续教育和继续学习"的具体机制、内容、组织方式和制度化则仅仅处于发展的"初级阶段"，其当前的探索和发展既极其急迫又极其艰巨。

与西方发达国家相比，我国工程师的继续教育起步较晚。20世纪70年代末，继续教育的概念首次引入我国后，沿用了美国的继续工程教育的含义，将继续教育限定在工程技术领域，推进实施的对象也主要涉及企业、高校、科研机构等对工程技术人员进行的技术类教育。① 1980年，中国科学技术协会出台了《关于积极开展在职科技人员专业培训工作的意见》，对在职科技人员专业培训的教育方针、对象内容、经费来源等均作出了明确规定，标志着我国工程师继续教育的发展正式拉开帷幕。

1995年，国家人事部（现为人力资源和社会保障部）首次发布《关于印发〈全国专业技术人员继续教育暂行规定〉的通知》（人核培发〔1995〕131号）②。20年后的2015年，国家人力资源和社会保障部又发布了《专业技术人员继续教育规定》（人社部令第25号）③。后者是在前者基础上的修订和升级，将专业技术人员的继续教育分为"公需科目"与"专业科目"，并明确规定专业技术人员每年需累积不少于90学时的继续教育，其中专业科目不少于60学时。此外，该规定还将专业继续教育情况与专业技术人员的考核评价、岗位聘用及职称评审相挂钩。这一政策涵盖了包括医学、工程等所有专业领域，无疑是工程继续教育领域的一项国家政策。自"人社部令第25号"发布以来，如何明确工程继续教育的目标与主体，构建工程专业继续教育体系，开发相应的科目、教材、项目及案例，以及如何确保工程继续教育的质量与成效等问题，至今仍处在持续的探讨之中。④

进入21世纪，以大数据、互联网和人工智能为主要内容的科技革命浪潮正在兴起，带来了技术和知识的快速更新，新产业、新业态、新模式、新职业不断涌现，这对工程师的劳动技能和知识结构都提出了全新的要求，也对我国工程师的继续教育提出了新的挑战和要求。近年来，我国一些地方、行业、学校、企业做出了一些成功的探索，例如华为公司开设"开发者学堂"，帮助科技人员掌握鸿蒙操作系统，不但打造了新的开发生态，而且为科技前沿领域的

---

① 吴遵民. 新时代背景下继续教育发展的新路径与新思考 [J]. 终身教育研究，2019，30（1）：3-10.

② 中华人民共和国人力资源和社会保障部. 全国专业技术人员继续教育暂行规定 [EB/OL]. (1995-11-01).

③ 中华人民共和国人力资源和社会保障部. 专业技术人员继续教育规定 [EB/OL]. (2015-08-13).

④ 华晓月. 英美工程师继续教育质量保障研究 [M]. 上海：华东师范大学，2023.

继续教育探索了新路。为了培养造就一批创新型、应用型、技术型人才，壮大高水平工程师队伍，我国工程师继续教育需要对类似做法和经验进行总结提升，不断探索新经验、新路径。

工程生态中的数据要素、数字世界和数实关系

在大数据、云计算、数字孪生成为新热点的环境中，"数据要素""数字世界""数实关系"也成为许多人关心的新对象、新问题和新概念。

汉语的"世界"一词来自印度佛教著作的翻译。在现代汉语中，"世界"是一个多义词，其重要义项之一是指"人们活动或外部世界的某一范围或领域"，例如"艺术世界""微观世界"。由此，本章把与"数字"关联的种种现象（包括数据、算法、算力、计算、数字技术、数字产业、数字孪生等）统一地称为"数字世界"。

黑格尔强调哲学是"反思"，也就是"后思"。黑格尔说："密纳发（引者按：亦有人译为'密涅瓦'）的猫头鹰要等黄昏到来，才会起飞。"① 密纳发是罗马神话中的智慧女神，相应于希腊神话中的雅典娜。密纳发肩上的猫头鹰象征着智慧和理性。猫头鹰的一个特点是在黄昏起飞。黑格尔借这个譬喻说明哲学的认识方式只是一种"反思"，也就是"跟随在事实后面的反复思考"。然而，在当前，数字产业、数字经济、数字化生存都正在经历革命性变革过程，目前还处在"黎明"时期，而不是"黄昏"时期。研究这些问题的难点正在于应该怎样在"黎明"时期对这些问题进行分析和认识。

工程生态是不断演化的，本书第四章专题讨论和研究了工程生态的演化问题。从演化的角度比较"现代工程生态"与"古代工程生态"，不但可以看到"现代社会工程生态"与"原始社会工程生态"有天壤之别，而且即使将当前的工程生态与二百年前、一百年

---

① 黑格尔.法哲学原理［M］.范扬，译.北京：商务印书馆，1961：6.

前甚至五六十年前的工程生态相比，也存在云泥之别。

那么，"当前"的工程生态出现了哪些革命性、根本性的新特征、新面貌呢？

许多人都感到，在当前的现实生活和工作实践中，"数字化社会""数字化转型"——以及与之密切相关的"产业数字化""数字产业化""数字孪生""大数据"等——已经不再是激动人心的口号，而是"未来已来"的场景。

许多人都看到，当前工程生态发生的许多革命性变化的现象和本质都是与"数字化"纠缠在一起的。这里应该指出的是，虽然"数字"不是新现象和新问题，但"数字化"却是新现象和新特征，并且在"数字化"的过程中，整个社会都在发生着革命性的变化，而工程生态的变化既是首当其冲的变革又是基础性的变革。

工程生态的数字化转型以及工程生态中的数据要素、数字世界和数实关系涉及的问题很多，本章不可能对这些问题进行全面讨论，只能选择其中的少数问题进行一些简要讨论。本章内容包括三节：第一节讨论数字、数据和大数据的含义及关系，第二节分析大数据、遍在算法、大算力和泛在计算的"四结合"，第三节讨论数字载体、数字世界和数实关系的相关问题。

第一节　数字、数据和大数据

1　对"数字"和"数据"含义的若干认识与分析

1.1　对"数字"含义的若干认识与分析

1.1.1　人类和个人认识"数字"的历史与意义

应该强调，学会计"数"是人类智力发展中的一件大事。但目前我们很难断定人类何时开始会计"数"，何时开始有"数字"概念。可以肯定的是，古埃及、古巴比伦、古印度、古代中国在五六千年前——甚至更早——就会数"很大"的数字了。而直到20世纪，仍有某些原始部落的人只能数到 3 或 4 这样"很小"的数字，再大一点的数字他们就不会数了。对于这个事实，也许有些人仅仅将其作为逸闻趣事，但细思起来，其深刻意蕴是生动地启示人们：认识和学会计"数"——能够数很大的"数"——是人类思维和社会发展中的一件大事。

虽然许多人也许会忽视"学会数数"在人类思想发展史上的重大意义，但大概无人会忽视个体认知成长过程中"识数"和"数数"的重大意义。皮亚杰在儿童心理中"数字"和"计算"发展的研究中取得了重大进展。然而，由于这是众所周知的事实，人们往往又会忽视其中的深刻意蕴和社会重要性，特别是忽视了"说话（语言）"和"数字（数学）"并不完全是一回事这个事实的深刻意蕴。

1.1.2　关于"数字"的"性质"的两个重要问题

发现与发明是两个不同的概念和过程。由此，就出现了与"数"有关的一个重要问题："数"是"被人发现"的还是"被人发明出来"的。

实际上，在数学哲学中，早就有学者关注了"数学"究竟是发现的对象还是发明的对象这个问题。有人持前一种观点，也有人持后一种观点。这里只讨论"数字"与"发现"和"发明"的关系。就"数字"而言，有些人认为"数字"是"发明"出来的，而不是"天然已经存在"然后才"被人发现"的。作为认识这个问题的"思想背景的基础"，我们首先可以肯定地说，作为自然界对象的煤矿是"被人发现"的，作为人工物的蒸汽机是"被人发明出来"的。如果我们在此基础上提出一个问题："3 这个'数字本身'——其他数字也一样——是'发现'的对象还是'发明'的对象呢?"许多人大概会认为这个问题的答案应该是："3 这个'数字本身'不像'煤矿'那样是'天然存在'从而'可被发现的对象'。"根据这个认识，可以认为"数"是被"发明出来的"。

"数"的发明是人类思想史上的一件大事。在数学史上，在发明了"自然数"之后，又发明了"负数""实数""虚数"等。

在此应该特别关注的是"0"这个数字的意义和重要性。在《数：科学的语言》中，丹齐克说："在没有发明一个表示空级的符号，表示无的符号，也即我们现代的零以前，任何进步都是不可能的。"① 如果进一步考虑到在二进制中，只用"两个数字"——0 和 1——就可以表示所有的数字，则 0 这个数字的发明就更加意义重大了。著名的数学家和哲学家莱布尼茨在思考二进制的奇妙性质与哲学含义时更惊世骇俗地说："用一，从无，可生万物。"②

与"数"有关的第二个重要问题是应该怎样从哲学上认识"数字"的含义和本质特征。

从哲学角度看，"数字"的含义和本质特征在于它只突出表现"对象"的"（数）量"，而不反映、不表现"对象"的"（性）质"，因此学者们在断定数学的学科性质时认为数学是关于"形式"而不涉及"内容"的学科。

"现实世界的实际对象"都是"量"和"质"的统一，而不是"纯量"或"纯质"。应该承认，作为"纯量"的表现的"数字（本身）"（例如数字 15"本身"）在现实世界中并不"实际存在"。由于"现实世界的实际对象"都是"量"和"质"的统一，于是，在表现或表述现实世界的对象时就需要把关于对象的"数量和形式"的"计量（计数）"与关于对象的"性质和内容"的"单位"③ 结合起来，形成一个词组，例如 15 摄氏度、15 华氏度、15 伏特、15 吨、15 个飞行员、15 个小学生等，才能形成"有内容"的词语，而单纯的"15"这个数字本身则是"不带内容"的"单纯"的"（数）量"。

1.1.3 对"信息"的"特性"的不同认识

由于在数字的意义和数字的运用中必然关联"信息"，这就使得有必要讨论与"信息"含义有关的一个问题——应该怎样从"形式和内容的相互关系"的角度认识和处理"信息"的性质？

在理解和解释"信息"的定义与含义的过程中，香农是一个具有划时代贡献的人物。香农在《通信的数学理论》中明确指出：

---

① 丹齐克. 数：科学的语言［M］. 苏仲湘，译. 北京：商务印书馆，1985：25.

② 丹齐克. 数：科学的语言［M］. 苏仲湘，译. 北京：商务印书馆，1985：16.

③ 为免枝蔓，这里不进一步分析和涉及有关"汉语的量词"的特点、语言中的"计量词组"以及计量科学和计量方法等诸多其他理论问题。

"通信的基本问题是在通信的一端精确地或近似地复现另一端所挑选的信息。"香农承认"通常，信息是有意义的"，但他又强调："通信的语义方面的问题与工程问题是没有关系的。"① 这就是说，在香农的信息理论中只涉及信息的形式问题，而不涉及信息的内容问题。必须承认和肯定，这个不涉及"信息内容"的基本立场、观点和方法是成就香农理论贡献的关键所在，而且应该承认在研究和分析通信工程问题时必须采取这个"只关注形式和信息量而不关注信息内容"的观点和方法。例如，在通过"电报公司""发中文电报"时，只能按照"字数"收费，而不能对"同样字数"的电报因"内容"不同而收取不同的费用。在信息理论其后的发展中，许多学者关注了语义信息——也就是信息的内容——问题，但是，对语义信息的研究迄今仍然未能取得公认性的根本突破。

法国哲学家让-皮埃尔·迪皮伊曾经乐观地说："我们仿佛拥有了关于这个世界的越来越多的信息，但这个世界在我们看来却缺乏意义。""不可避免地，意义将顽强回归。"② 然而，迪皮伊的"预言"没有成为现实，直到今日，"人们还没有找到能够指导解决这个问题的理论和根本方法"。③

这就是说，无论是对"数字"的解释还是对"信息"的解释中，"传统认识"都只在"形式"方面取得了"共识"，而未能在如何将"形式"与"内容"解释结合起来这个问题上取得突破和形成新的"共识"。然而，由于认识现实世界时，绝不能忽视对现实世界对象的"质"和"内容"的认识，这就使人们必须在关于"语义信息"的道路和方向上持续不懈地探索前进。

---

① 庞元正，李建华. 系统论控制论信息论经典文献选编［M］. 北京：求实出版社，1989：508.

② 杨志刚. 分析信息：香农、维特根斯坦、图灵和乔姆斯基对信息的两次分离［M］. 北京：人民邮电出版社，2021：26.

③ 杨志刚. 分析信息：香农、维特根斯坦、图灵和乔姆斯基对信息的两次分离［M］. 北京：人民邮电出版社，2021：27.

1.2 对"数据"含义和意义的若干认识与分析

1.2.1 什么是"数据"

虽然无论从历史看还是从逻辑关系看,"数据"这个概念的产生都早于"大数据",但"数据"这个概念真正被广泛关注和被赋予更重要、更深刻的意义却是在"大数据"被广泛关注之后。这实在是一个耐人寻味的事情。

《数据要素五论》[①] 一书在讨论"数据"的定义时,特意介绍了已经提出的关于"数据"的 30 个定义(如果搜集更多资料,肯定会发现更多关于"数据"的不同定义)。其最后的两个定义分别是:"数据是观察或测量结果的事实。信息[②]是有意义的数据,或是通过一定方式解释、组织,进而产生意义的数据。""数据是以数字、事实、图片等形式反映自然与社会世界中各种现象的人类事物。信息是生物之间交流的任何对象。它和能源、材料是生命生存和进化的三大支柱。"《数据要素五论》谈到的 30 个"定义"并非完全不同,但也有许多差异,显示出人们对数据的含义虽然有一定的共识(否则不会普遍地使用这个术语),但在具体认识上又意见纷纭。

1.2.2 "数据"的来源、表现形式和性质

1.2.2.1 "数据"的来源

数据是天然的,还是人为的和采集的?答案是:数据是"数据采集"的结果。采集某种特定数据需要有相应的某种"感知器"。

在分析数字和数据的关系时,我们首先要明确两者的定义及其区别。数字通常指的是表示数量或顺序的符号,如 0、1、2、3 等,而数据的表现形式可以是数字、文字、图像、音频等多种形式。数据本身并不是天然存在的,而是通过各种手段、方法和技术从现实世界中获取和记录的。这些数据可以是测量的结果、观察的记录、计算的输出等。因此,数据是人为的和采集的。

---

① 张平文,邱泽奇. 数据要素五论 [M]. 北京:北京大学出版社,2022.
② 目前人们对"信息"的定义的理解多种多样,甚至有很大差异,此处引文中对"信息"的理解就与本文前面谈到的一些观点大相径庭。

数据采集是指通过各种方式（如传感器、问卷、观察、实验等）获取原始数据的过程。这些数据在采集后经过处理和分析，可以用于决策支持、研究、预测等多种目的。感知器（或曰"传感器"）是一个广义的概念，它可以指任何能够检测和记录特定类型信息的设备或系统。例如，温度传感器可以感知温度数据，湿度传感器可以感知湿度数据，而摄像头则可以感知图像数据。这些感知器将世界中的信息转换为可以被计算机处理的数据。

1.2.2.2　"数据"的表现形式

有人说："数据是以原始形式呈现的字母、符号、数字、音频字节、视频字节的集合。"

数据的呈现形式是理解其本质和用途的关键。当我们深入探索"数据是以原始形式呈现的字母、符号、数字、音频字节、视频字节的集合"这一描述时，可以发现它明确地表示了数据的多样性和基本特征。

数据通常被定义为信息的载体或表现形式，它可以是任何有意义的、可度量的、可记录的符号或事实。这些数据可以是定量的（如数字），也可以是定性的（如字母、符号），它们记录了关于现实世界或抽象概念的详细信息。数据的表现形式主要包括以下几种：字母；符号；数字；音频字节；视频字节等。也有人使用"数据的原始形式"的这个概念。数据的"原始形式"指的是数据在被收集或生成时的最初状态，没有经过任何处理或转换。这种原始数据包含了最完整和最直接的信息，对于后续的数据分析和处理至关重要。然而，原始数据往往也包含噪声、错误或冗余信息，需要经过清洗、转换和标准化等步骤才能被有效地利用。

1.2.2.3　"数据"的性质和特征

数据的性质包括以下几点：

（1）形式和内容的统一性：正如有声语言是语音和语义的统一一样，数据也是数字形式和表达内容的统一。数据的内容可表达和反映现实世界中各种事物、现象、过程的属性、状态和关系。

（2）符号性：数据是对客观事物进行记录并可以鉴别的符号，包括数字、字母、文字、图像、视频、音频等。数据是对客观事物的性质、状态以及相互关系等进行记载的物理符号或这些物理符号的组合。

（3）可识别性：数据必须是可识别的，才能被人类或计算机理解和处理。数据的可识别性体现在其具有一定的结构和格式，能够被人们按照一定的规则进行解读。

数据的特征包括以下几点：

（1）多样性：不同类型的数据在形式、结构和处理方式上都有所不同。

（2）可记录和重复利用性：数据可以被记录下来，以便于存储、处理和分析；数据可以被多次使用，从而发挥其价值。

（3）可比较和分析性：数据之间可以进行比较和分析，从而发现其中的规律和趋势；数据可以通过各种方式进行分析和处理，如统计、分类、聚类、回归等；数据的分析可以提供对数据更深层次的理解和认识，从而为决策提供依据。

（4）可机器处理性：数据可以通过各种自动化工具进行处理和分析，如机器学习、自然语言处理等。这种机器处理可以大大提高数据处理和分析的效率与准确性。

（5）可存储性：数据可以以各种形式进行存储。

（6）可传输性：数据可以通过各种方式进行传输；数据的传输可以跨越时间和空间的限制，使数据能够在不同的地方被使用和分享。

2　数据是工程生态的新要素

2.1　生态学和经济学中"要素"的含义

在生态学中，"生态要素"是一个基本范畴；在经济学中，"生产力要素"是一个基本范畴。生态要素既包括动植物等生物成分，也包括阳光、大气等自然物质成分。生产力要素包括劳动者、劳动资料和劳动对象。在大数据形成后，许多学者认为数据已成为现代经济活动的新要素。

2.2　现代经济活动要素构成的新变化：数据成为新要素

当代经济活动中，随着信息技术的快速发展和互联网的普及，数据的产生和收集能力得到了极大的提升。数据不仅成为企业运营和决策的重要依据，还成为推动创新和创造价值的重要资源。与"以往时期"相比，数据在现代经济活动中的性质、作用和意义已不可同日而语，必须将其视为"新的生产要素"。一方面，数据要素的加入使生产要素的构成更加复杂和多元化，需要我们对经济活动的本质和规律进行更深入的理解与探索；另一方面，数据要素的加入也推动了经济活动和经济理论的创新发展，数字经济、大数据经济等新经济形式的出现，为我们提供了新的发展空间和更多的研究视角与理论视野。

2.3　工程活动和经济活动的关系

工程活动和经济活动是既有"差别性"又有"同一性"的关系。马克思在《资本论》中精辟地分析了"抽象劳动"与"具体劳动"的相互关系，以及"价值（交换价值）"与"使用价值"的相互关系。作为经济学家，马克思强调了经济学的研究对象和经济活动聚焦的是人类的"抽象劳动"和"价值（交换价值）创造"活动。虽然马克思只明确指出"具体劳动"和"使用价值"是"商品学"的研究对象，但我们还可进一步强调"具体劳动"和"使用价值"也是"工程学"和工程活动主要关涉的对象和内容。

在现实的社会活动（经济活动和工程活动）中，不存在"单纯的抽象劳动"和"单纯的具体劳动"，而必然要把"抽象劳动"和"具体劳动""统一在一起"，要把"交换价值创造活动"和"使用价值创造活动""统一在一起"。可是，经济学和生产力研究主要关注和研究"抽象劳动"和"（交换）价值"，工程活动和工程学主要关注和研究"具体劳动"和"使用价值"。本书的基本主题是"工程生态"也就是"工程活动"，当然也要关注"工程活动"也就是"工程生态"的"要素"问题。

饶有趣味的是，虽然上文的分析强调了经济活动和工程活动在本性上的区别，但在认识经济活动和工程活动（工程生态）的"要素"时，却需要强调二者的"共性"之处。正是由于经济活动和工程活动（工程生态）的"要素"基本一致，我们也便把对"工程生态要素"的分析和对"生产力要素"的认识"合二而一"地进行分析了。

2.4　新出现的数据要素与传统生产要素的比较分析

在经济要素和工程要素中，数据要素作为一种新型要素和新兴要素，与传统要素（例如作为劳动对象的土地要素）相比，既有相同之处，又有许多新性质和新特征。

（1）无形性。传统要素如土地、劳动力、资本等，都是具有实体形态的物质资源；而数据要素则是以数字化形式存在的信息资源，无法通过肉眼直接观察。

（2）可复制性和共享性。传统要素如土地和资本等，其数量和价值是有限的，且难以被复制和共享；而数据要素则可以通过现代技术手段进行快速复制和广泛传播，实现资源共享和优化配置。

（3）加工和处理的高速度。数据要素的处理速度远高于传统要素。传统要素的生产和加工往往需要耗费大量时间和资源；而数据要素则可以通过计算机和算法等高效工具进行快速处理和分析，及时响应市场变化和用户需求。

（4）网络化。数据要素具有显著的网络化特征。传统要素往往受到地域和物理空间的限制；而数据要素则可以通过互联网等信息技术手段实现全球范围内的连接和共享，促进全球化进程和区域经济一体化。

（5）价值叠加性。传统要素的价值往往受到其数量和质量等因素的限制；而数据要素则可以通过不断积累和整合形成更加丰富的信息和知识资源，进而产生更大的经济和社会价值。

2.5　农业社会、工业社会及数字经济时代数据地位的演变分析

在农业社会中，土地是生产力的基础和核心要素。土地不仅提供了农作物生长的场所，还承载了农业生产的各个环节，从播种、耕作到收获，都离不开土地的滋养。

第一次工业革命后，人类进入工业社会阶段，煤炭和石油等化石能源成为新的、必不可少的生产资源。这些能源资源的开发利用，极大地推动了工业生产的机械化、自动化和规模化，提高了生产效率，降低了生产成本，从而推动了经济社会的快速发展。

在农业社会和工业社会中，虽然已经出现"数字"和"数据"的现象，但这些数字和数据只是辅助性工具或手段。尽管它们在生

产过程中发挥了一定的作用，但还不能认为数据已经成为经济和社会的基本资源与基本要素。

　　然而，到了数字经济、数字社会时期，数据的地位和作用发生了根本性的变化。数据已经不仅仅是一种辅助工具或手段，而是成为新型、新兴、不可缺少的重要资源和要素。数据是数字经济的基础。无论是云计算、大数据、人工智能等技术的应用，还是电子商务、在线教育、远程医疗等新型业态的发展，都离不开数据的支撑和驱动。数据的可复制、可共享、可挖掘等特性为企业和个人提供了更多的价值创造机会。通过数据分析和挖掘，可以发现新的市场需求、优化产品设计、提高生产效率等，从而实现更大的商业价值和社会价值。在数字社会和数字化生存条件下，数据已经成为人们日常生活和工作中不可或缺的一部分。人们通过社交媒体、在线购物、移动支付等方式产生的海量数据，不仅记录了人们的生活轨迹和消费习惯，还为企业提供了更多的市场观察和商业机会。同时，数据的安全与隐私保护也成为人们关注的焦点之一，需要得到更多的重视和保护。

第二节　大数据、遍在算法、大算力、泛在计算的"四结合"

　　在从工业时代到数字时代的变革和转型过程中，必然出现和形成一些前所未有的新现象和新场境，而大数据、遍在算法、大算力、泛在计算的"四结合"就是其中一个重要的新现象和新场境。

1　作为传统概念和一般概念的算法、计算、算力

　　正像数据不是一个新概念一样，算法、计算和算力也不是新概念。虽然它们是早就提出并得到广泛使用的传统概念，但它们又是今后还要继续使用且含义会不断更新、与时俱进的概念。

　　什么是算法呢？百度百科中指出："算法（algorithm）是指解题方案的准确而完整的描述，是一系列解决问题的清晰指令。""算法中的指令描述的是一个计算，当其运行时能从一个初始状态和（可

能为空的）初始输入开始，经过一系列有限而清晰定义的状态，最终产生输出并停止于一个终态。""一个算法应该具有以下五个重要的特征：有穷性、确切性、输入项、输出项、可行性。"

算法这个中文名称出自《周髀算经》，而英文名称"algorithm"来自9世纪波斯数学家al-Khwārizmī（因为al-Khwārizmī提出了算法这个概念）。算法原为"algorism"，意思就是指阿拉伯数字的运算法则，在18世纪演变为"algorithm"。

我国著名数学家吴文俊认为，世界数学史的发展中有两大传统：一是以《几何原本》为代表的公理化、逻辑化、演绎化传统；二是以《九章算术》为代表的算法化、程序化、机械化传统。[①] 在很长时间内，许多数学史家和科学家都"独尊"公理化、逻辑化、演绎化数学传统，而轻视甚至忽视算法化、程序化、机械化传统的意义和作用。然而，现代电子计算机横空出世之后，以电子计算机的巨大威力为事实基础，人们必须对算法化和程序化的数学传统重新认识并重新评价了。

算法的计算对象是数据。从哲学角度看，应该怎样认识数据与算法的关系呢？我们可以将其类比为语言活动中词汇与语法的关系。在语言活动中，词汇是语言的基础"元素"，语法是组织和使用词汇的规则，它规定了词汇如何组合成句子、段落和篇章。对于语言表达和传达来说，词汇和语法缺一不可。口头语言是说话，书面语言是写文章。一方面，没有词汇就不可能有口头语言和书面语言；另一方面，没有语法也不可能有口头语言和书面语言。只有词汇与语法密切结合，才能完成语言表达和传达的任务。同样地，只有在数据与算法相互配合和密切结合的条件下，才能完成计算和解决数学问题的任务。

有些问题是"简单问题"（例如购买两件小商品时的交易价格问题），其涉及的数据很简单，解决问题所需要的算法也很简单。然而，也有许多问题是"复杂问题"（例如要计算明天的天气情况的天气预报问题），其涉及的数据和算法都有了前者不可比拟的复杂性。在认识和对比这两类不同的问题时，算力概念就自然而然地浮出水面了。算力指的是数据处理能力。显然，前者涉及的算力较小，

---

① 吴文俊. 对中国传统数学的再认识 [J]. 百科知识, 1980 (7-8)：页码不详.

而后者就涉及更大和更复杂的算力了。

所谓计算，既可指对某个具体问题的（具体）计算——也就是具体实例（或曰事例）问题的具体计算，亦可指对许多具体计算的统称。在这两个含义中都要牵涉数据、算法和算力：对于"具体计算"，其所涉及的是"具体数据""具体算法"和"具体算力"；然而，也可以脱离具体情景而在"一般"和"统称"的意义上讨论计算"数据""算法"和"算力"。

❷ 算法、计算、算力发展的新形势和新阶段

2.1　不同时代的算法、计算、算力的能力、范围和特点

在人类历史发展进程中，数据、算法、计算、算力的表现形式、内容意义以及反映对象的范围大小和场境特征都在不断变化。以下先简要讨论古代算法的一些问题。

《九章算术》是最重要、最著名的中国古代数学经典之一，大约成书在公元前 1 世纪的西汉时期。与突出"公理化"和"数学证明"的欧洲数学传统不同，《九章算术》的书名本身就已经突出强调了中国数学传统的突出特点：研究"数学算法"和"数学计算"问题。更值得注意的是，《九章算术》中只研究和解决了"九个类型（或曰领域）"的数学计算问题。这九个问题的名称分别是：方田、粟米、衰分、少广、商功、均输、盈不足、方程、勾股。从这九个类型的命名中可以看出：《九章算术》不但关注"纯数学问题"（例如以数学术语为命名核心的勾股）的计算，而且更加关注"与现实问题结合在一起的数学问题"（例如以数学方法的社会现实问题为命名核心的方田、粟米、均输）的计算。还应该注意的是，不但后一命名方式的类型数量占多数，而且全书的思想灵魂是突出数学方法与社会现实问题的密切结合，而不是进行"纯数学"的"问题提出"和"寻求算法"研究。

《九章算术》的体例是对于各类数学问题，先给出几个具体的例题，然后给出解答问题的一般性算法。虽然书中对具体例题只给出了"问题来源数据（数字）"和"答案数据（数字）"，而没有给出"具体计算过程"，但人们可以根据随后的"一般性算法"进

行具体计算，得出具体答案。由于具体实例的数字可大可小，有些小数字的计算可以采取心算方式，而巨大数字的计算则必须使用算筹或算盘计算，因为其所需要的算力超出了心算能力的界限。

2.2　算法、计算、算力发展的新阶段

2.2.1　泛在计算的概念、内容和意义

近年来，科技界、理论界对大数据和云计算的讨论热闹非凡。而更加令人惊讶的是，云计算的热度尚未消退，有人又相继提出了"边缘计算""云边端一体化"乃至"泛在计算"的概念。

在云计算技术中，"通常把数据传输到云计算中心加以处理，不过随着5G与人工智能时代的到来，数据量爆发式增长，对网络时延、数据安全性、可控性等，提出了极高的要求，为满足新的需求，边缘计算应运而生。"① 边缘计算"将原有云计算中心的部分或全部技术任务迁移到数据源附近，具备实时数据处理和分析、安全性高、隐私保护、可扩展性强、位置感知、低流量等优势。"②

与边缘计算几乎同步发展，又有了"云边端一体化"技术。"云计算从中心向边缘扩展，边缘计算实现了新的突破，技术架构出现变革，技术架构由原来的云—端，变成了中心云—边缘云—端设备协调工作的模式。"③

从工程哲学角度看，这种云边端一体化的现象和趋势实质上是形成了"泛在计算"④。有人认为，泛在计算就是信息空间与物理空间的融合，在这个融合的空间中，人们可以随时随地、透明地获得数字化的服务。⑤

2.2.2　大数据、遍在算法、大算力、泛在计算"四结合"的到来

这里无意对泛在计算进行更多的哲学分析和解释，只想指出另

---

① 邢庆科. 算力：数字经济的新引擎［M］. 北京：北京大学出版社，2022：144.
② 同①。
③ 邢庆科. 算力：数字经济的新引擎［M］. 北京：北京大学出版社，2022：150.
④ 邢庆科. 算力：数字经济的新引擎［M］. 北京：北京大学出版社，2022：154. 20世纪80年代，迈克·威士博士提出了"泛在计算"这个概念。
⑤ 邢庆科. 算力：数字经济的新引擎［M］. 北京：北京大学出版社，2022：155.

外一个要点：与泛在计算密切联系的还需要有另外一个新概念——遍在算法。

计算问题要得出答案，必须找到可信、可行的算法。所谓算法不但指纯数学问题的算法，更是指各种现实问题的数学表现问题（例如购物结算问题、天气预报问题、城市交通调度问题、交通工具路线设计和选择问题、自动驾驶问题等）的算法。在《九章算术》时代，只有很少数问题有其解题的算法。那时的绝大多数问题都没有解答问题的算法，我们可以将那个时代称为"零星算法孤岛时代"，而现代科学技术工程的发展使得千千万万乃至不可胜数的问题都有了自身的算法。据此，我们可以将当前时代称为"遍在算法"的时代。如果说在"零星算法孤岛时代"只有少数人的少数问题需要进行计算且有可以进行计算的算法，那么，在当今这个电子计算机、大数据、云计算、手机、5G、工业互联网时代，特别是以人工智能、机器人、自动驾驶和工业软件为突出表现的时代，可以说几乎每个人、每个企业都会遇到——至少是"应该遇到"——需要进行计算的现实问题，需要配置相应算法（可称之为"遍在算法"）和算力的现实问题，需要把数据、算法、算力、计算结合起来解决形形色色的现实问题。

如果把当前的时代和《九章算术》的时代进行对比，实在是出现了天壤之别。可以认为，当前的时代正在进入大数据、遍在算法、大算力、泛在计算"四结合"的新时代。

第三节　数字载体、数字世界和数实关系

本章开头谈到了"数字世界"，本章最后一节要再度谈到"数字世界"，但本节的讨论需要从"数字载体"开始。

1 "数字""计算"及其"载体"

1.1　数字与数学

许多人认为，数学是关于"数"和"形"的学科。数学的一个

基本研究对象和内容就是要认识和研究"数"。应该怎样认识"数"的本质和"数学"的学科属性呢？

许多人习惯于把数学看作"科学"的重要组成部分。现代各国的科学院也都把数学家和数学学科看作自身的重要组成部分之一。然而，从本性和本质上看，数学与物理学、化学、生物学等"实证科学"有根本的区别。物理学和化学等学科需要通过"实验"进行"实证"，而数学不需要并且不可能通过"实验"进行"实证"。例如，"三角形三个内角之和是180°"是一个几何学定理。这一几何学定理不可能通过实验和实证方法（通过对具体的三角形的三个内角的不同角度进行具体测量然后再相加得到"三个内角之和"的方法）得到证明。实际上，如果进行"实际测量"，则实际测量所得的"三个内角之和"一般不等于180°。相反，只有通过"几何学证明"的逻辑方法，才能证明这一几何学定理。更重要的是，欧几里得几何的平行线公理在非欧几何中不成立，但欧几里得几何和非欧几何又都是正确的。于是，科学哲学家普遍认为数学是形式科学。

从概念分析和概念比较角度看，"形式科学"与"内容科学"是不同的。有鉴于此，百度百科中就有了以下的解释："数学是人类对事物的抽象结构与模式进行严格描述、推导的一种通用手段，可以应用于现实世界的任何问题，所有的数学对象本质上都是人为定义的。从这个意义上，数学属于形式科学，而不是自然科学。"

作为"形式科学"的数学缺乏物理学、化学、生物学那样的实证内容，这是它的缺点；然而，正是由于它是形式科学，加上形式与内容具有对立统一关系，这才使它"基于形式特性"而能够广泛地应用于自然界和社会生活方方面面的不同内容中，这就使"数"和"数学"有了可以广泛应用到全部世界各个论域和范围的可能。

1.2   数字、计算与数学

在数学的多种运用方式中，计算是最重要的运用方式之一。在中国科学史和数学史上，数学在古代通常被称为"算学"。中国古代最著名的数学著作之一是《九章算术》。唐代李淳风又编纂了汉初到唐末一千年的数学发展中的十部著作并将其统一命名为

《算经十书》①。这再次显示了中国数学重视计算的特点。

中国古代数学体系与欧洲古代数学体系既有共性的方面，也有各自不同的特点。西方的数学传统更重视数学的公理化，而中国的数学传统更重视计算和算法问题。

数学进入现代发展时期后，西方数学中关于计算和算法的理论有了许多重大的新进展。② 特别是电子计算机的发明和广泛应用更创造了令世人惊诧莫名的奇迹。对于电子计算机的发明及其创造的奇迹，一方面必须肯定其得力于数学中关于数字、计算和算法理论的发展；另一方面，也必须肯定电子计算机的现实应用和发展又反过来促进了数学中关于数字、计算和算法理论的发展。

1.3　数字与计算的"载体"及其变化发展

"数字"与"计算"的"载体"问题是一个被许多人都严重忽视的重要问题。

从符号学角度看，数字是一种特殊的符号（符号系统）。符号的表现需要利用和通过一定类型的"载体"。饶有趣味并且意蕴深刻的是，同样的符号（符号系统）可以有不同的载体（载体系统）。例如，数字符号的一种重要"表现形式"或"载体"是"声音"。在不同的语言中，同一个数字有不同的发音。例如，数字 6 在汉语中的发音是"liù"，在英语中的发音是"six"［sɪks］，在德语、法语、西班牙语、南非祖鲁语中也各有不同的发音。后来，随着文字的发明，数字又表现为"书面符号"，这就使"书面符号"成为数字的新载体。与语音载体一致，在不同民族和社会生活中，数字的"书面符号"也很不同。例如，现代社会中流行的阿拉伯数字符号 1、2、8、11、101，在罗马数字中写为Ⅰ、Ⅱ、Ⅷ、Ⅺ、ⅭⅠ，在古代汉语中写为壹、贰、捌、拾壹、壹百零壹（又：《史记》卷次写为"卷一百一"）。

更重要的是，数字和计算还可以有其他类型和方式的"载体"。这方面的一个重要事例就是中国的算盘。在算盘这种计算工具中，

---

① 《算经十书》包括《周髀算经》《九章算术》《海岛算经》《孙子算经》《张邱建算经》《五曹算术》《五经算术》《缉古算经》《缀术》和《夏侯阳算经》。

② 多维克.计算进化史：改变数学的命运［M］.劳佳，译.北京：人民邮电出版社，2017.

算盘珠成为数字的"载体",运用珠算口诀可以进行许多复杂、高效的计算。珠算在中国古代的商业活动中得到了广泛的应用。后来,机械式计算机和计算尺也曾经有广泛的应用。在机械式计算机中,用齿轮作为数字的"载体",使用的数制是十进制。

值得特别注意的是,在发明电子计算机时,不再使用算盘珠或齿轮等机械载体表示数字,而是使用电脉冲这种电子方式表示数字,以电脉冲的有或无——更准确地说是以阈值为界——分别表示数字1和数字0,这也意味着电子计算机使用的是二进制而不是通常使用的十进制。

从数学与电子技术相结合的视野看,一方面,如果不使用电脉冲这种电子方式作为数字载体,计算机就不会有高速运行的技术条件;另一方面,如果没有关于二进制的数学理论,电脉冲的有和无也仅仅是电子学的电脉冲,而不可能成为数字的表示方式("数字载体")。

在电子计算机和同时期的一系列新技术大显身手的环境条件下,许多人越来越深刻地意识到人类社会已经从工业社会转变到数字社会,从工业时代转变到数字时代。于是,讨论数字社会和数字时代的论著——例如《数字社会学》[①] ——也开始多了起来。

2 数字产业、数字经济与数字社会

2.1 数字产业、数字经济与数字社会的含义和意义

古代时期已经有了"数字"和"计算工具"(例如算盘),可是却不能说古代社会已经有了数字产业。在现代的计算机装备制造业形成和发展之后,其进一步发展(包括网络产品的发展),才形成了"数字产业"。应该承认,目前还不存在对数字产业、数字经济与数字社会这些概念的统一认识,意见难免纷纭。然而,从另一方面看,多数人也不会觉得这几个概念云山雾罩,可以说对这三个概念有一些"大体一致"的看法。这三个概念(词组)的共同点是"数字",我们可以大致地将其理解为"数字化";这三个概念的不

---

① 勒普顿.数字社会学 [M].王明玉,译.上海:上海人民出版社,2022.

同之处在于"产业""经济"与"社会",而这三者的含义人们大都了解,无须多言。

数字产业、数字经济与数字社会涉及的问题很多,限于篇幅,以下只简要地谈谈与数字产业化和产业数字化有关的若干问题。

2.2　数字产业化和产业数字化

目前已经有了许多分析和研究数字产业化与产业数字化的论著。数字产业化和产业数字化(或称"双化")并不是平行不交的,而是相辅相成、互相促进的。数字产业化是产业数字化的基础,它为产业数字化提供了关键技术和核心产业的支持。而产业数字化则是数字产业化的延伸和拓展,它将数字产业化的成果应用到更广泛的产业领域,推动整个产业链的数字化转型。

数字产业化和产业数字化不仅是技术层面的变革,更是社会层面的广泛而深刻的变革。"双化"通过技术手段打破了传统的产业边界,推动了产业融合和创新,改变了人们的生产和生活方式,提高了生产效率和生活质量,推动了社会的可持续发展。

然而,数字产业化和产业数字化在推进过程中也面临着一些挑战和问题。例如,数字鸿沟、数字安全、数字人才等问题需要得到妥善解决。因此,需要加强顶层设计和政策支持,推动数字技术的广泛应用和深度融合。总之,数字产业化和产业数字化是当今社会发展的重要趋势。

2.3　以数据资源和数字孪生推动新型工程生态的构建

本书的核心主题是工程生态论。本章在讨论"数字""数据"问题时,也必须关注"数字""数据"对"工程生态"的影响,关注"工程生态论"中的"数字"和"数据"论问题。这里涉及许多重要而复杂的问题,由于问题太大,以下就把论域缩小,仅限于对"以数据资源和数字孪生推动新型工程生态构建"的某些问题谈些认识。

数据资源在工程生态的构建中发挥着至关重要的作用,其途径和表现包括:数据资源能够为工程设计提供实时、准确的信息,帮助工程师优化设计方案,提高设计质量;数据资源可以集成到协同工作平台中,实现项目参与方之间的信息共享和协作,提高工程项目的管理效率；通过分析数据资源，可以实现供应链的优化，确保工程所需材料和设备的高效供应；数据资源有助于识别和评估工程项目的潜在风险，为风险管理提供科学依据；等等。

在工程生态的构建过程中，数字孪生扮演着至关重要的角色。数字孪生架起了物理世界与数字世界之间的桥梁。通过搜集各类关键数据，数字孪生技术能够创建出实体设施的数字虚拟副本，从而实现对实体设备的实时监控、故障诊断和状态预测。目前，数字孪生技术具有较高的集成度，其核心组成部分日益明确，并已广泛应用于全要素表达、业务预警预测、场景仿真推演、态势感知和智能决策等多个环节。①

随着数字孪生技术的不断进步和融合应用，它在城市规划、水利工程、交通运输、建筑设计以及民航等领域发挥着重要作用，为工程生态的数字化建设和虚拟化提供了坚实的技术基础。数字孪生技术的应用不仅提升了工程项目的效率和质量，还促进了不同行业、不同领域的深度融合，为工程生态的可持续发展提供了强大的动力。

在数字资源日益丰富的今天，工程生态的构建与传统生产力的转型升级紧密相连。随着要素条件的更新与进化，传统生产力体系也会实现转型升级。

③ 数字世界、现实世界、数实关系和数字化转型

3.1　数字世界、现实世界和数实关系

在媒体和理论研究中，人们不但常常谈"数字技术""数字产业""数字经济"，而且谈到了"数字世界"。所谓"数字世界"显然是一个指称范围比"数字技术""数字产业""数字经济"更广的术语。而"现实世界"又是一个比"数字世界"指称范围更广的术语。

在语言的历史发展中，人们常常以"世界"为核心词再加"修饰词"而形成一些以"X世界"为结构方式的"词组"。随着科学、

---

① 姜达洋，刘永怡. 以数字经济推进新质生产力发展［J］. 群言，2024（10）：24-27.

技术、哲学、经济、社会的发展，以"X世界"为结构方式的"词组"越来越多，而"数字世界"就是其中的一个"新成员"。我们必须承认"人类的现实世界"已经存在了二三百万年，也可以承认人类社会中早就有了"数字"，可是我们却又需要承认"数字世界"的形成只有很短的历史。如果严格地定义"数字世界"的含义，则我们甚至需要认为只有在电子计算机广泛应用后，或者一般地说，在进入"信息时代"后，才真正有了"数字世界"。

"数字世界"形成后，"数字世界"和"现实世界"的关系——一般地说，也就是"数实关系"——就成为一个重要的现实问题和理论问题。

虽然"数实关系"这个术语往往被许多人主要理解为指"微观对象"和"尺度"的"数实关系"，但从理论角度看，我们完全需要把"数实关系"的"对象"和"范围"扩大到"微观""中观""宏观"的全部对象和范围，甚至承认也可以在一定语境中把"数实关系"当作"数字世界和现实世界关系"的简称。

在认识"数字世界和现实世界的关系"（或曰"数实关系"）时，从理论上看，它与"虚拟经济与实体经济的关系"（或曰"虚实关系"）有很多相似之处。一方面，我们必须承认"数字世界"的重要性，不能对"数字世界"等闲视之，因为"数字世界"在很多方面和很大程度上显示并指引了历史发展的趋势和方向；另一方面，也不能过分夸大"数字世界"的意义和重要性，不能认为"数字世界"可以"凌空自选飞行"而"脱离现实世界"，不能放任"数字世界"脱离"现实世界"的"基础"，必须使"数字世界"与"现实世界"密切结合并且"落实到""现实世界"之中。这个观点，不但适用于微观的"数实关系"，而且适用于"中观"和"宏观"的"数实关系"。

3.2　企业的数字化转型和个人的数字素养

个人是社会的"细胞"，而企业是现代社会经济活动的细胞。

在从"传统社会"向"数字社会"的"数字化转型"过程中，社会细胞——个人和企业——必然要发生自身的"数字化转型"。于是，企业的数字化转型和个人的数字素养就成为引起许多关注的时代性新问题。

百度百科中指出："数字化转型（digital transformation）建立在数字化转换（digitization）、数字化升级（digitalization）基础上，进一步触及公司核心业务，以新建一种商业模式为目标的高层次转型。""数字素养是指获得工作场所和社会生活各个方面的全部精致能力，个人需要领会全部技术潜力，学会运用能力，批判精神与判断能力"。这就是说，"数字化转型"的主体是企业；而所谓"数字素养"，其主体是"个人"。

目前，关于企业的数字化转型问题已经有数不胜数的分析和研究，相对而言，对数字素养问题的关注则明显不足。

在农业社会甚至工业社会初期，能否"识字"——是否具有"文字素养"——和社会中"文盲"的比例是社会发展程度与水平的重要表现和指标之一。到了"数字社会"和"数字时代"，原先的"文字素养"就变成了"数字素养"（digital literacy）问题。这里不能过多地讨论"数字时代"的"数字素养"问题，这里只涉及一个"向数字时代过渡时期"出现和存在的一个特殊问题。在这个"过渡时期"和"过渡过程"中，有许多"老年人"，虽然他们不乏"文字素养"——甚至有很高的"文字素养"——却在不同程度上成为"数字素养"方面的"数字技术盲"。如何解决这个问题，已经引起关注，此不赘言。

向"数字社会"过渡和转变的过程是一个"新工程生态"建构的过程，在这个过渡和建构的过程中，企业的数字化转型和个人数字素养的提高具有基础性意义和作用。一方面，企业的数字化转型和个人数字素养的提高会促进"新工程生态"的建构；另一方面，"新工程生态"的建构又会要求和促进企业数字化转型加快及个人数字素养的提高。

工程生态中的人工智能体

人工智能（AI）的发展，正在推动人类社会步入智能时代。作为类生命体，人工智能体（AI agent）在工程生态中发挥着越来越重要的作用，也引发了一些特殊的伦理问题和社会问题。本章探讨"人工智能体"的语义理解、性质特征和对象范围，人工智能体在工程生态中的地位和作用，工程生态中人工智能体的发展，以及人工智能体的伦理治理问题。

第一节 "人工智能体"的语义理解、性质特征和对象范围

以往很少听到有人谈论"人工智能体"，然而几乎在转瞬之间，"人工智能体"已经成为一个颇为流行的时髦概念了。甚至有人说，2024 年是人工智能体"元年"。一般来说，在一些新概念、新技术"初出茅庐"的时候，人们往往意见纷纭，莫衷一是。在这种情况下，对有关基本概念的理论辨析就成为当务之急。

❶ 人工智能体的两个组成成分及其理解和中文翻译问题

从逻辑学角度看，AI agent（人工智能体）是一个概念；从语法上看，它是一个词组，由两个部分——AI 和 agent——组成。虽然从语法结构看，在作为偏正结构的"AI agent"中，AI 起修饰作用，agent 是被修饰的"主体"；但从逻辑关系看，也可以把 AI 和 agent 看作两个"各自独立的部分"，将 AI agent 看作"AI"和"agent"的交集。

1.1　人工智能概念的提出和发展

自 1956 年达特茅斯会议上"人工智能"一词被首次提出以来，人们对 AI 概念的内容和边界的认识不断变化。国际标准化组织（ISO）、美国国家标准与技术研究院（NIST）、联合国教科文组织（UNESCO）等机构对人工智能进行了界定，认为人工智能是能够根据人类设定的目标生成内容、预测、建议或决策输出的工程系统，能够模仿人类的感知、学习、解决问题、逻辑推理和语言互动等多维功能，强调了其在模拟人类智能、逻辑推理和数据处理方面的核心能力。近年来，大语言模型的出现又为人工智能领域带来了新的变化。基于海量数据训练的大模型，能够进行跨领域的知识挖掘和集成，在应用中表现出新知识与技术的涌现性，通过多模态的技术演化推动了人工智能在科研、产业、社会生活中的应用。①

当前，人工智能对于工业领域的融合与渗透已成为新一轮工业革命的核心特征，大模型的发展深刻影响着工程生态中的生态要素和生态关系，强化了工程生态的涌现性，引发了技术和产业的变革性突破。

1.2　agent 的语义和中文翻译问题

人们知道，在日常语言中，单义词少见，而多义词多见。"同一个词语"在不同的语境和学科领域中被使用时，往往会发生词义变化，甚至发生很大的变化。关于这种现象，在"同一种语言"内部，往往并不需要再造新词，而是通过"同一词语可以具有多种词义"——也就是"多义词"——的方法来解决。然而，在不同语言的翻译中，往往就需要把"原语言中的同一词语"翻译为"不同的词语"了。

把"AI"翻译为汉语的"人工智能"，基本上没有异议。然而，对于如何在汉语中理解和翻译"agent"则意见纷纭，至今也没有取得完全一致的意见。

"agent"源于拉丁语中的"*agere*"，最早的意思是"to do"

---

① 张越，郭玥，余江. 通用人工智能驱动的科研新范式：理论与实践 [J]. 科学学研究，2025，43（4）：673-682.

（做），后来逐渐演变为"代理人""代表"。在经济学中，在谈到保险活动和保险关系时，"agent"被翻译为"代理人"；在法学和博弈论中，在分析"principal-agent relationship"（委托代理关系）时，"agent"也被翻译为"代理人"。

随着"agent"出现在哲学和认知科学领域，如何理解和翻译"agent"也成了问题。《意向性与人工智能》一书的作者把"agent"翻译为"自主体"，认为："从哲学上说，自主体概念的回归实质上意味着对意向性概念的默认。因为人们归之于自主体的种种特性实质上就是意向性的特性。在此意义上可以说，自主体就是或者应该是有意向性的系统。"①

在中文语境中，"agent"和"agency"通常分别译为"能动者"和"能动性"。一般认为，能动性专属于人类，是由个体作出独立行动和自主选择的能力。② 作为行动者或行使力量者，"agent"也可译为"行为体"，而"agency"也可译为"行为力"。

由此看来，如何恰当翻译"agent"确实是一个复杂而困难的问题，至今也未能取得一致意见。

1.3 AI 领域中 agent 的理解和中文翻译问题

一些学者认为，在 AI 领域首先触及 agent 概念的是图灵。之后，明斯基在《心智社会》一书中明确使用了 agent 这个词语。但真正给出 AI 领域中 agent 定义的，还是罗素和诺维格。他们在《人工智能：现代研究方法》中提出，agent 是任何可以通过传感器感知其环境并通过执行器作用于该环境的东西，它们能够在这个环境中自主行动，以实现其设计目标。③

AI 领域的中国学者在遇到 agent 这个词汇时，最初的翻译难免会"众口不一"。但伴随着 AI 的发展进程，势必需要"规范"对于 agent 的中文译名。2018 年 12 月，全国科学技术名词审定委员会公布了《计算机科学技术名词（第三版）》，确定将 agent 翻译为"智

---

① 高新民，付东鹏. 意向性与人工智能［M］. 北京：中国社会科学出版社，2014.

② 寿步. 人工智能术语 agent 的精准译解及其哲学意义［J］. 哲学分析，2023，14（3）：130-143，199.

③ 王吉伟. 一本书读懂 AI Agent：技术、应用与商业［M］. 北京：机械工业出版社，2024.

能体",但同时指出 agent 也可翻译为"主体、代理"。① 这表明,一方面,全国科学技术名词审定委员会审定的 AI 领域中 agent 的汉语翻译是"智能体";另一方面,又承认不能把学术领域的"规范译名"当作一个"行政问题"对待和处理,因为学术问题永远要为"学术争论"留有"一席之地"。目前的情况是,人们越来越普遍地把 AI 领域的 agent 译为"智能体",把 AI agent 译为"人工智能体"。

② 人工智能体的定义、性质与类型

人工智能体是人工智能技术的具体应用实体,能够感知环境、分析信息并自主行动以完成特定目标。它们利用各种人工智能技术,如机器学习、自然语言处理、计算机视觉和机器人技术来完成这些任务。

人工智能体具有如下基本性质:① 反应性。智能体具备感知和反应能力,能够对环境中的刺激做出即时反应。② 自主性。智能体能够根据自身的感知和内部规则,独立地选择并执行适当行动。③ 目标导向性。许多智能体不仅能对环境变化做出反应,还能主动规划和执行达到目标的策略。④ 学习能力。智能体能从经验中学习,提取特征,构建模型,并利用这些模型来指导其行动。⑤ 社交能力。智能体能够与其他智能体或人类进行交互,并在复杂的社交环境中运作。

根据其功能发挥方式,人工智能体可以分为五种主要类型,每种类型都有其自身优势,并适合于不同类型的任务和环境:① 简单反射型智能体。此类智能体是最基本的智能体类型,其决策过程仅基于当前的感知信息,而不依赖于任何历史信息或环境模型。这种智能体通过预设的条件-动作规则来进行决策并直接执行相应的动作。② 模型反射型智能体。此类智能体在决策时不仅依赖当前的感知信息,还会利用环境模型和历史信息来进行更复杂的决策。环境模型是对环境的抽象描述,帮助智能体理解和预测环境的变化。历史信息则记录了过去的感知和行动,帮助智能体在当前决策中考虑

---

① 寿步. 人工智能术语 agent 的精准译解及其哲学意义 [J]. 哲学分析,2023,14(3):130-143,199.

长期的影响。③ 目标导向型智能体。此类智能体在决策时会明确考虑长期目标，并通过一系列行动来实现预定目标。这种智能体适用于需要长期规划的任务，如资源管理、项目规划等。④ 效用导向型智能体。此类智能体在决策时不仅追求实现目标，还会考虑每个行动的效用，即行动带来的实际效益。通过评估不同行动的效用，这类智能体能够选择最优的方案，平衡各种可能的结果。⑤ 学习型智能体。此类智能体具有从经验中学习的能力，能够通过不断积累经验和优化决策过程来提高自身的性能。这种智能体适用于动态变化的环境，能够适应新的情况并改进其行为。

人工智能体的出现和广泛应用代表着技术的重大进步，使得复杂任务和决策过程的自动化、实时化成为可能。它们的发展和部署服务于经济、产业和社会发展，使得工程系统更加有效、可靠，并能够及时反映用户需求。

第二节　人工智能体对工程生态的影响

在工程领域，人工智能体的普遍应用不仅改变了传统的工程实践模式，还深刻影响了整个工程生态，推动着工程生态的动态发展和演化。①

1 人工智能体已经成为工程生态的内在组成部分

人工智能体通过影响工程实践的方方面面，正在逐渐融入工程生态的各个层面。传统上，工程项目的实施主要依赖人类工程师的经验和判断，但随着数据量的激增和技术的进步，人工智能体开始分担越来越多的任务，不仅应用于工程活动全生命周期的各个环节，而且推动着各类工程更加紧密地关联乃至融合起来，从而成为不断扩展的工程生态的内在组成部分。在数据分析方面，人工智能体通过强大的数据处理和分析能力，为工程生态中的各个主体提供决策支持。在实时监测方面，人工智能体能够实时监测系统的运行状态，

---

① 王大洲，孙皖湘，余江. 人工智能对工程生态的塑造与驱动 [J]. 工程研究——跨学科视野中的工程，2025，17（1）：65-77.

及时发现和解决问题，确保工程生态系统的平稳高效运行。在资源利用方面，人工智能体通过智能优化算法，可以帮助实现资源的高效利用，降低整个生态系统的运行成本。在风险评估方面，人工智能体还能对工程生态面临的潜在风险进行预测和评估，帮助各类行动者制定应对措施，增强抗风险能力。在创新推动方面，人工智能体通过数据分析和模型构建，推动技术创新和模式创新，为工程生态中的各个创新主体提供智力支持。在协同治理方面，人工智能体作为沟通媒介，促进了生态系统中各个主体的协同与共生。需要特别强调的是，通过监测和分析环境数据，人工智能体有助于实现工程生态与自然生态的协调发展。

② 人工智能体重构了工程生态中三类交互关系

人工智能体的介入，正在推动工程生态网络中的三类基本交互关系（人-人、人-物、物-物）发生质的飞跃。其一，人-人交互的智能化。人工智能体通过自然语言处理、情感计算等技术，已经成为人类协作的中介与增强者。例如，在远程医疗生态中，AI 诊断系统可辅助医生快速分析病例，同时通过知识图谱整合全球医学研究成果，从而显著提升了跨地域专家之间的协作效率。这种交互的实时化与知识增强特性，打破了传统人类协作的时空限制。其二，人-物交互的自动化。智能穿戴设备与用户的持续生物信号交互、工业数字孪生系统中操作员与虚拟设备的实时映射，均体现了人机交互从"单向指令"到"双向认知耦合"的转变。通过用户画像建模，人工智能体还可以预判人类需求并主动提供服务，如智能家居系统在用户到家前自动启动空气净化。其三，物-物交互的自主化。物联网（IoT）与边缘计算的结合，使得设备之间可以通过 M2M（machine-to-machine）通信自主协调。例如，在智能电网中，分布式能源设备基于市场价格信号、负载预测自动调整供电策略，形成动态平衡的网络系统。① 这种物-物交互的自主化和实时响应，极大地提升了工程生态系统的鲁棒性。可以说，人工智能体对工程生态

---

① 别朝红，贺元康，李晓君，等. 能源互联网下清洁能源电力市场体系构建［M］. 北京：科学出版社，2022.

中三类交互关系的重构，实质上就是将这类关系"数据化"，使其变得"可度量"，并在一定程度上"可操控"，并且实时度量、实时操控。

③ 人工智能体有助于贯通工程生态的微观、中观与宏观

人工智能体的一个独特价值就在于其贯通工程生态不同层次的强大能力。从微观的企业层面到中观的产业层面，再到宏观的国家层面，人工智能体的影响力是贯通性的，并且推动了工程生态各个层次的协同演化。在微观层次上，通过技术嵌入和流程重构，人工智能体推动企业从传统生产模式向智能化转型，推动工程项目全面走向智能化。在生产流程中，人工智能体能够实时分析数据并做出自主决策，优化资源配置和提高生产效率。除了优化生产流程，人工智能体还帮助企业在市场中动态调整其生态位，通过数据驱动和自学习能力，企业能够快速适应市场变化，从被动响应转变为积极优化。在中观层次上，人工智能体通过平台化服务和多智能体协同，推动重构产业生态的网络结构和运行逻辑。在产业链中，人工智能体作为"网器节点"嵌入，促进跨企业数据共享与协作。制造商的智能生产系统与供应商的零部件检测平台通过"联邦学习"共享数据，优化整个产业链的质量控制，同时保护各自的商业机密。[①] 这种协同模式打破了传统产业链的线性关系，形成了去中心化的生态网络。在更复杂的产业场景中，如智慧物流，多智能体系统（MAS）通过竞争与协作实现全局优化，展现出了"群体智能"的特性。在宏观层次上，人工智能体已经成为国家新质生产力的重要引擎，通过基础设施赋能与政策协同，推动工程生态的全局优化。例如，我国"东数西算"工程，通过弹性调度机制为各个产业领域的人工智能体提供普惠算力，降低了各类中小企业创新发展的技术门槛；通过实时监测经济数据，人工智能体还辅助政府部门及时制定和调整动态产业政策，从而更加有效地调控宏观经济。此外，在国际竞争中，国家还可以推动构建开源生态，推动智能体技术标准的国际化，形成与闭源模型的差异化竞争。人工智能体在工程生态

---

① 杨强，刘洋，程勇，等. 联邦学习［M］. 北京：电子工业出版社，2020.

中三层次的贯通有赖于技术扩散和数据循环。企业级智能体的技术突破可以通过开源社区和产业联盟扩散至中观产业链，再由国家政策引导形成规模化应用，形成"微观创新→中观协同→宏观标准"的扩散路径。反过来，宏观政策可以帮助打通企业数据孤岛，促进产业级数据池的形成，而这些数据又反哺企业智能体的模型优化，形成"数据－模型－应用"的正向循环。在此基础上，国家还可以通过人工智能体伦理审查与安全标准制定，约束微观层面的技术应用，同时鼓励产业联盟建立风险共担机制，实现技术创新与生态稳定的平衡。由此可见，人工智能体贯通的微观、中观和宏观的实质，就在于每个层次关键变量的数据化以及三个层次之间形成的"数据循环"[1]，由此带来三个层次的实时交互，进而带动技术创新、技术扩散以及政策标准的生成和落地。

4 人工智能体强化了工程生态中的收益递增和网络效应

收益递增和网络效应是工程生态的题中应有之义，而基于人工智能的工程生态展现出了更强的收益递增和网络效应。工程生态中各类生态关系的智能化升级，共同强化了工程生态的收益递增效应（用户越多，数据越丰富、算法越精准）与网络效应（节点互联产生的价值非线性增长），更大程度上推动工程生态系统进入自我强化的正向循环。在技术积累与优化方面，人工智能体通过持续的数据积累和机器学习，不断提升自身性能和决策能力，从而长期实现收益递增。在规模效应与成本降低方面，当人工智能技术在某一领域或行业中大规模应用时，其边际成本会逐渐降低，特别是人工智能体的标准化和模块化设计使得技术复用和快速部署成为可能，由此带来整体经济效益的提升。在数据共享与协作方面，人工智能体通过平台化服务促进跨企业的数据共享与协作，这种数据共享不仅提高了单个企业的效率，还增强了整个产业链的协同效应。而在复杂场景中，多智能体系统通过竞争与协作能够实现全局优化。这种"群体智能"使得整个物流网络的运行更加高效，形成了网络效

---

①　车品觉. 数循环：数字化转型的核心布局［M］. 北京：北京联合出版社，2021.

应。① 在技术创新与应用反馈方面，人工智能体的应用不断产生新的数据和反馈，这些数据和反馈又进一步推动技术的创新和优化，而优化的成果又会反馈到大模型中，提升其预测精度，形成正反馈。在市场扩展与用户基数增长方面，人工智能体通过提升效率和降低成本，使得企业和产品更具竞争力，吸引更多的客户和合作伙伴，而随着人工智能体的普及和应用，用户基数不断增长，更多的数据被收集和分析，进一步增强人工智能体及相关系统的性能，形成良性循环。可以看出，人工智能体强化收益递增和网络效应的实质在于它大大加速了工程生态内的数据循环和反馈循环。

5　人工智能体推动了工程生态的动态发展演化

人工智能体的引入正在推动工程生态的动态发展演化，具体表现在以下几个方面。一是人工智能体加剧了工程生态之间的竞争，从而成为工程生态动态演化的重要推动力量。特别是不同人工智能生态之间的竞争，在很大程度上左右着工程生态的演进。例如，面对美国主导的人工智能竞争压力，DeepSeek 通过开源策略，改变了人工智能生态的竞争态势，使得工程界、产业界不再需要唯 OpenAI 和英伟达是从，特别是为后发企业提供了重新出发、实现超越的机会，这势必对未来的工程生态演进产生重大影响。二是人工智能体的引入促进了不同产业的深度融合，从而推动工程生态的规模扩张。人工智能体作为通用技术载体，正通过数据整合、流程优化和跨界创新加速不同产业的融合，这种融合不仅拓展了各类工程项目的应用范围，还催生了新的业务模式和市场机会。例如，智能交通推动了运输工具制造、道路建设、交通运输、城市管理、互联网等的融合发展，而智能汽车数据反哺能源网络优化，形成车-电-网数据闭环。三是人工智能体的引入加快了工程生态演进的速度。这主要得益于工程生态中各类互动关系的自动化、精准化和实时化。在传统工程生态中，各参与方之间的沟通和协调往往需要大量人工干预，而借助人工智能，这些互动关系可以实现自动化，不仅节省了时间，还减少了人为错误，提高了沟通效率。不仅如此，人工智能体能够

---

① 张国辉，文笑雨. 群体智能［M］. 北京：清华大学出版社，2022.

实时、精准地收集和分析数据，提供精准的决策支持，有助于提高工程活动的可控性和安全性，从而提升了工程生态的演化速度。四是人工智能体的加入推动了工程生态在地理空间上的扩展。人工智能的应用使得工程项目的实施不再受地域限制，通过远程协作平台，不同地区的工程师可以实时共享信息，协同工作。这种跨区域的合作模式，不仅扩大了工程生态的地理范围，还促进了全球范围内的技术交流和资源共享。最后，人工智能体推动工程生态向更具活力的"类生命系统"转变。随着具身智能和群体智能的整合，人工智能体进一步模糊了工程生态各层次之间的边界，推动工程生态向更高阶的"自进化"方向演进。[1] 当然，人工智能体驱动的工程生态演进并不是一个确定的过程，可能带来各种各样的风险以及法律、社会和伦理问题，因而需要进行恰当应对。这至少包括三个方面：一是价值对齐，需要确保智能体行为准则与人类社会的安全、公平、透明要求相一致；二是异构融合，要协调不同厂商、不同技术路线的智能体协同标准；三是生态治理，要建立适应智能体自主性的新型监管框架。只有这样，才能构建真正可持续发展的工程生态。

6 人工智能体催生了智能化的工程生态建构方法

人工智能体不仅是工程生态的构成要素，更为其建构与优化提供了全新的方法论工具。首先，人工智能体在工程生态中的角色不仅局限于执行特定任务，它们还能通过自主学习和适应环境变化，为整个生态系统的建构提供智能化支持。例如，在智能制造系统中，智能机器人不仅能高效完成生产任务，还能根据实时数据调整生产计划，优化资源配置，提高整体效率。其次，多智能体仿真是研究工程生态动态演化的有效工具。通过构建数字孪生系统，研究者可以在虚拟环境中模拟真实世界的各种场景和条件，评估不同策略的效果。例如，在城市交通管理中，可以通过多智能体仿真模拟不同交通流量控制策略下的交通状况，预测拥堵点和优化信号灯配时，从而为交通工程生态的改进提供参考。最后，多智能体仿真还能帮

---

① 刘志毅. 具身智能［M］. 北京：中译出版社，2024.

助研究者理解复杂系统的动态行为和演化规律。在生态系统管理中，通过模拟不同环境保护措施对生物多样性和生态平衡的影响，研究者可以制定更加科学合理的保护方案。在能源管理系统中，多智能体仿真可以模拟不同能源分配策略下的电网运行情况，优化能源利用效率，减少浪费。可见，基于多智能体仿真的数字孪生系统为工程生态的设计、建构与优化提供了新的方法论工具。通过模拟不同策略下的演化路径，研究者可以更全面地评估各种方案的效果，为工程生态的动态演化提供科学依据，从而实现更高效、可持续的系统管理。

第三节　扎根工程生态场景发展人工智能体

人工智能体的发展，已经成为工程生态建构的核心议题。要发展人工智能体，就必须具备工程生态思维，要在工程生态场景中谋划和发展人工智能体。只有这样，人工智能体才能真正成为推动产业科技进步、产业结构优化和生产力跃升的重要驱动力。

1 扎根工程生态场景发展人工智能体的必要性

工程生态场景是工程生态与工程实践者直接交互的"所在"，正是在这里，工程实践者能够直接感受到各种生态要素、生态关系和生态力量的"在场"。面向工程生态场景发展人工智能体，是人工智能体经济社会价值实现的基本要求，对于产业升级和技术进步都具有十分重要的意义。

第一，扎根工程生态场景发展人工智能体，可以促进新兴人工智能体的孵化，加速技术创新和应用落地，为技术专家、企业和研发机构提供知识交流平台，提高技术解决方案的创新性、实用性和技术的规模化应用。例如，新松机器人与百度智能云合作，扎根生态场景，基于百度文心大模型研制出家庭陪护机器人。

第二，扎根工程生态场景发展人工智能体，有助于打破各种技术壁垒，更有效地推动各类产业融合发展。开放共享的工程生态有助于不同技术领域的交流互通，加速跨界知识融合，激发创新思维，推动人工智能体的快速迭代和创造产业融合发展的新契机。例如，万邦船舶重工（舟山）有限公司与浙江鼎力机械股份有限公司扎根生态场景，通过跨界合作，推进了绿色、低碳船舶工程机器人的研制，为互动融合提供了良好平台。

第三，扎根工程生态场景发展人工智能体，有助于促进可持续发展和共享共赢。通过技术、资源和价值的共享，可以提升资源利用效率，减少资源浪费和环境污染。特别是借助智能化和自动化技术，能够提高生产效率和品质水平，实现资源的高效循环利用，为经济社会发展奠定坚实基础。此外，还可以实现环境的智能监测和管理，有效保护生态环境，促进人与自然的可持续共生。总之，扎根工程生态场景发展人工智能体，可以为经济的可持续增长和人类社会的长期稳定提供关键支撑。

❷ 扎根工程生态场景发展人工智能体的基本策略

首先，要以多模态与具身智能（embodied AI）为关键突破点。扎根工程生态发展人工智能体，要解决技术瓶颈，构建从感知到决策的全链条能力。其中的关键在于实现原生多模态大模型与具身智能的融合发展。单一模态模型难以模拟人类多感官协同的认知过程，需通过"端到端输入输出统一"的原生多模态技术，将视觉、语音、触觉等模态数据在训练初期"对齐"，开发具身智能，赋予智能体物理世界的行动能力，如面向工业场景的人形机器人通过端到端模型实现自主抓取与避障。与此同时，要强化安全验证与鲁棒性保障。在自动驾驶和医疗等高安全要求的领域，智能体的应用需要通过严格的验证与确认，以确保其安全可靠，具体包括对抗性样本检测（如 X 光图像扰动识别）、形式化验证方法（抽象解释）等，以避免因数据分布偏移导致的决策失误。

其次，要构建开放共享与隐私保护的平衡机制。人工智能体的进化高度依赖数据质量与流通效率，需构建"数据–模型–应用"的良性循环。这就要求做好以下三个层次的工作：① 合成数据驱动模型迭代。针对真实数据获取成本高、隐私风险大的问题，合成数据技术可通过生成对抗网络（GAN）模拟各类场景，例如自动驾驶领域通过合成暴雨、极端光照等罕见路况数据，可以提升智能体的决策鲁棒性，同时降低标注成本。② 强化"联邦学习"与"群体智能"协同。通过联邦学习技术，可以实现数据"可用不可见"，支持跨企业、跨区域的模型协作；而通过群体智能技术，可以进一步将分布式智能体连接为协同网络，形成"感知-认知-决策-行动"闭环，赋能智慧城市与平台经济。③ 数据共享标准与安全治理。需建立统一的数据接口标准，打破"数据孤岛"，推动政府、企业与科研机构间的数据互通。

最后，要致力于形成产业协同与开源生态格局。人工智能体的开发需以产业集群为载体，形成"基础研究-技术转化-商业落地"的协同网络。这就要求聚焦智能制造、智慧农业等生态场景，通过"龙头企业+初创企业"模式推动技术适配，实现垂直落地。与此同时，要依托开源社区，驱动人工智能技术创新。自主开源生态的培育，可以吸引全球开发者贡献优化算法，形成"代码共享-反馈优化-商业应用"的正向循环。此外，还要重视多智能体系统集成。在复杂生态场景（如物流仓储）中，需要通过多智能体协同，以优化资源分配。蚂蚁集团的支小宝、蚂小财等 AI 管家产品已实现跨平台任务调度，证明了多智能体架构在服务场景中的商业价值。

3　扎根工程生态场景发展人工智能体的"多主体协同合作模式"

工程生态场景牵引的多主体协同合作，如联合研发、产业联盟及产学研合作，是人工智能体发展的重要推动力。这些合作模式将科研机构、高校、企业、政府部门及消费者等利益相关者汇聚起来，共同推动人工智能体在各个领域的深度应用。具体包括以下三种表现形式：

一是联合研发模式。该模式的主要特点是科研机构、高校和企业从源头开始就开展人工智能体研发合作，通过资源共享和技术协作，提高效率、降低研发风险，增强生态场景中智能体研发项目的可持续性，促进跨领域、跨场景的技术融合创新。例如，轮趣科技（东莞）有限公司与科大讯飞股份有限公司、奥比中光科技集团股份有限公司合作推出业内首款多模态机器人智能体开发套件，为构建机器人生态系统提供了重要支撑。

　　二是产业联盟模式。产业联盟是由人工智能体相关产业中的企业、科研机构及政府部门等多方主体，以产业链为纽带组成的紧密合作组织，旨在集结各方资源，形成协同创新平台，共同应对技术和市场的双重挑战，推动产业链的协同发展。这种模式有助于汇聚行业力量和资源，共享信息和经验，实现各方优势互补。同时，它还能促进产业链上下游的合作与交流，增强工程生态系统的稳定性和竞争力。例如，北京人形机器人产业联盟整合了78家人形机器人研发与生产单位，为构建高效、创新的人形机器人生态系统提供了坚实的基础。

　　三是产学研模式。产学研模式是人工智能体领域企业、科研机构和高校合作的典型方式，主要目的是促进科研机构和高校的科研成果向实际产品和解决方案的转化，实现科技创新与产业应用的有机结合。其优势在于提升智能体前沿成果的市场适用性和商业化水平，助力企业获得先进技术和研究成果，提高创新能力和竞争力。例如，唐山高新区立足这种模式推进机器人产业高质量发展，当地企业智明科技、英莱科技分别与西安交通大学签订研发生产协议，有力推进了唐山机器人生态的蓬勃发展。

　　通过多主体合作和资源共享，可以构建以工程生态场景为依托的人工智能体开发体系。这些机制强化了各方利益主体间的联系，共同推进人工智能体在各领域的创新与应用。联合研发模式整合专业优势和资源，加速技术突破；产业联盟模式则促进了产业链合作与交流，推动整个产业的发展；产学研模式将科研成果转化为实际应用，推进了技术革新。多主体、多机制交叉构建起来的工程生态系统，能够为人工智能体的持续发展提供关键的生态支持。

　　当然，上述研发模式要有效运行，还需要进一步优化生态土壤，这主要涉及人才供给和政策支持。首先要建立跨学科的人才培育体系。高校可以开设"AI+工程+伦理"复合型课程，将人工智能与专业课题和伦理法规有机结合，培养具有工程生态思维、能够驾驭复杂智能系统的工程师。其次，可以依托"产教融合基地"，与企业联合培养实战型、高水平的人工智能体开发人才。从宏观层面看，政府应着力打造算力网络，加强新型基础设施建设，降低大模型和智能体训练成本，满足人工智能体开发和应用需求。此外，政府还应该通过税收优惠、专项基金，引导人工智能体开发资源投入；加快制定人工智能体接口标准，以避免生态碎片化。

第四节 面向工程生态的人工智能体伦理治理

人工智能革命既具有渐进性内容与表现，又具有颠覆性内容与表现。它既是科技革命，也是社会伦理实验，不断引发工程生态中新的伦理问题，因此需要强化伦理治理。

① 人工智能体引发伦理变革

首先，人工智能体深刻影响着伦理观念与价值导向，促使社会价值观发生变革。技术进步重塑人类对世界秩序的认知，改变既定价值观与伦理规范。例如，社交软件改变了人们的隐私观念，用户乐于在社交网络上分享更多个人信息。同时，人工智能体发展受社会价值观反作用。例如，平板电脑、手机本为便捷工具，却改变了人们的生活方式；计算机本为数据处理工具，却改写了生产方式；等等。技术与伦理价值相互影响，引发了道德意识、规则乃至道德主体的变革。若未来人工智能体具有自我意识并能独立担责，道德的主体范畴是否会由人类拓展到机器？机器权利如何保障？机器人必须承担哪些责任？面对这些新问题，评估技术的价值框架也应该与时俱进。人工智能体的设计应考虑主体价值和社会价值观，明确道德伦理因素。人工智能体在社会中的地位是规范伦理问题，而非单纯的描述性伦理问题。[①]

其次，人工智能体引发主体性范畴变革，具体体现为道德主体的拓展与转变。具体包括三个方面：① 道德主体从人到生命体的拓展。道德主体指的是能主观判断且承担法律责任的个体。传统上，大多数哲学家认为只有具有理性思维的人类才被视为道德主体，而在费因伯格（E. Feinburg）看来，人与动物同为生物进化产物，应该赋予动物相同的道德主体地位。环境伦理学之父罗尔斯顿（Holmes Rolston）主张自然内在价值，强调动物与植物等环境生命

---

① 商希雪. 人机交互的模式变革与治理应对——以人形机器人为例［J］. 东方法学，2024（3）：143–158.

体也具有道德主体地位。相比之下，技术人工物因缺乏自然属性，其道德主体地位常遭学者反对。② 道德主体从生命体到技术人工物的转变。拉图尔（Bruno Latour）提出，技术人工物也可执行人类道德，且执行道德规则的方式与人类相似。荷兰技术哲学家维贝克（P. P. Verbeek）提出技术是调节人与世界的中介的观点，并在此基础上提出了"物道德"观点，认为技术通过设计体现道德理念，引导人类行为，赋予技术人工物道德主体地位。技术人工物影响人类道德自主性，并非道德中立，能够引导人类的道德行为及道德结果，通过使人类行为合乎道德来促进或加强道德。从这个意义上来讲，技术人工物具有某种道德主体地位。③ 道德主体从人工物到人工智能体的转变。斯洛曼（Aaron Sloman）论述了"未来机器人能够思考和具有感知力"的可能性场景，认为应将智能机器纳入道德主体范畴，关注其伦理地位。如果人工智能体具有与人类一样的自主性、意向性，并且能够像人类一样承担责任，就具备道德主体地位。福斯特（Heinz von Foerster）认为，现有的机器人不仅是伦理规则的被动中转者，还在现有伦理治理生态中与其他行为主体互动，应视作道德主体。智能机器具有自主行为和智能信息处理能力，可称为智能道德主体。因此，道德主体的类别除人类外，还应适当扩展到某些人工智能体。①

❷ 人工智能体带来新的伦理问题

　　人工智能体的出现与发展，使人类社会发生了深刻变革，但随之而来的问题也日益凸显。

　　首先，人工智能体可能加剧"数据鸿沟"和"信息茧房"。数据鸿沟指的是不同社会群体在获取、处理和利用数据资源方面存在的不平等现象。随着大数据和人工智能技术的飞速发展，尽管数据成为一种至关重要的社会资源和生产要素，但并非人人都能平等地获取和使用。同时，在信息茧房现象下，算法过滤和个性化推荐可能使用户信息视野变窄，接触信息单一化，导致个人思维和认知受

---

① 程鹏，高斯扬. 通用人工智能体道德地位的哲学反思［J］. 自然辩证法研究，2021，37（7）：46-51.

限，甚至可能产生偏见和误解。对于社会而言，这些问题则可能阻碍社会的创新和进步，使社会不平等和分裂现象加剧。因此，在享受人工智能体带来的便利的同时，更需要警惕其可能带来的潜在风险。

其次，人工智能体的算法偏差背离公平性原则。算法偏差一般指计算机程序或人工智能系统在数据收集、数据选择和处理过程中因包含了人类隐含价值而输出不公平结果，通常表现为算法歧视。例如，聊天机器人可能因数据偏见而传播种族主义信息，搜索引擎在搜索特定群体姓名时可能更倾向于显示负面结果。同时，算法偏差可能导致不公平竞争，如"大数据杀熟"损害了消费者权益，也破坏了市场秩序。此外，算法偏差还表现为算法滥用，即人们在利用算法进行分析、决策、协调、组织等一系列活动中，其使用目的、使用方式、使用范围等出现偏差并引发不良影响的情况。例如，人脸识别算法虽然可以精准识别罪犯，提高治安管理水平，但是如果将人脸识别算法推广至预测潜在犯罪人或者根据脸型判定犯罪潜质，则属于算法滥用。算法虽是人工智能体的基石，但并非绝对客观中立，其中蕴含着设计者的主观和客观偏见。因此，不能将算法视为绝对标准，盲目迷信。在应用中，应理性排除算法偏向和路径依赖，以确保算法的客观性和结果的准确性。

再次，人工智能体主体性不明导致责任归属模糊。目前，人工智能体在法律上尚未明确其主体地位，既非自然人也非法人，无法直接承担法律责任。这使得在发生侵权或违法行为时，增加了确定责任主体并进行追责的难度。同时，人工智能体的技术复杂性使责任判定难度加大。其生成的内容往往涉及多个环节和多个主体（如开发者、训练者、使用者等），且各个环节之间的界限模糊，责任主体归属问题难以确定。此外，人工智能体的广泛应用也引发了道德伦理与责任分配争议，使责任归属更加复杂和模糊。从工程生态的角度出发，探析智能体的伦理治理路径至关重要。

③ 人工智能体的伦理治理困境

工程生态中人工智能体的伦理治理存在一些困境，主要包括以下几个方面：

首先，人工智能体治理缺乏国际联动机制。人工智能已经成为全球性战略产业，需要各国之间的紧密合作与协调。然而，当前国际合作进展缓慢，国际组织的作用有限。不同国家在技术标准、法律法规、文化观念上的差异，导致在产业治理上难以形成统一的国际共识。同时，国际组织在推动合作、制定标准和规范时，面临国家间发展水平、政策导向、法律环境差异等困难，其自身治理结构、决策机制和资源限制等问题也限制了其作用的发挥。

其次，监管方式单一、制度滞后，对人工智能体产业生态构成挑战。地域间、国家间、部门间差异导致监管标准不统一，使人工智能发展受阻。人工智能体应用广泛，使得传统的"一刀切"监管策略失效，加剧了监管分歧。① 同时，技术风险认知的主观建构性增加了监管复杂性和策略冲突，增加了企业运营成本和市场风险，阻碍了创新发展，并可能引发新的社会问题。因此，加强监管体系的统一性和协调性，增强不同地区和部门间的沟通与协作，共同应对产业发展中的新问题至关重要。

再次，治理方式落后，公众参与度低。尽管人工智能体应用场景日益广泛，但其技术复杂性、专业性常常使公众感到陌生和困惑，难以形成客观、理性的判断。同时，人工智能体决策过程的专业化和封闭性使普通公众在获取信息、表达意见方面存在困难，从而使得其在产业决策方面往往处于被动地位。此外，公众对技术安全性，数据的泄露、滥用和误用，隐私保护等问题的疑虑和不信任，也可能影响产业的健康发展。

最后，人工智能体产业中存在重效率、轻生态的严重问题，可能引发人工智能体异化现象。人工智能体的运行需要大量能源，导致更多的碳排放，尤其当企业使用非可再生能源时就更是如此。例如，ChatGPT 每天耗电超过 50 万度，相当于美国家庭日用电量的 1.7 万多倍，且每天花费高达 70 万美元。此外，电子元件中的重金属还可能对土壤与水体造成难以消除的污染。因此，人工智能的发展需平衡效率与生态保护，采取有效措施减少负面影响，确保技术发展的可持续性。

---

① 马奔，叶紫蒙，杨悦分. 中国式现代化与第四次工业革命：风险和应对 [J]. 山东大学学报（哲学社会科学版），2023（1）：11-19.

4 人工智能体的伦理治理路径

从宏观层面来看，国家应将人工智能发展纳入国家战略，制定系统性标准、法律法规，涵盖技术、安全、伦理等，优化人工智能发展的宏观生态，保障人工智能技术创新与应用合法合规，维护公众权益。同时，要加强国际合作，协同制定伦理和监管准则，共同应对挑战。

从中观层面考虑，应发挥地方政府和行业协会的作用，制定地方法规，组织开展相关学术交流等活动，提供行业咨询等服务，助力技术进步和人才培养，促进人工智能体生态健康发展。

在微观层面，作为技术创新和市场应用的主要载体，企业应积极承担社会责任，加强自我监管，确保人工智能技术创新健康、可持续发展。与此同时，应通过各种形式的教育、宣传活动普及人工智能的基本知识，帮助公众了解其基本原理及潜在风险，从而能够更加理性地看待技术发展，避免盲目恐慌或过度乐观。此外，应增强人工智能技术研发的透明度，如邀请公众代表参与研发的评审，使其了解相关伦理准则的落实情况。

工程生态视野中的工业互联网

当前，全球范围内新一轮科技革命和产业变革蓬勃兴起。工业互联网作为新一代信息技术与制造业深度融合的产物，通过人、机、物的全面互联，构建起全要素、全产业链、全价值链全面连接的新型生产制造业体系和现代服务业体系，是实现工业数字化、网络化、智能化发展的新型基础设施，是第四次工业革命的重要基石，是经济转型升级的关键依托、重要途径和全新生态。工程生态研究是将"工程"看作"生命体"，将"工程系统"看作"广义生态系统"，从"微观-中观-宏观"层次对"工程"的动态生命和广义生态进行全视野、跨学科的理论与实践分析和研究，是对我国工程和经济社会发展中新行业和传统行业的新形态、新机制以及工程集群和企业发展的迫切需求的响应和反映。面对推进新型工业化和经济高质量发展的要求，应把"工程生态论"看作"工程研究"和"工程理论"的一种"新范式"，从工程生态视角，分析工业互联网的基本性质和产业变革力量，以获得新认识，进而促进工业互联网的健康发展。

第一节　认识工业互联网的演化需要新的思维方式

1　从互联网到工业互联网

在互联网出现之前，物与物的联系主要通过物理连接的方式，形成物理世界的网络，如道路网、运河网等，这些网络承载了实物的交换。从 1837 年第一台有线电报机首次实现文字信息传输到以电报、电话等为代表的通信技术迅速普及，人类开启了现代通信网络大发展的进程。1969 年，小规模的计算机互联网络初现雏形。20 世纪 90 年代，互联网开始得到广泛应用。目前，全球网络技术的发展与建设正向着"融合、软硬分离、可定制、智能"的趋势发展与变革。① 互联网实现了计算机的连接，加快了人与人、人与物的信息传递、交互和共享，推动了信息化进程。

互联网从最初的军事通信网络逐步发展成为全球范围内连接人、信息和资源的巨大网络，促进了全球化的进程，缩小了信息落差，增进了国际间的联系，推动了产业和社会的数字化转型。电子商务、社交网络促进了消费互联网和社交互联网的蓬勃发展，改变了人们的生活方式和消费习惯。随着数据这一新型生产要素价值的不断挖掘，5G、人工智能、物联网、区块链等基础资源与技术实现了空前发展，同时在社会应用需求的牵引下，互联网与其他传统行业深度融合，数字政府、电子商务、网络音视频、网络教育等创新应用逐渐完善。

工业互联网不是互联网在工业领域的简单应用，而是蕴含着更为丰富的内涵和更广的外延。它以网络为基础、平台为中枢、数据为要素、安全为保障，既是工业数字化、网络化、智能化转型的基础设施，也是互联网、大数据、人工智能与实体经济深度融合的应用模式，同时也是一种新业态、新产业。② 工业互联网在汽车、电子、能源、农业等传统产业中通过开展创新实践，涌现了自动驾驶、5G+机器视觉、分布式能源、智慧农业等新业态。

在工业互联网中，数据通过不断的流动和转化，支持着工业系统的生产力和可持续发展。正如碳循环对于生命体的生长和能量转换至关重要，数据流转对于工业系统的优化运行和智能决策同样至关重要。不同于能量参与生产后必然损耗，数据参与生产过程后不仅仍然存在，多次使用后没有损耗，而且数据量可以进一步增加；数据要素可以被多主体同时使用，而且在不同场景的使用过程中可以不断积累，甚至可能实现增值。这种非消耗性、非竞争性的特征

---

① 刘韵洁，黄韬，汪硕. 关于未来网络技术体系创新的思考［J］. 中国科学院院刊，2022，37（1）：38-45.

② 中国工业互联网研究院. 工业互联网创新发展成效报告（2018—2021 年）［EB/OL］.（2021-10-18）［2025-03-15］.

打破了传统生产要素有限供给对生产发展的限制，使数据成为一种极具潜力的生产要素。数据要素可以发挥"乘数效应"，推动传统生产要素的重组与变革，对经济和社会发展起到倍增的作用。工业互联网平台不仅通过通信协议和接口实现工业设备与传感器之间的连接及交互，起到"枢纽"的作用，同时，通过数据分析、资源共享、工业应用程序（APP）开发等，形成信息、资源与知识的集聚，推动协同生产方式和创新组织模式的涌现。

以钢铁行业为例，钢铁企业流程长，企业数据具有多维高频、非结构化、强业务性、强耦合性等特点。南京钢铁股份有限公司对制造端、运营端、产业链全对象进行数字化描述，形成了企业全要素资源优化与运营关键技术创新的技术路线，实现多专业、多领域高效协同和企业间数据流的贯通。生产制造全流程岗位优化 12% 以上，吨钢质量成本从 27.2 元下降至 14.5 元，大宗原燃料采购年降本 1.5%。①

工业互联网正在推动生产方式的大变革，具体表现在：从流程驱动的生产制造向数据驱动的智能制造转变，从相对封闭的企业供应链向开放的产业生态转变，从低效的资源利用向高效的资源利用转变，从单一的产品交付向全面的服务提供转变，从被动的市场适应向主动的市场引领转变。在这种情况下，工程生态中的人、人造物、环境之间的物理连接向万物互联发展，而物理世界也映射到了网络空间形成了虚拟世界。面对日新月异的工程生态，面对数据要素的异军突起，迫切需要有新的思维方式，以阐明工业互联网的生态属性，为更加有效地发挥工业互联网的变革潜能提供理论支撑。

2 工程生态与工业互联网

自然生态系统由许多群落通过能量和资源利用而联合形成，所有的生态系统彼此关联成为一个生物圈，生物圈的不同部分通过大气、水和生物体的运动彼此联系在一起。②

---

① 中国金属学会. 科技新进展：南钢全要素资源优化与智慧运营核心关键技术创新 [EB/OL]. (2024-08-14) [2025-03-15].

② Ricklefs R E. 生态学 [M]. 孙儒泳，尚玉昌，李庆芬，等，译. 5 版. 北京：高等教育出版社，2004.

　　机器、产品等人工物通过工业互联网不仅可以感知外部世界，实现与人的交互，而且可以在一定条件下实现"自主"工作。与生物体的神经系统一样，网络通过数据的传输与交互使万物互联成为现实。由人、人工物（包括物理世界的人工物及数字世界的数字孪生）与环境（包括自然环境、社会环境等）的关联和交互构建新的工程生态。工程生态系统由许多工程（类似于生物体）、工程或产业集群（类似于群落）、工程系统（比如城市，类似于群落）构成，系统的不同部分通过物资、能源和信息等彼此联系。工程生态系统与生物圈有类似的特点，可以用一般生态论的理论和方法来分析工程生态。

　　工业互联网具有由多元异质"要素"和"成员"构成的工程生态系统的特征。

　　首先，从异质"要素"角度看，工业互联网实现了人、机、物的全面互联，打破了原有工业系统的边界，将上下游企业、控制系统、原材料、机器设备、产品以及管理人员通过网络连接和交互，对工业数据进行深度感知、采集、分析，以辅助智能化生产和管理决策。工业互联网集成了传感器、网络通信、大数据、云计算和云服务、人工智能等技术，传感器技术实现智能设备自感知、自识别，网络通信技术实现泛在网络互联互通，大数据技术为创新和决策提供有力支撑，云计算和云服务技术实现开放服务相辅相成，人工智能技术助力企业提质增效。

　　其次，从异质"成员"角度来看，产业实体是核心成员，包括工业、农业、服务业等各行业企业实体，企业实体通过信息流、商流、资金流的价值流动过程实现产品、服务等的价值增值；工业互联网的建设成员包括数字基础设施供应商、设备制造商、软件供应商、服务提供商等；支撑成员包括政府、金融机构、高校和科研院所，以及第三方开发者等。随着工业互联网应用的发展，还将会不断涌现出新的成员，进一步丰富平台的生态。

　　与自然生态中各个群落、群落中各个物种之间相互关联、边界模糊等特性类似，工业互联网的出现也导致企业组织扁平化和企业边界模糊化，不同企业形成相互协作、相互依存的利益共同体。从工程生态视角来看，工业互联网具备"广义生态系统"特征。工业互联网通过网络互联、数据互通、标识解析等技术，实现人、机、物、系统等要素之间的自动协同和协作。工业互联网（平台）在设备端或边缘端广泛连接着各类智能设备，诸如智能传感器、数控加工检测中心、智能机器人、自动导引车（AGV）等，这些均可称为"智能体"或"网器"。它们大多具有自感知、自分析、自决策、自执行、自学习、自适应等功能，展现出"类生命体"特征。

以"复兴号"高速列车为例，每列动车组设置 2500 余个监测点，感知系统渗透至列车的每个"毛细血管"，通过传感器采集 1500 多项车辆状态信息。动车组高速运行期间，传感器每 10 秒就会向"家"中上传一次数据。动车生产企业利用实时数据，并融合列车的制造履历数据等相关数据，应用大数据和人工智能算法，研发关键部件故障预测模型，能够对故障进行预测、预警，从而提供维护建议。这种基于大数据的运维模式，将传统被动式的故障后维修或定期修，变为了主动的预测性维护，能够有效降低列车故障率，更好地保障行车安全，提高运维效率。①

第二节　工程生态视角中工业互联网的基本性质

通过工业互联网，机器、产品等人工物不仅可以感知外部世界，实现与人的交互，而且可以在一定条件下实现"自主"工作。工业互联网具有以下基本性质。

1 "人为建构性"与"生命自主性"

工程生态视角下的工业互联网是人为建构性与生命自主性的辩证统一。所谓人为建构性，是指人类通过自己的认识和实践，对自然和社会进行改造与创造的能力。所谓生命自主性，是指生命体具有自我调节、自我组织、自我发展的能力，是生命体区别于非生命体的本质特征。

从宏观层面来看，工业互联网的"人为建构性"主要体现在国家战略部署和政府政策引导。工业互联网及其带来的新模式、新业

---

①　刘兰星. 高速动车：数据驱动下的"智造"新局［N］.青岛日报，2020-07-04（1）.

态并非"野蛮生长"，政府通过制定的各项相关法律法规和标准规范，为工业互联网的发展提供了法治保障和技术支撑；《国务院关于深化"互联网+先进制造业"发展工业互联网的指导意见》《"十四五"数字经济发展规划》等发展规划和计划，为工业互联网的发展提供了顶层设计和战略指引，对工业互联网的整体发展进行了系统性的规划和协同；政府发布的各项支持政策和措施，为工业互联网的发展提供了资金投入、人才培养、平台建设、示范推广等方面的支持。

从中观层面来看，工业互联网的"人为建构性"主要体现在区域协同高地的形成及行业平台设计的开发与运营。首先，全国30多个省市明确对工业互联网方向的政策支持，因地制宜推动工业互联网的发展。同时，长三角地区、粤港澳大湾区、京津冀地区、成渝地区、东北地区等依托区域特点及产业优势，分别为工业互联网的发展提供了发展支撑，对区域经济增长贡献显著。其次，跨行业跨领域工业互联网平台、面向重点行业和区域的特色型工业互联网平台快速发展，对各行业转型升级的赋能作用凸显，促进了各行业融合发展向更高水平迈进。

从微观层面来看，工业互联网的"人为建构性"主要体现在企业自身规划和构建。为及时响应用户需求、提升服务品质，增强供应链管理、促进业务协同，增加透明度、提高管理效率等，同时探索并拓展提供产品与服务的模式和范畴，以期实现高质量发展，企业亟须构建一个能够实现互联互通、信息共享且安全可靠的工业互联网平台系统。企业基于市场或自身的实际需求构建工业互联网平台时，仅靠单打独斗难以得到满意的结果，需要主动加强与政府部门和其他企业的合作，共同推动工业互联网的发展。

工业互联网的智能化管理和自主决策能力带来越来越凸显的"生命自主性"。工业互联网通过引入人工智能、机器学习等技术，实现设备和系统的智能化管理，包括预测设备故障、优化生产计划等。这种智能化管理使得工业互联网系统能够自主学习和适应，提高生产效率和设备利用率。基于大数据分析和智能算法，工业互联网平台能够作出数据驱动的决策，优化生产流程，提高决策的准确性和效率。这种自主决策能力是工业互联网"生命自主性"的重要体现，使得系统能够在没有人工直接干预的情况下，自主应对各种生产和管理挑战。

连接在工业互联网上的"智能体"，如企业内的智能 AGV、智能机器人等，通过边缘计算都具有自感知、自决策、自执行的能力。"复兴号"高速列车不仅在运营速度、安全性、舒适度等方面达到了世界领先水平，更在智能化等方面实现了新突破。智能高速列车已经开始向着自动驾驶、自主回库、自主休眠、自动唤醒等智能化方向发展。2022 年北京冬奥会期间，京张高铁新型奥运版"复兴号"智能动车组在保持原有智能功能的基础上，增加了智能行车功能，在世界上首次实现了时速 350 千米的自动驾驶，具备车站自动发车、区间自动运行、到站自动停车、车门自动控制等先进功能。①

智能化制造在工业互联网的支持下，实现了材料、设备、产品等生产要素与用户之间的在线连接和实时交互，逐步实现机器代替人生产，智能工厂不断涌现。例如，海尔沈阳冰箱互联工厂通过数字化集成开展设备互联，实现产品设计、工艺、制造、检验、物流等环节的智能化，并利用大数据开展大规模定制和个性化生产，订单交付周期由 15 天缩短到 7 天，产品研发周期缩短 30%，产能提升 1 倍，人均产值提高 30%。②

生态系统具有自我调节的能力以应对环境变化，工业互联网生态系统同样具备这种适应性和韧性。借助于大数据分析、机器学习等技术，工业互联网能快速响应市场需求变化，自动调整生产计划，优化运营策略，增强对市场波动和外部冲击的抵御能力。

在工程生态视角下，人为建构性是工业互联网的基础和前提，是工业互联网的创造力和驱动力，是工业互联网的源头和动力；生命自主性是工业互联网的结果和目标，是工业互联网的智能性和效能，是工业互联网的价值和意义。人为建构性与生命自主性相辅相成，相得益彰，共同推动工业互联网的发展和进步。

② "复杂多样性"与"立体网络性"

工业互联网（平台）连接了工程涉及的几乎所有"人、机、

---

① 佚名.奥运版"复兴号"智能动车组正式亮相 [J]. 城市轨道交通研究，2022，25（2）：146.

② 沈阳海尔电冰箱有限公司. 海尔创新的互联工厂智能制造模式 [EB/OL]. [2025-03-15].

物、系统、组织"等生命体和类生命体，汇聚了"政、产、学、研、用、法（规）、（金）融、协（会）等"各个组织，集聚了工业企业的"人、财、物、产、供、销、存"全要素，实现了远程协同、远程监控、危险环境等多种特殊场景的应用，在时空分布上"物理分散，逻辑集中"，具有明显的"复杂多样性"特征。

尽管"链"视角在工程互动研究中占据重要地位，强调供应链、生产链、服务链、创新链、价值链等，然而这一视角也有局限性。若将这些链置于工程生态网络中进行深入剖析，则往往能够带来新的洞见。多元互动不仅涵盖了"点"与"点"之间的相互作用，还囊括了"链"与"链"、"局部网"与"局部网"之间的互动，甚至进一步延伸至"点-链-局部网"直至整个"全域网"的全方位、立体式互动。

工业互联网的网络性决定了其各主体之间绝非简单的线性关系。如果将单个工厂看作个体，个体内部就已存在多层次独立配置的物理网络。在研究个体与其他主体之间的关系时，使用平面网络难以将这种复杂的连接准确地刻画出来，借鉴自然生态中"个体-种群-群落"的概念能够更加直观地解释工业互联网的立体网络性。

工业互联网作为平台，有助于同类企业实现对资源、能力、信息等的互补和协作，形成产业链、价值链、创新链等；推进不同行业、不同领域、不同层次的企业实现对跨界数据、知识、技术等的整合和利用，创造新的商业模式、新的产品形态、新的服务方式等。以中国商飞为例，在民用飞机的研制过程中，从设计到制造，再到试飞，各环节均需要不同部门的协同，机体供应商、系统供应商、零件及材料供应商、航空公司、试航机构都在协同范围之内。中国商飞构建了基于工业云的飞机研制系统平台，推动全球近150个一级供应商之间进行数据交互，实现了基于统一数据源的设计、制造、供应一体化协同。[①]

在工业互联网的推动下，多种场景应用得到探索，如生产工艺优化、多工序协同优化、多基地协同、产融结合等，这些多样化的应用场景体现了工业互联网在满足不同需求时的灵活性。工业互联

---

① 中国电子信息产业发展研究院信息化与软件产业研究所. 工业互联网平台赋能重点行业数字化转型方法论白皮书 [EB/OL]. (2020-04-22) [2025-03-15].

网的多样性意味着不同的设备和系统可以相互补充与协作，提供灵活性和适应性，并在不同的工业环境中实现有效的监测、控制和优化。这种多样性优势可以使系统更具弹性和适应能力，以应对不同的需求和变化。这类似于生物种群中丰富的后代数量，即使某些个体受到威胁或遇到困境，种群整体仍然能够维持稳定。

第三节　基于工程生态对工业互联网的思考

1 工程生态视野下工业互联网的变革力量

工业互联网平台是工业智能化发展的核心载体，作为连接工业互联网各种异质要素的枢纽，构建了高效的数据采集、汇聚、分析的服务体系，建立了工业大数据的集成、分析、存储、管理的环境，支持工业知识、技术和经验的集成，提升了设计、生产、运营等资源的优化配置效率，是一种新的平台生态系统。作为一种顺应未来创新发展的重要形式，工业互联网为数字创新涌现提供了绝佳的培育土壤与成长环境。[①]

工业互联网不仅带来了大量直接产业，还衍生出诸多渗透产业，推动了产业结构变革和经济形势发展，改变了资源分配及市场需求格局，进而加剧了新兴产业和原有产业领域内同类工程（种群内部个体之间）的合作和竞争。近年来，随着工业互联网的快速发展，各种类型的工程活动随之涌现，种群间的交互效率也逐渐提升。为了争夺有限的资源或市场，不同类型的工程活动往往会展开激烈的竞争，诸如网络运营商、设备厂商、平台提供商等多方参与者均会参与其中。然而，为了实现共同的目标或利益，这些参与方之间亦可能携手合作。工业互联网产业联盟的存在，便极大地促进了上述各方之间的交互与合作。此外，工业互联网还推动了第二产业与第三产业的共生和交互。例如，工业互联网服务平台依赖于制造业、电力行业等产业而得以存在和发展；同时，这些产业也亟须平台服

---

① 杨姗. 平台生态系统中互补者生态位对数字创新的影响研究 ［D］. 长春：吉林大学，2022.

务商提供长期稳定的服务，以满足其不断升级的需求。

在轨道交通行业中，中国中车作为"链长"，旗下拥有众多担任"子链长"角色的"主机厂"。以中车株洲电力机车有限公司为例，该公司每年面向产业链上游各类企业的采购额高达上百亿元。针对每个种类的部件，该公司通常都会选定2~3个满足技术要求的供应商，并通过竞争与合作，形成涵盖产业集群上中下游企业的"共同体"，为整个产业带来了强大的韧性与抗压能力。依托企业的工业互联网平台，产业链上的企业能够实现物流配送信息的畅通无阻，进而构建起"多式联运"的物流通道。随着产品的销售，供应链和物流保障产品体系得以及时构建，使得轨道交通装备产业集群"融"合成为一个创新引领的新生态。①

工业互联网与传统行业的碰撞，将赋能传统行业转型升级，加速传统行业向数字化、网络化、智能化方向演化。在推进工业互联网技术与传统行业的深度融合过程中，新的业态不断涌现。例如，工业互联网的发展推动了传统农业向智慧数字农业的转型，成为农业现代化的核心动力。② 通过数据汇集、智能算法以及数据的可信自由流动和价值再次挖掘，工业互联网推动了资源的合理配置，带动了农业生产方式和供给模式的变革，提升了农产品的价值。

以苏州太湖现代农业示范园为例，一粒苏州太湖稻米在被数字化赋能后发生了"蝶变"。园区以"从谷到仓""从仓到米""从米到产品"的价值流转为核心，在原有加工生产线基础上，通过应用标识解析、区块链、物联网、云计算等技术，采集、计算、应用各类质量控制要素，构建起覆盖全产业链、全价值链的大米加工与产品质量控制体系。从稻谷入场到加工出厂，消费者可以扫码一键溯源。③ 该体系通过数字品控，推动了一、二、三产业的智能化改造，并实现了全过程质量监管。水稻从种植、生长、收割，到加工、仓储、营销、质量监管等各个环节的数据，均由数智平台记录、计算、分析和运用，针对关键节点实施智能化改造，提升了工作效率和产

---

① 苏晓洲，樊曦，戴斌. 1个"链长"和6900余家"链企"的故事 [EB/OL].（2023-07-25）[2025-03-15].

② 中国信息通信研究院. 2021年中国智慧农业发展研究报告 [EB/OL].（2022-01-13）[2025-03-15].

③ 苏建轩. 数字赋能，为农业插上"智慧翅膀" [N]. 新华日报，2023-09-22（31）.

品质量。

　　然而，新业态的涌现带来的不都是正面影响。例如，在创新项目规划阶段，需要进行大量的数据收集、分析和预测工作，相较于传统方法需要投入更多的时间、人力和资金成本，而且数据的准确性和可靠性也会受到各种因素的影响；在示范阶段，实现智能生产需要依赖各种先进的设备、技术和平台，这些设备和技术的购置、维护与更新都需要较高的费用，而且相应地对操作人员的技能和素质也有较高的要求；在运营服务阶段，其带来的效益不一定能够覆盖投入的成本，在进行各相关方的协调与沟通时可能会引发信息不对称、利益冲突等问题。

　　这一现象与自然生态领域新物种产生的情景极为相似。自然生态中新物种的出现会增加生态系统的多样性，但也可能会破坏生态系统的平衡，造成物种竞争、入侵、灭绝等问题。工程生态领域的"新物种"会对生态的结构和功能产生不同的影响，这些影响可能是正面的，也可能是负面的。对于"新物种"，应充分判断和分析其特征、功能、与其他物种的关系等因素，采取科学、合理、有效的措施进行人为干预，维护工程生态的健康和可持续发展，实现更高的经济效益和社会效益。

2　工业互联网中生态位分析

　　我们需要关注工业互联网中生态位的问题。一定生态环境里的某种生物在其入侵、定居、繁衍、发展以至衰退、消亡历程的每个时段上的全部生态学过程中所具有的功能地位称为该物种在该生态环境中的生态位。① 生物的生态位是被动的自然选择的结果，相对来说是比较稳定的；而企业的生态位则是主动选择和竞争行为所决定的，且经常发生变动。企业在行业中的生态位是企业在行业内竞争实力的标志。在工程生态中定位工程，每个工程有自己的生态位。②

---

① 张光明，谢寿昌. 生态位概念演变与展望 [J]. 生态学杂志，1997（6）：47-52.
② 梁嘉骅，葛振忠，范建平. 企业生态与企业发展 [J]. 管理科学学报，2002，5（2）：34-40.

从生态系统的视角来看，平台建设是工业互联网生态建设的重要基础。① 在工业互联网生态中，各类工业互联网平台占有重要的"生态位"。工业互联网平台不仅通过通信协议和接口实现与工业设备和传感器之间的连接与交互，起到"枢纽"的作用，同时通过数据分析、资源共享、工业 APP 开发等，形成信息、资源与知识的集聚，推动协同生产方式和创新组织模式的涌现。基于"生态位"对跨行业跨领域工业互联网平台、行业级和地区级的工业互联网平台等进行统筹规划，能够提高资源配置效率、推动技术和产业变革。

从生态位的角度分析现代产业链，链长单位占有重要的"生态位"。通过以点带链、以链带面，链长单位可以起到带头和引领作用，成为推动上下游企业数字化转型和智能化发展的关键力量。同时，还要关注各个生产企业在产业链中所处的位置，立足行业发展和全球视野，不断提升产业链、供应链的韧性和安全水平，推进产业链安全健康、协同发展。

从生态位的概念来分析产品和企业在工程生态系统中的地位与作用，明确其生存空间和资源利用，促进企业之间竞合与共生关系的演化，避免因生态位重叠而导致企业之间的恶性竞争。通过生态位视角观察产业链和供应链，为更好地预测市场需求、保障产业结构稳定和行业健康发展提供思路。

3　工程生态视野中工业互联网的健康发展

与自然生态中生物的互相依存关系类似，工程生态系统也是由一个复杂的多主体相互关联而形成的系统，生态系统的构建、生存以及未来的健康发展均非易事。工业互联网在快速发展的同时，其面临的安全形势不容乐观，既有来自互联网的外部威胁，又有工业系统内部的安全与系统漏洞等问题。将工业互联网视为一个错综复杂的生态系统，有助于更深刻地理解它所面临的安全挑战。在这个生态系统中，各类"物种"——包括企业、技术、设备等——相互依存、相互作用，共同编织成一张高度互联的网络。这张网络的稳

---

① 左文明，丘心心.工业互联网产业集群生态系统构建——基于文本挖掘的质性研究 [J].科技进步与对策，2022，39（5）：83-93.

定性和健康状况对整个生态系统的功能发挥起着重要作用。

在自然生态中，物种的灭绝通常源于自然环境的剧烈变迁、生态位的消失、食物链的断裂或病毒等因素。在工业互联网生态中，"灭绝"可以被理解为某些产品、企业或业务模式因无法适应环境的变化、竞争的加剧或技术的迭代而退出市场。网络空间的计算机病毒、各种形式的网络安全威胁和网络攻击等展现出了前所未有的复杂度、组织化及频繁性，可能将风险扩散到整个系统，导致广泛的功能障碍。此外，数据资产边界模糊、数据安全保障不足等问题也亟待通过不断创新和完善主动安全防护机制来解决，以应对工业互联网带来的各种挑战。

为加快构建可靠的工业互联网安全保障体系，既要注重技术创新，也要强化安全管理，同时还要建立完善的安全生态，从而为工业互联网的健康发展提供坚实的安全保障。首先，需要紧跟工业互联网的发展趋势，特别是在前沿技术与颠覆性技术方面实现自主创新和可控。这包括但不限于物联网、大数据、人工智能等技术在工业领域的应用，要确保这些技术的安全性和可靠性。其次，构建覆盖系统建设各环节的安全防护体系至关重要。这要求在设计、开发、实施和运维等各个阶段都要融入安全理念和措施。例如，在设计阶段就要考虑潜在的安全风险，并采取相应的防范措施；在开发阶段要进行代码安全审查和漏洞扫描；在实施阶段要确保系统的安全配置和部署；在运维阶段要持续监控系统状态，及时应对安全事件。最后，联合行业力量打造工业互联网安全生态也是必不可少的。这包括与政府、企业、研究机构和第三方安全服务商的合作，共同制定安全标准和规范、分享安全信息和最佳实践、开展安全培训和教育、建立应急响应机制等。通过这样的合作，可以形成合力，提高整个行业的安全水平和应对能力。

不仅如此，逆全球化趋势的出现可能对工业互联网生态系统产生不利影响，特别是可能导致关键产品或服务的供应中断，从而威胁到整个生态的稳定性和健康性。为了应对这一挑战，需要从维护生态总体稳定和健康的角度，充分发挥每类主体的积极性和特长，保证产业体系自主可控、安全可靠。生态位的概念有助于识别各主体在生态系统中的独特位置和功能，以及它们之间的相互依赖关系。通过明确这些关系，可以更好地协调各主体的行为，避免重复建设或资源浪费，同时也能促进创新和合作，这些对于提升整个生态系统的韧性和安全水平至关重要。在宏观层面，需要强化政府和监管机构的作用，制定具有针对性的政策和标准，引导生态系统朝着更健康、更安全的方向发展。在中观层面，产业联盟和行业协会可以发挥桥梁作用，连接不同主体，促进信息共享和经验交流。通过建立合作伙伴关系，可以增强产业链的协同效应，提高整体竞争力。在微观层面，企业自身需要加强内部管理，提升产品质量和服务水平，同时也要关注供应链的安全性，建立多元化的供应商网络，以降低单一来源风险。

与自然生态相比，工业互联网生态的演化速度更快，需要运用新的思维方式加以认识和思考，以促进工业互联网的健康发展。工业互联网不仅是一种新型的基础设施和应用模式，更是一个复杂的工程生态系统。其人为建构性与生命自主性、复杂多样性与立体网络性等特征，赋予了它巨大的产业变革力量。为了推动工业互联网的健康发展，必须从工程生态的视角出发，加强技术创新、安全管理和产业协同，构建一个安全、可靠、高效的工业互联网生态系统，助力全球工业体系迈向智能化、数字化的新时代。

工程生态视野中的现代交通

我国已全面进入建设社会主义现代化强国新阶段，开启建设交通强国新征程[①]，新技术产业革命深入发展，智能交通、绿色交通蓬勃发展，新模式、新业态、新场景不断涌现，交通的发展阶段、国内外环境、需求特征都在发生深刻变化，时代呼唤"交通工程生态"研究。面对高质量发展新要求，交通工程的工程哲学研究必须与时俱进，以新的视角观察交通的新特性，把握多层次交通与内外部环境的关系，为新时期交通高质量发展提供新视角、新思维。

第一节　研究现代交通需要新视角、新思维

1 对交通的基础性认识

交通是实现人和物位移的工程系统。[②] 从结构上可以简化认为：交通=交通基础设施（公路、铁路、水路、机场）+运输工具。交通既是古老的工程类型，也是现代重要的工程行业。古代交通主要表现为陆上道路交通和河海交通。现代社会不但出现了航空、管道等新交通方式，而且传统的陆上道路交通和河海交通也今非昔比，呈现"新业态"。为便于分析，先从道路说起。

就直观认识而言，道路是能行车、行人的土工建筑物。道路不是孤立存在的，它连接房屋、工厂、城市或农村。再进行深入分析，

---

① 傅志寰.实现 3 个转变　建设交通强国［J］.科技导报，2020，38（9）：1.
② 殷瑞钰，李伯聪，汪应洛，等.工程哲学［M］.4 版.北京：高等教育出版社，2022.

可以理解为，一条道路与其他道路是彼此衔接和相互依存的，平行路段也存在竞争关系。更进一步说，各种道路（高速公路、国道、县道、村路）联结形成宏大的公路网络。从更宽的视野看，公路网也不是孤立的，它与铁路网、水运网、航空网甚至管道网衔接，构成综合立体交通网络。

除道路外，还要谈运输。道路的价值在于承载车流以及人流与物流。在公路网、铁路网、水运网、航空网的基础设施上运行着不同类型的"交通运输工具"，例如汽车、火车、船舶、飞机等。进一步细分，汽车、火车、船舶、飞机又各有许多类型。不同类型的交通基础设施和不同类型的交通工具，构成公路、铁路、水运、航空等不同的"交通方式"，并具有不同的工程技术特征、行业结构和运输组织管理方式。

② 以新视角和新思维重新认识现代交通

近年来，随着新技术的涌现，尤其是网络的互联、数字的渗透、新能源的普及，交通领域相关工程的链接与融合以及智能机器人的出现，使得交通工程的新模式、新业态不断显现。

就道路而言，现代公路不是过去的"裸路"，通过互联网与数字技术赋能，正在重塑原有的公路体系。服务和管理的数据化、在线化，有利于优化资源配置，其效果是减少拥堵，提升运输效率和质量。与此同时，沿路分布的光伏电源、充电装置支撑电动汽车推广，减少污染物排放。不仅如此，道路网还和信息网、电网、服务网不断交织融合，形成了新的运输形态和商业模式。这就是说，"网络效应"形成了收益递增机制，创造出了越来越多的价值。

就交通运输网络而言，如今不再是铁路、公路、水运、航空与管道各自为政的"孤网"，而是正在形成既有竞争也有合作的综合运输系统。交通运输系统目前所表现出的开放性、渗透性使其能够与城市、农村乃至企业的发展更紧密地结合，从而形成一种相互交织、相互嵌入、相互支撑的"生态"。从这种意义来说，我们不能单就交通论交通，而要用"交通+"的理念观察交通与相关工程融合发展的新局面。

与此同时，目前基于工程全寿命周期的工程管理理念，通过数据流动加强了交通的设计、建造、运营、退役等阶段的贯通性、协调性和整体性，而不再是孤立地看待和处理生命周期的各个阶段。此外，不可忽视的是，交通工程本身的内涵也在不断丰富，从硬件扩展到软件，从实体发展到虚拟，从个体集合成群体，并构成复杂多层次的结构。由此可见，传统的工程思维已难以准确反映交通与周边环境及各工程之间相互纠缠的关系，传统的工程方法难以优化协调工程生命周期各阶段之间的有机联系。交通行业的新模式、新业态呼唤与其相适应的新视野和新思维。

通过研究可以认识到，目前交通与周边其他工程以及环境的关系类似于自然生态中的生物个体、种群、物种、群落、生态系统彼此之间的关系。[①] 人们可向自然学习，利用隐喻方法研究现实的工程，立足于类似自然生态的"工程生态"这一新视角、新思维来观察交通问题。

第二节　从"工程生态"的新思维观察现代交通的新特征

本书理论部分关于工程生态的"共性特征"进行的概括分析，也同样适用于现代交通工程。可是，又不能把交通行业的工程生态仅仅看作"工程生态共性特征"的"演绎"或"派生"结果，因为交通行业具有自身的行业个性。必须通过"工程生态共性特征"和"交通行业个性特征"相互渗透、相互结合，才能对"交通行业生态"有正确的把握。

1 "工程生态"视角中的交通工程是由多元异质要素构成的开放系统，其内涵和边界既有确定性又有随机性

自然生物圈是一个复杂的开放系统，多元异质的生命体既要适应外部环境，从中汲取营养，同时也会向周边渗透，彼此之间进行

---

①　林育真，付荣恕. 生态学［M］. 3 版. 北京：科学出版社，2023.

物质、能量和信息的交换。① 与此相似，交通网络也是一个由多元异质要素构成的开放系统，公路、铁路、港口、机场建设要适应所在地的地形、地质、气候条件，而火车、飞机、船舶、汽车则把城市、农村乃至工厂、房屋连接成网，既为当地经济社会发展提供服务，也改变了周边环境，从而构成工程生态的新格局。例如，许多城市以公共交通为骨架，与周边土地深度融合，在主要站点周边实行高强度开发，构建高容积率的建筑群（将商场、写字楼、住宅和娱乐设施结合起来），就地解决居民的工作生活需求。这说明交通系统所具有的开放性、渗透性使其能够与各类建筑以及城市发展紧密融合，从而形成一种相互交织、相互嵌入、相互支撑的"生态"。

与此同时，我们也应看到"工程生态"系统有别于传统的工程系统。传统工程系统视角认为工程是规划出来的，具有确定性；而从工程生态视角来看，工程不仅是规划的结果，也是随机演化的产物，即交通网络的扩展既有确定性又有随机性。众所周知，古时的道路是不断演化、随机形成的。正如鲁迅所说，"其实地上本没有路，走的人多了，也便成了路。"② 即使在近代，虽然道路由政府规划从而有其确定性，但由于路网是开放的，一些道路（如农村公路）可随时接入，其随机性与自然生态十分相像。

2 "工程生态"视角中的交通工程是自主性和建构性的统一、自组织和他组织的统一

自然界生物具有"生命自主性"，其生长与繁衍是"自组织"的。而在人工世界，除了"他组织"外，有的工程也呈现为"自组织"形态。立足于"工程生态"思维，利用隐喻和类比，可以更容易理解交通运输近年出现的各种平台和新业态。

众所周知，我国公路货运集约化程度低，运输企业平均只有几辆卡车。如何将分散的个体组织起来发挥更高效率，在信息时代的今天已经不是大问题。近年来，大量涌现的运输网络服务平台（例

---

① 张妍. 产业生态学［M］. 北京：化学工业出版社，2023.

② 鲁迅. 故乡［M］. 北京：中央编译出版社，2021.

如"满帮集团"①）与货主、厂商、承运商建立信息沟通及合作机制，通过整合资源解决"车找货"和"货找车"难题，使卡车缩短了等货时间，增加了有效行驶里程。客运也是如此，目前很多网约车平台公司（例如"滴滴打车"）并无自有车辆，却调度了大量私人客车，将消费者出行需求与"网约车"的供给精准对接，使得运输资源得到有效利用。运输网络服务平台是按市场机制自发产生的，不具有强制性。车主可以自主进入、退出、重新进入，平台自身也会随着业务的增减扩张或萎缩。这类似于自然界生物种群与生命个体的关系。"货运平台""网约车平台"与其服务对象的合作、互动不是随意的，要服从相关法律和政府的管理，从而体现了自主性和建构性的统一、自组织和他组织的统一。

最近几年，各种运输服务平台得以迅速发展，整合了大量运输企业。截至 2023 年末，全国共有网络货运企业 3069 家，吸纳货运车辆 798.9 万辆、驾驶员 647.6 万人，全年完成运单量 1.3 亿单、运费交易额 3799.4 亿元。在客运领域，全国取得许可的网约车平台公司 337 家、驾驶员 657 万人、车辆 279.2 万辆，覆盖全国 325 个地级以上城市。410 余个城市投放互联网租赁自行车 1228 余万辆，注册用户数超过 6.3 亿人。网络平台已经成为道路运输经营的重要载体。

③ "工程生态"视角中的交通工程是多网融合的立体网络，涌现了前所未有的新功能

自然界各种植物、动物具有多样性，彼此之间存在十分复杂的网络链接特征。与此类似，工程也从个体走向群体，从线性关联走向网络关联。在互联网和人工智能技术快速发展的今天，交通系统越来越复杂，众多点、链、网相互交织，汇集了车流、人流、货流，具有立体网络特征。交通立体网络打破了传统的时空限制，实现了跨界融合，广覆盖，强渗透，深度嵌入了生产建设的各种供应链、产业链。目前，交通基础设施网正在与通信网、能源网、服务网等

---

① 刘辉. 满帮集团副总裁徐强：引领中国数字物流发展得更大更强［N］. 贵阳日报，2021-05-27（9）.

实现融合。这里的交通基础设施网是指道路网、铁路网、水运网、航空网、管道网；通信网是指有线网、无线网、北斗网；能源网是指加油站、充电桩及电网、氢能网；服务网是指用于导航、安全保障、事故救援、信息服务的网络。

交通网络与信息网络的交织融合创造了许多前所未有的新服务。① 例如，共享单车利用物联网技术、GPS 定位和移动支付，迅猛普及全国，取代"有桩"单车，成为一种广受欢迎的新型服务模式。

智慧公路是另一个突出案例。② 智慧公路应用大数据、云计算、物联网、人工智能等技术，具有实时感知、泛在互联、智能协同、分析决策等功能，并能提供准确的实时路况信息，根据用户的出行需求和偏好，提供个性化的导航和出行建议。与此同时，网络化、信息化还支撑了公路规划、建设、运营、服务的智慧化，提高了道路的通过能力和安全水平，助力服务需求的精准匹配。在不远的将来，还可通过"聪明的车、智慧的路、协同的云"三者融合，实现车路云一体化，做到车车网联、车路协同以及无人驾驶。

目前，即使不是"智慧公路"，许多高速公路也可通过卫星导航、大数据分析、互联网等技术对车流进行协调优化，实现从"粗放管理"向"精准可控"转变、从"局部平衡"向"全局最优"转变，缓解道路拥堵，提升通行效率和乘客的幸福感。很多道路借助货物运输与信息技术的结合，实现了运输途中的货物追踪，也支撑了药品和食品的冷链运输。大多数城市通过数字化、网络化治理，减少了交通事故，增强了应急处置能力，同时较好地缓解了停车位资源瓶颈问题③；智能、多样、便捷的交通改变了传统生活生产模式，门到门、个性化服务使人们享受出行的快乐。如此可以说，网络是一种"神器"，它可以打开科技和产业发展的新局面。

---

① 喻晓马，程宇宁，喻卫东.互联网生态：重构商业规则［M］.北京：中国人民大学出版社，2016.

② 参考交通运输部 2023 年印发的《关于推进公路数字化转型 加快智慧公路建设发展的意见》。

③ 陆化普，刘若阳，张永波，等.基于 TOD 模式的城市空间结构优化研究［J］.中国工程科学，2022，24（6）：137-145.

4 "工程生态"视角中的交通工程活动具有竞争、合作、共生共存关系

在自然界，物种内和物种间不仅存在各种形式的竞争，还存在捕食、寄生、共生的合作。与此类似，铁路、公路、水运、航空乃至管道等各种交通运输方式之间既有竞争又有共生共存的关系。例如，青藏铁路开通之前有人预测，由于火车的竞争，进藏的民航旅客将会减少，但结果并非如此，竟然出现了铁路开通后民航与铁路客运量均呈上升态势的现象。① 原因何在呢？因为旅游者进藏乘火车、离开坐飞机，或者相反，铁路与航空呈现互补合作关系。

在货运领域，我国的公路、铁路、水运、航空等多种运输方式一方面相互争夺市场份额，另一方面发挥各自优势，开展公铁联运、水铁联运等多种联运方式，尤其是在集装箱运输领域，合作成效十分突出。在客运领域，为了优化旅客联运服务，目前正在开展多种运输方式联程运输"一票制"试点工作，并已取得积极效果。应该指出的是，"信息互联"在推动多式联运发展过程中发挥了重要作用。

5 "工程生态"视角中的交通工程具有不断演化、要素互动的特征

生物的演化常常是从简单到复杂、从低级到高级的。交通发展与此十分相像。道路从羊肠小道发展为大道、高速公路、高速铁路等。交通工具从人力、畜力到机械动力不断进化。近年来，交通新技术如电动汽车、磁悬浮列车不断涌现，行驶速度和舒适程度都有很大提升。

类似于自然界生命个体之间、个体与群体之间的互动关系，交通工程中车与路两要素之间，通过信息交流互动，可以提高运输能力和质量。车、路两要素互动的优势不仅表现在运营上，在建设上

---

① 中国民用航空网. 青藏铁路与通藏民航运输齐头并进　实现共赢［EB/OL］.（2006-08-18）［2025-03-15］.

也是如此。例如，"车路协同"模式除了要求汽车本身是智能的，还要求提高道路数字化水平，因而要增加投资。然而，由于智能汽车控制精度远高于人的操作，车辆前后距离将缩短，车流密度将增加；车辆横向间隙会缩减，车道宽度可减小。这就是说，在"车路协同"条件下，即使不谈运输能力的提升，起码可降低对道路宽度的要求，从而节约投资。

6　"工程生态"视角中的交通网络越多元，越具韧性

在一个生物圈内，彼此关联的物种越丰富，生态系统结构和功能越完整，抵抗灾害的稳定性就越高。反之，生态系统的多样性越低，越容易崩溃。对于交通系统，运输方式越多元化、多样化，网络交织越紧密，则抗风险能力也越强。这既是交通生态韧性的表现，也是"网络效应"的优势。例如，我国东部地区交通网络比较发达，当某条道路封闭时，公众还可选择其他道路到达目的地；当一种运输方式停摆，如飞机航班取消时，公众还可以选择铁路或高速公路等运输方式。

7　"工程生态"视角中的交通枢纽占有重要生态位

生态位是指生物体在自然环境中所占有的资源和所发挥的功能。在工程生态中定位工程，每个工程总是有自己的生态位。在交通网络中，与一般道路相比，交通节点的地位更为重要，特别是已经形成客货流集散中心的交通枢纽，占有更为重要的生态位。

以最简单的地区性枢纽为例，由于它是交通运输的汇集点，所通过的客流量和货流量要大于通向它的每条道路的流量，也就是说，它占有的运输资源更多，功能更为重要。在非正常情况下，如果道路发生堵塞，还可能利用其他平行道路疏解车流；但枢纽一旦出现问题，对相连路网运行的影响要大得多。

8　"工程生态"视角中的交通工程既有透明性又有隐蔽性

对于工程活动，以往强调其"透明性"。可是在工程生态论视

野中，尚需关注其"隐蔽性"。例如，许多城市虽然对交通拥堵问题进行了多年研究，但是效果并不明显，关键在于未能弄清其内在规律。又如，对于几十千米的长大隧道，其复杂而隐蔽的地质情况很难在勘测时完全掌握，这给掘进施工带来很大困难，甚至可能导致突水、瓦斯、岩爆等"意外"情况，对施工进度、安全和质量构成严重威胁。

第三节   "交通工程生态"的层次性

自然界生命体结构是有层次的，既有"从下到上"的层次（生物个体→种群→群落→生态系统），又有"反向"的"从上到下"的层次。工程生态也大体如此。对"交通生态"而言，可分为微观、中观、宏观三个层次进行分析。

1 关于交通微观层面的认识

就哲学意义而言，交通工程项目与一般工程项目没有本质区别。而对于一般工程项目，在《工程哲学》中已经作了系统分析。不过在现今数字化、网络化、智能化时代，需要对工程项目进行再认识。

1.1　对工程个体的认识

以公路为例，道路、车、车站都是公路工程生态的组成部分，类似于自然界中生命体与种群的关系。道路加上车和车站构成交通网。在万物互联的时代，交通网再与能源网、信息网、服务网融合，不但可随时交换物资，还可交换能量和信息。一辆看起来简单的共享单车的使用是被在线追踪的，其经营公司在获取有关数据后再制定调度计划，以做到供给与需求的匹配。这种单车可称为"网器"，是交通网的组成部分。这就是说，目前情况下对于交通工具已经不宜孤立地开展研究了，必须在生态网络中定位工程、理解工程、驾驭工程。

1.2　对具有"生命"特征的人工智能体的认识

当下，人工智能体越来越多地进入交通领域。例如，有些场合已经使用可躲避碍物的机器人送货上门；一些智能码头用于集装箱运输的 AGV 在船舶与堆场之间来回穿梭行驶；在特定区域和校园里，一些载人巴士也在进行自动驾驶试验。值得重视的是，自动驾驶汽车等人工智能体仍在持续进化，不久后将会实现无人驾驶。此前，我们虽然把工程个体当作类生命体进行研究，但其实工程个体是没有生命的。当今，工程个体成为具有学习、推理和决策等生命特征的人工智能体后，我们又该如何看待它呢？一系列问题等待回答。例如，汽车实现无人驾驶后，驾驶行为的主体由原来的司机转变为汽车自身，出了事故谁负责？是汽车设计者、制造者还是管理者？有时对于车辆的自动驾驶，在判定过错和责任上是很困难的，甚至可能存在车辆、路方、系统方、软件方等主体身上都找不到过错的情景。这就要求人们在工程创新的同时，要加强研究相关伦理、社会、法律问题。

1.3 深化交通工程项目全生命周期研究

立足于工程生态思维，可模仿自然生态将交通基础设施看成有机生命体（类生命体）进行交通工程项目全生命周期研究。在信息技术更为发达的今天，人们应该对全生命周期的理念有新的认识，即在工程项目的设计、建造、运营（维修）以及退役等的各个阶段，不但存在物质的流动，而且存在信息的流动，也就是数据的流动。因此，必须将交通基础设施的空间、功能及形态等物理属性转化为可度量的特征数据，实现交通基础设施数字化。要打造贯通交通工程全生命周期各个环节的数字化平台（例如 BIM+、数字孪生技术），促进实体（物理）基础设施和数字化的基础设施一体化运行，从而提高工程建设与运营质量，降低成本。当前，我国一些公路建设已经基于全寿命周期工程管理理念，通过建立数据采集标准、数据交互传递机制，打通交通工程全生命周期的设计、建造、运营、养护、服务等各个环节，化解了跨阶段、跨业务数据共享难的问题，有效支撑了公路"建管养运服"一体化发展。

实现公路在全生命周期各个阶段信息的贯通性、协调性、整体性、准确性，解决了因孤立地看待和处理工程生命周期的各个阶段而导致的资源浪费、效率低下等问题。

2 中观层面的若干问题

工程的中观类似于自然界的生物群落。生物群落是指在一定时间和空间范围内，由各种生物种群组成的集合体。对于工程生态而言，所谓中观，其范围和对象包括两个"方向"的"中观"——"纵向条条"的"各个行业"的"中观"和"横向块块"的"区域"（行政性的"省域"以及"经济区"等）的"中观"。中观层面的问题不仅包括上述"两个中观"对象自身的问题，而且包括"行业"和"地域"的互动问题，这就使所谓中观层面的问题变得复杂多样起来。以下仅有选择地分析几个问题。

2.1　交通行业内部的关联

人类每年都要修路，每条路都是一项工程。然而每条路都不是孤立的，都必须与既有的路网连接起来，以构成更大的交通网络。公路是这样，铁路、水运、航空也都是如此。不但各种运输方式自身要连接，而且不同运输方式也要相互衔接，以支撑"人便其行，货畅其流"。当然，各种运输方式内部也有基础设施与移动装备相互配合的问题。从这个角度看，交通生态本身就是十分复杂的。

2.2　工程与地域的联动

恰如生物与所在地域的适应和互动关系，交通工程一旦与地方经济社会融合，就会与周边产生协同效应，创造一种新的工程生态。例如，上海虹桥高铁站的建设适应了上海市的发展，优化了虹桥地区的布局，带动了周边地区房地产开发和服务业集聚。不过，交通与地域联动，效应不一定都是正向的。高铁可以促进一二线城市的繁荣，但也可能因虹吸效应导致部分三四线城市人口外流、服务业衰退。又如高速公路服务区与周边乡村已经产生密切关联。高速公路服务区本来是为客货运输服务的节点，然而其与所在乡村的经济与环境难以分开。有的省市正在打造开放式服务区生态体系，扩展功能，助力交旅融合，推动乡村振兴，取得了积极效果。[①]　与此同

---

① 参考交通运输部 2023 年印发的《关于推进公路数字化转型　加快智慧公路建设发展的意见》。

时，乡村振兴也给公路服务区增加了活力，添加摊位，销售当地有特色的产品和服务，带动就业。

2.3 网络时代交通工程的跨界融合

近年随着物联网的普及，有些工程突破原有分类，实行跨界组合。例如，电动汽车的迅速增长以及充电桩的大量设置，促进了电动汽车电池与电网的融合，并催生出新的能源储存工程。电动汽车既可以从电网充电，也可以将其电池储存的电能输回电网，使处于闲置状态的电动汽车电池用于电网调峰。[①] 如此，公路上的电动汽车（含路边光伏发电）被称为虚拟电厂。交通与旅游的相互融合也是典型案例。交通激活了旅游发展，旅游促进了交通转型。交通网络与周边景区联通，打造了精美的旅游路线，提升了旅游服务的连接性、可达性和机动性。反过来，旅游业的发展也促进连接景区的交通线路转变为多元的旅游景观。通过交通网络与旅游资源的跨界融合，形成了新生态：交通+农业=观光农业；邮轮+旅游=邮轮经济；铁路+景观=景观铁路。

2.4 交通与工业的新型交互关联

目前，铁路、公路、水运、航空等运输方式的发展与制造、通信、信息、能源、新材料及服务等产业的关联越来越密切。例如，道路交通数字化将带动智能汽车、智能装备制造以及信息技术的应用，形成包括通信芯片、终端设备、激光雷达、高精地图、测试认证、安全服务、应用运营的产业链条。同时跟随着新技术，许多新的企业也正在进入交通领域，如造车新势力（它们把自己定位于 IT企业，而不是传统的汽车公司）、新一代信息与新能源科技公司，拉动了上万亿元的产值。

3 宏观层面的若干问题

我们知道，生态系统是一个生物群落与其周边环境组成部分相互作用形成的系统。与此相似，交通工程生态也与周边的宏观环境

---

① 蒋玮，单沫文，邓一帆，等.虚拟电厂聚合电动汽车参与碳市场的优化调度策略[J].电力工程技术，2023，42（4）：13–22.

呈现互动关系。

3.1 交通工程与国家城市布局的关系

在自然界，水是生命之源。流水不断汇集成为江河，而江河流经之处动植物生机盎然，反之，缺少河流的沙漠就寸草不生。与此类似，交通运输对于人类社会和国家而言，就像江河输送生命之水一样，其作用和影响不言而喻。

在人类社会，交通可以重塑世界或一个国家的经济时空形态。古代城市的诞生和发展要么靠水路，要么靠道路。我国自从引进铁路后，城市布局发生了很大变化。众所周知，哈尔滨市是火车拉来的城市；长春市由于交通便利，将原来的省会——吉林市取而代之，成为吉林省的省会；河南省情况很相似，也是由于交通原因，省会从开封市迁至郑州市。可见交通的重要价值。

3.2 交通工程建设与国家"大气候"的关系

在自然界，光照、温度、雨水等生态因子是生物生长发育的关键因素。与此类似，工程建设的顺利开展必须有外界环境相关条件的保障。

交通建设与国家关系密切，除了发展战略、规划均由国家制定外，一些重大工程有时也得由国家决策。典型案例是晚清时期（1896 年前后）的北京至天津铁路建设，由于朝廷保守派的反对未能获批，理由是铁路建设将会"失我险阻、毁我田庐、坏我风水"。又如，我国东北为什么最先修的是"中东铁路"？因为受沙俄所逼。沙俄为了缩短莫斯科与远东出海口——海参崴的距离，为了联通其所控制的旅顺港，逼迫清政府出让筑路权，修建了长约 2500 千米的"中东铁路"。这就是说，修建什么铁路取决于当时的政治生态。

还有一个案例是青藏铁路建设。青藏铁路一期工程（814 千米的西宁至格尔木段）于 1958 年启动建设，1960 年因经济困难停工，1974 年再次复工，1984 年投入运营。其后，本应紧接着建设的青藏铁路格尔木至拉萨段，却没有延续，原因是高原病防治、冻土区段筑路、生态保护等问题未能解决。直到 21 世纪初，我国国力显著增强，有关技术已经掌握，中央才下决心继续修建进藏铁路，最终在 2006 年建成。几上几下的青藏铁路建设历程印证了重大交通工程需要国家财力和技术能力的支撑。

3.3 交通工程与经济的关系

自然界中,生物间通过生态链彼此依存,形成互哺的循环系统。与此类似,交通工程与上下游产业链也彼此相互促进、协同发展。"要致富先修路"是落后地区发展经济的必然举措。路通了,人员和货物流通起来,经济就能发展。到了一定阶段后,上下游产业还可以反哺交通的发展。例如,西部地区高速公路修建成本高,仅仅通过收取通行费,财务上是亏损的。不过,可以通过发展路衍经济和国家财政补贴,弥补高速公路运营亏损。

宏观经济周期涨落也会对交通投资建设产生影响。当经济不景气时,有时会通过加大交通基础设施投资为稳增长作贡献,例如为了应对 1998 年东南亚金融危机、2007 年美国次贷危机的不利影响,我国中央政府加大了包括公路、高铁的投资建设以拉动经济增长,收到了明显效果。此外,交通建设与国家财政密切相关,当房地产经济进入低谷、"土地财政"难以为继时,反过来会抑制交通基础设施的融资能力,特别是与土地财政密切相关的城市交通建设会受到影响。

3.4 交通与国家政策、法规、标准的关系

改革开放后,国家为支持交通发展出台了许多政策,铁路、公路、水运、航空、管道五种运输方式都得以迅速发展。而近十多年来,国家通过对电动汽车实行免征车辆购置税、扩大充电基础设施建设等重要举措,有力地支撑了新能源汽车的迅猛发展,使其成功实现了"换道超车",逆袭出口欧洲。

推广交通新技术也与政策法规有关。目前一些新交通模式、新业态的涌现所引发的问题触及了既有法律法规,例如汽车无人驾驶遇到一系列法律问题。为此,需倒逼既有《中华人民共和国公路法》增加车路协同自动驾驶内容,修订《中华人民共和国道路交通安全法》,调整对机动车驾驶人和交通事故处理的相关规定。

同样,制定国家技术标准对交通运输的发展十分重要。在历史上,由于缺少标准的指导,有的国家铁路有三种轨距,彼此无法互联互通,严重影响了运输效率和成本;有的国家由于集装箱有多种

规格（铁路、海运不同），给组织多式联运带来困难。

4   交通生态三个层次（微观、中观、宏观）的互动关系

正如生命体结构层次个体、种群、群落、生态系统之间相互影响，交通工程生态的宏观、中观、微观三个层次也是相互关联、相互贯通、相互作用的。事实表明，微观工程项目是中观、宏观的基础，缺少项目和企业的支撑及微观运行的信息，中观运作和宏观调控都将成为空中楼阁。中观运作与宏观调控对于微观项目的立项、建造和运行又十分重要，例如地铁、新能源汽车的发展（包括充电桩的布局）等都是如此。对于交通建设宏观"大气候"的重要作用，家喻户晓，国家规划直接决定了重大工程项目建设的规模和时间。当然，财政和金融政策也影响交通的发展，例如我国"贷款修路，收费还贷"① 政策的出台大大调动了地方与相关企业的积极性。反之，微观层次的变化也必然反映到中观和宏观决策层面。运输新技术、新业态的涌现（如新能源汽车、网约车平台）需要修改国家和地方相关的政策、规划和标准等。

应该强调，在互联网时代，交通工程生态三个层次联系得更加紧密。关键在于有了互联网，可及时将大数据传输到有关企业和各级政府。例如春节期间，有关道路运行实况的信息，一些重要省市出现的突发情况（例如事故、暴雪、拥堵），通过互联网、大数据，尽在国家和地方主管部门掌握之中，并能立即作出研判并制定应对措施。

综上所述，工程生态中微观、中观、宏观三个层次之间存在着相互联系、相互影响和相互作用。工程的宏观和中观层次离不开微观层次的支撑，而工程的微观层次需要宏观的指导。中观层次有时在微观与宏观之间发挥桥梁作用。在互联网无所不在的今天，工程的三个层次的联系会更加紧密。

5   交通工程生态研究中不可忽视的问题

工程活动的行为主体是人，当然交通工程生态也离不开人。然

① 交通运输部网站. 兼顾公平与效率 推动可持续发展 聚焦《收费公路管理条例》修订 [EB/OL]. （2015-07-22）［2025-03-15］.

而，有些"智能工程体"（机器人）已经开始具备一些人的功能。因此，今后一方面要加强对人的关注，另一方面也应重视对机器人的研究。

5.1 注重跨界人才培养

实现我国交通高质量发展的关键在于人，在科技快速发展的今天，要特别关注高素质人才的培养。我国交通技术人才培养主要靠大学，而目前我国大学设置的学科过多、过细，宽度不够，忽视了交通工程与社会各要素之间的普遍联系。近年来，随着新技术的涌现，网络的互联、数字的渗透、人工智能的兴起，跨界工程的链接与融合已经成为不可阻挡的潮流。在这个潮流中，每个工程个体都可看作互联网生态系统中的一个"节点"。如果就"节点"论"节点"，不与其所在的生态系统联系起来，就会"只见树木，不见森林"，致使人的视野受到很大约束。因此，教育方式、人才结构都需要改变。大学需要穿越边界与企业、社会融合，以形成生态化发展的态势。同样，交通领域高素质人才必须优化知识图谱，使自己成为具有"图钉型"知识结构的工程师。高素质人才既要精通本专业，也要熟悉邻近专业，对距离较远的相关学科也要有所了解。这是因为相较于分工过细的"大头针"式知识结构，"图钉型"知识结构由于具有"后座"，不但便于"发力"，而且可将力量集中到钉尖上，有助于开展更加深入的研究。[①] 此外，有些专家还认为，未来的人才不但要具有高智商，还要具有高情商和批判性思维，以适应迅速变化的世界。

5.2 强化交通工程中人机协同的研究

人是工程的主导因素，在人工智能技术迅速推广的形势下（机器人将替代一部分人的工作岗位），我们应深入思考两个关键问题：如何正确认识机器人的角色？如何继续发挥好人的主导作用？特别是在人机协同、人机交互中，处理好人与交通装备的关系已成为亟待深入研究的课题。

---

① 孙章.科学研究呼唤跨学科人才［C］//上海市科学学研究会成立40周年纪念文集.上海：上海市科学学研究会，2020.

目前，机器人被视为工程客体，因为它们是人为设计、制造和编程的产物。在这种情况下，机器人作为技术对象，是人类认识和改造世界的工具之一。然而，随着人工智能技术的不断发展，机器人逐渐具备了一些人类的智能特征（如自主学习、判识、决策等），表现出自主性和能动性，从而模糊了工程主体与客体的界限。人工智能的发展正从传统的"感知理解世界"走向"生成创造世界"，从"专用领域"走向"通用领域"，从可替代"机械化重复工作"走向"创造性脑力活动"。例如，在交通领域无人驾驶的汽车将会挑战人类（驾驶员）的主体地位。这意味着，越来越多的挑战要求我们必须深入研究人机协同机制及其衍生的新型伦理问题。

综上所述，本章基于工程生态理论，运用工程生态思维方式对交通进行了再认识，形成了新的见解，即交通是多元异质要素构成的开放系统，是多网融合的立体网络，具有竞争、合作、不断演化等特征。此外，本章还就交通生态的宏观、中观、微观三个层次及其相互关系的一些问题进行了分析。

值得注意的是，虽然我们可向自然学习，利用隐喻方法研究现实的工程，但是自然生态系统与交通生态系统是有根本区别的。在本质上，自然生态系统是"自然过程"，而交通生态系统是人的能动性发挥作用的过程。自然生态系统中"稳定"性更为明显，而交通生态系统中"创新"性更为突出。交通工程生态的变异和演化速度远超自然生态。因而，在交通工程生态系统中，我们必须更加重视和强调"工程创新"的"基因突变"与"新物种形成机制和过程"，更加重视"从技术突变到工程化再到产业化"的机制和过程。

第十二章

工程生态视野中的能源互联网

虽然"网络"现象在人类社会中早已出现，例如一些文明古国修建了道路网，但直到进入现代社会后，网络的多种表现形式和功能才越来越显现出来。在第二次工业革命中，电力网异军突起，逐渐成为经济发展的重要基础设施。在20世纪的信息技术革命中，互联网的崛起万众瞩目，深刻影响了社会生活的各个方面。如今，能源互联网又成了生产力发展过程中的新现象，本章就立足工程生态论对这一现象进行专题讨论。

能源互联网是新一代革命性的能源网络系统，是能源系统与互联网深度融合的产物。[①] 能源互联网的核心功能在于最大限度地开发和利用可再生能源，提高能源利用效率和劳动生产率，为用户提供优质服务，为建立绿色低碳、安全高效和开放共享的能源生态提供有力支撑。[②]

目前，我国可再生能源发展呈现出强劲增长势头。一是装机规模持续扩大。截至2024年6月底，全国可再生能源发电装机容量达16.53亿千瓦，同比增长25%，约占我国发电总装机容量的53.8%。二是发电量稳步增长。2024年上半年，全国可再生能源发电量达1.56万亿千瓦时，同比增长22%，约占总发电量的35.1%。其中，风力发电量为5088亿千瓦时，同比增长10%；太阳能发电量为3914亿千瓦时，同比增长47%。[③] 三是技术创新与模式创新凸显。

① 王永真，张宁，关永刚，等.当前能源互联网与智能电网研究选题的继承与拓展[J].电力系统自动化，2020，44（4）：1-7.

② 徐双庆，张哲，张绚.我国能源互联网产业发展形态与路径分析研究[J].中国工程科学，2024，26（3）：164-175.

③ 国家能源局.国家能源局2024年三季度新闻发布会文字实录[EB/OL].（2024-07-31）[2025-03-15].

一系列关键技术实现突破，如光伏电池转换效率不断提高，成本不断下降，为大规模应用提供了有力支撑。大型风光基地、水风光一体化、光伏治沙、"农业＋光伏"、可再生能源制氢等新模式和新业态不断涌现，推动了可再生能源产业的多元化发展。四是国际影响力提升。我国可再生能源的发展不仅为中国式现代化建设提供了能源保障，还为全球可再生能源发展、绿色低碳转型贡献了中国智慧，提供了中国产品。近年来，我国新增装机容量占全球可再生能源新增装机容量的比例不断提升，处于遥遥领先的地位。如何更好地建设我国的能源生态，如何发展好能源互联网，这需要从工程哲学视角进行深入研究。本章将基于工程生态理论对能源互联网进行新分析和再认识。

第一节　从传统能源网到能源互联网的演变

1 对传统能源系统的基本分析

　　传统能源包括一次能源（如煤炭、石油和天然气等化石燃料）和二次能源（如电、热）。传统能源系统涵盖能源的生产、传输、储存和利用等环节。其中，生产环节包括能源的开采与转化过程；传输环节则涉及铁路、水运、输油管道、输气管道、电网、热网等多种方式。同样，储存和利用方式也呈现出多样化的特点（图12-1-1）。

　　传统能源的特点是能量密度高，技术相对成熟，具有较高的稳定性和可靠性。然而，传统能源中化石能源的使用往往造成环境问题，如温室气体排放、空气污染和水污染。此外，化石燃料资源是有限的，大量开采与利用加速了资源的枯竭，具有不可持续的特点。再者，传统能源的储量分布不均，不同国家禀赋差异大。[①] 以我国为例，煤炭资源丰富，而石油与天然气则相对匮乏，导致石油和天然气高度依赖进口，这对国家的能源安全构成了严峻挑战。

　　传统能源系统还具有集中式、单向性的特点，主要依赖煤矿、

---

① 刘振亚. 全球能源互联网 [M]. 北京：中国电力出版社，2015.

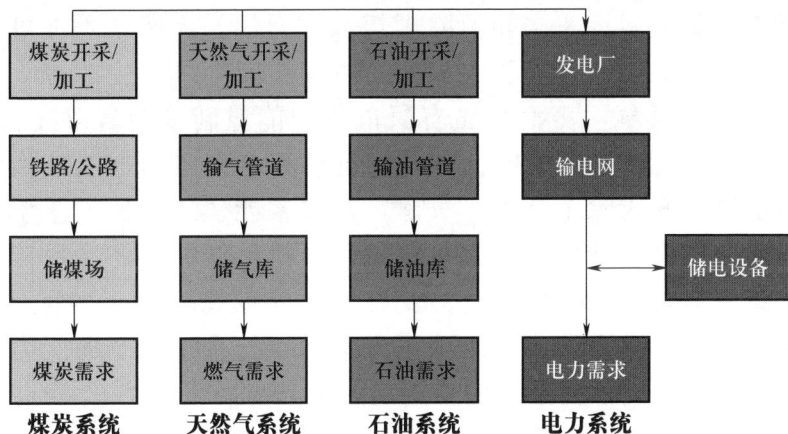

图 12-1-1 传统能源系统示意

油气田或者大型电厂等生产单元进行集中生产，这些生产单元通常位于远离负荷中心的地方，需要借助传输网络将能源输送到消费者处，能量流动呈现单向性；一旦发生故障，可能会导致大面积的能源供应中断。在传统能源系统中，消费者通常处于被动接收状态，没有能力直接参与运营和管理。

此外，传统能源系统（煤炭系统、石油系统、天然气系统、电力系统等）各成体系，彼此独立，相对割裂，往往难以实现优势互补，综合能效相对较低。

2 立足工程生态论对能源互联网的新认识

在自然生态系统中，不同生物物种通过食物链和信息传递链构成了错综复杂的网络。同时，这些生物还与非生物环境（如水、土壤、气候等）进行交互，进一步拓展了这一网络的广度。[1] 与此类似，也可把能源系统看作一个点、链、网高度关联和相互依存的能源网络，其中包括各类能源的生产、传输、储存和消费等多个环节。生产者、消费者及其与周边其他工程和环境的关系，类似于自然生态中生物个体、种群、群落、生态系统彼此之间的关系。

不同于传统的能源系统，能源互联网这一"生态系统"的"物

---

① 张妍. 产业生态学 [M]. 北京：化学工业出版社，2023.

种”种类更为繁多。一次能源除了煤炭、石油、天然气等不可再生能源，还包括水能、风能、太阳能、生物质能等可再生能源。二次能源除了电、煤气、蒸汽，还有氢能等。能量转换装置除了煤电、燃气发电机组，还有光伏板、风力发电机和电力电子电能变换装置等。能量储存方式除了油库、气库、抽水蓄能，还增加了新型电力储能，比如电化学储能、压缩空气储能、机械储能等。能量传输在传统的集中单向输送的基础上，发展出了分布式电源、微电网和分布式能源站等多样化形式。能源用户主动参与系统调节的能力和意愿都显著提升，交互关系也变得更加灵活和多元化。[①]

有别于传统的能源系统，能源互联网是按照互联网理念构建的新型能量和信息双向互动的交换与共享网络，利用先进的电力、信息和能源管理技术，以大电网为依托，以大量微电网、分布式能源站作为辅助和补充，在对等、开放的信息能源一体化架构中，最大限度地接纳可再生能源，将集中式的单向电网转变成与众多不同类型消费者互动的开放型智能网络（图12-1-2）。[②]

与传统能源系统相比，能源互联网作为一个高度信息化、智能化的能源系统，具有信息技术与能源系统深度融合的特点。其中，人工智能针对具有间歇性和波动性的可再生能源，提供实时的能源供需信息处理能力，使得能源供需管理变得更加精准和灵活多变。[③]智能化的电力分配和控制系统，能够根据不同用户的电力需求和优先级，自动分配和调整电力资源，从而实现电力资源利用的最大化。同时，能源互联网还可以实时监测电力系统的运行状态，及时发现并解决潜在的电力故障和安全隐患。

人工智能对能源互联网的支撑不仅体现在提高能源利用效率，还包括通过智能化技术提高能源供应的稳定性。智能调控和优化算法有助于提高能源转化效率，减少能源消耗和环境污染，助力实现“双碳”目标。[④]与此同时，特别应该强调的是，随着人工智能新技

[①]　舒印彪，陈国平，贺静波，等. 构建以新能源为主体的新型电力系统框架研究[J]. 中国工程科学，2021，23（6）：61-69.

[②]　晓枫哥. 能源互联网，五年[J]. 区域治理，2019（20）：65-70.

[③]　姜兆宇，贾庆山，管晓宏. 多时空尺度的风力发电预测方法综述[J]. 自动化学报，2019，45（1）：51-71.

[④]　孙宏斌，等. 能源互联网[M]. 北京：科学出版社，2020.

信息系统

传感、通信、控制

大数据　云计算　人工智能　……

物理系统

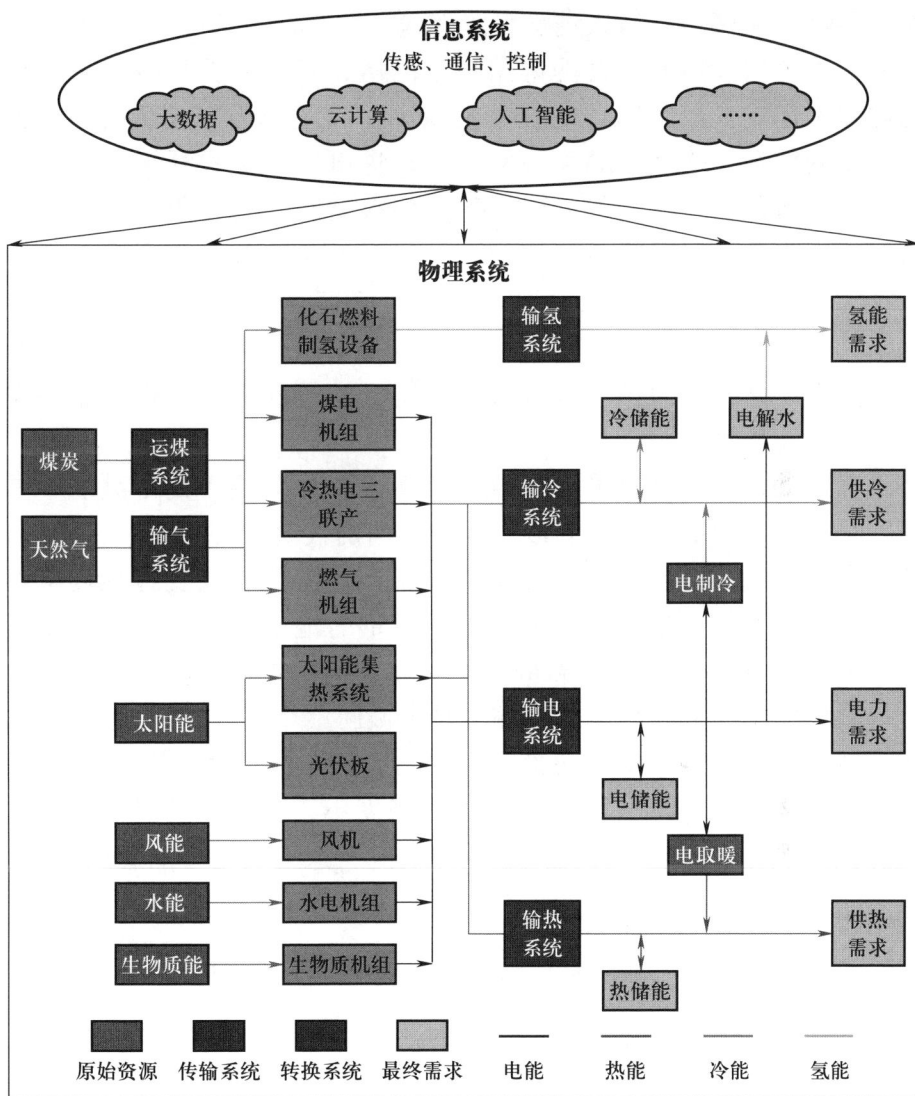

图 12-1-2　新型能源互联网示意（彩图请扫二维码）

术的普及，能源互联网的进化加快了步伐。智能巡检、智慧监管不仅提高了生产效率，更在减少人为失误方面发挥着至关重要的作用。例如，国家电力投资集团有限公司广西公司的垴坪风电场，正在逐步配备无人巡检机器、在线监测系统、红外热成像视频监控系统、智能运维单兵、自动监测报警器等，以提升运行安全性。一线工人可以在市区的生产运营中心通过数字系统远程作业。恶劣天气下，可以借助无人机与机器人辅助人工巡检。①

随着电网、热网、气网等用户量激增，海量数据使得精确预测变得愈发困难，而人工智能技术为能源互联网中的多元负荷预测提供了新的手段，通过借助物联网技术改进电网的监控质量，有效克服了传统方法存在的局限性。例如，国家电网有限公司华北分部构建了具有自主学习功能的预测模型，结合气象环境数据，强化了分析能力。在 2024 年迎峰度夏期间，最大负荷预测准确率均值同比提高 1.2 个百分点，准确率最高达 99% 以上。据此优化了电力生产和输送计划，避免电力供不应求或电力闲置的情况出现，提高了能源互联网运行质量。②

虽然能源互联网具有上述优势，但也存在一些不足之处。一是风、光能源出力的随机性和波动性给电网的接纳与调度带来了困难，不仅需要技术创新和政策优化加以解决，还需要加强支撑性调节性电源建设，这往往给一些集中式能源不足的地区带来挑战。二是信息（数据）系统也带来了新的安全问题，网络攻击、黑客入侵等可能导致能源系统紊乱、不受控制，最终威胁整个能源互联网的安全，因此亟待开发和应用信息防护技术。三是经济合理性问题。尽管风、光等新能源发电边际成本低，但能量密度小、利用时长有限，加之高比例新能源发电并网需要配置储能装置，这无疑会增加总成本。

第二节   能源互联网的基本性质和特征

1 能源互联网具有多样性、包容性

类似于自然界的生物群落，能源互联网具有多样性、包容性，是由多样异质要素、异质成员构成的具有广义生态特性的系统。换句话说，能源互联网中存在着多样化的能源类型、技术以及各种参

---

① 国家电投集团广西公司. 向"新"而行，赋能绿色发展 [N]. 人民日报，2024-07-16 (11).

② 北极星智能电网在线. 国家电网 AI 调度员上岗　保障电力可靠供应、电网安全稳定 [EB/OL]. (2024-08-20) [2025-03-15].

与方，这些异质成员通过相互协同形成一个具有生态系统特性的整体。不同类型的能源包括化石能源（煤炭、石油、天然气）、核能、可再生能源（太阳能、风能、水能等）等多种异质能源。多样化的技术则包括各种发电、传输、储存、利用，以及系统的智能转换、控制装置等。能源互联网中还包括各种异质的参与方，不仅有传统的大型能源企业，还有小型分布式能源生产商、微网运营商、能源服务企业以及能源消费者等。能源互联网的包容性体现在能够接纳具有分散碎片化、时变随机特征的能源，并通过智能化管理进行聚合和优化配置，实现能源的个性化供应和精准管理，支持多种能源消费模式，满足不同用户（无论是大型工业企业还是普通家庭）的需求。此外，能源互联网还支持接入不同技术的设备和系统等。这种包容性使得新旧能源设施能够和谐共存，逐步实现能源系统的升级和转型。例如，山东胜利油田以前是单一的产油区，后因地制宜，发挥丰富的太阳能优势，建设了 240 个光伏场站，装机规模达 435 兆瓦，年发绿电 5 亿千瓦时，构建了"源网荷储"互动的能源互联网，实现能源生产的多样化。目前，油气生产用电中绿电的占比已经突破23%。为提高电力系统的稳定性，胜利油田还构建了一体化管控平台，均衡管理包括火电在内的各类电源资源，实现多能平衡互济。[1]

江苏同里区域能源互联网示范区也是一个典型的例子。示范区集合光伏、光热、风力、地源热泵、储能等多种能源供应形式，以电能路由器为核心形成了交直流混合能源网络，能够兼容特高压水电大规模输入、风光储清洁能源灵活接入。此外，示范区构建的智能能源服务体系，涉及交通、建筑、综合能源、基础资源运营等多个领域，实现了彼此间的全数字链信息互动。[2]

② 能源互联网具有开放性、适应性、互动性

在自然界，开放的系统通过不断与外界进行物质、能量和信息的交流，动态地适应外部环境的变化。类似地，能源互联网能够不

---

① 侯琳良.一座油田的能源转型探索［N］.人民日报，2024-10-23（8）.

② 张金梦.江苏同里：打造先行先试的新能源小镇"样板"［N］.中国能源报，2021-03-29（25）.

断融入新技术、新设备、新系统和新参与者，迅速响应外部需求变化。不同于传统的电网、管道网、热网各自相对独立封闭发展，能源互联网更强调对外界的开放与融合。

在开放性方面，新型电力系统支持各种设备如分布式能源、储能设备、用能终端等的便捷接入，支持各种新型能源如氢能、生物质能等的加入，支撑各类能源交互转化如电能转化学能、电能转热能，同时还能实现不同类型能源、储能和用户的协同运行。新型电力系统正在成为各类能源网络有机互联的枢纽，所以更具代表性。

在适应性方面，能源互联网中源、网、荷、储各个环节紧密衔接，具有灵活调节能力，外部设备可以凭借标准化的接口和通信协议接入能源互联网，实现"即插即用"。能源互联网中的电源和负荷均可作为可调度资源参与电力供需平衡调控，通过价格机制引导用电行为，汇聚各类柔性、可调节资源应对电力系统调峰。① 例如，深圳未来大厦的新型建筑能源系统，充分体现了能源互联网的开放性和适应性。该大厦的屋顶和立面安装了光伏发电装置，地下配电室安装有电池储能装置，停车场内的充电桩具备对电动汽车双向充放电的功能。系统运用直流配电，将光伏、储能、充电桩、空调和照明等设备连接在一起，不仅使得电能利用效率更高，而且这些设备还能够跟踪直流电压变化自动调整运行状态。此外，空调系统也同样展现出"柔性"特点，可以根据系统整体的供需情况灵活地调整工作状态。②

在互动性方面，随着能源互联网和可再生能源技术的快速发展，能源与负荷的角色互换成为可能。建筑物通过屋顶铺设的光伏设施，不仅能从电网中获得电能，也可以在电力富余时将多余电能回馈给电网，实现了用户与供电者融为一体。类似地，电动汽车本身是一种用电设备，但如果能够有效利用其车载电池，可以形成一个超大规模的分布式储能网络，在闲置时段能够将电能反向销售给电网。③

① 卓振宇，张宁，谢小荣，等.高比例可再生能源电力系统关键技术及发展挑战[J].电力系统自动化，2021，45（9）：171-191.

② 严偲偲.探访"低碳样板"｜未来大厦：一座"能生长、会呼吸"的"垂直森林"[EB/OL].（2024-10-18）［2025-03-15］.

③ 马少超，范英.能源系统低碳转型中的挑战与机遇：车网融合消纳可再生能源[J].管理世界，2022，38（5）：209-220.

正如自然界中某些植物因捕食昆虫而被称为食虫植物，能源互联网中呈现出生产者与消费者同体化现象。还要强调的是，能源互联网不仅是单一能源的源、网、荷、储的纵向互联，更是不同能源之间的横向互联，这使得多种能源之间可以实现协同互补。例如，北京亦庄"碳中和"智慧园区整合分散式风电、分布式光伏、用户侧储能、水蓄冷等多种清洁能源，创新微燃机三联供系统、微电网控制系统、地源热泵技术，攻克风能、光能、地热能的多能互补和用能调控技术，突破了受自然条件影响（光照时间短、风速低等）而导致无法提高可再生能源占比的问题，实现了园区可再生能源消费占比超过50%。[①]

能源互联网的开放性、适应性、互动性，主要得益于数字化、网络化及其智能调节功能。借助负荷预测、储能管理以及用电负荷调度等手段，该体系能有效应对光伏与风力发电大规模接入和出力随机波动所带来的挑战，保证电网运行安全和效率。能源互联网中的发电单元和用户能够进行实时数据交互，通过网络反馈的数据可以使发电单元掌握用户的消费习惯，从而对发电量进行合理调节，达到提升资源利用率的目的。同时，依托实时大数据监控技术，各类可再生能源并网的难题可得以解决，构建集天然气发电、风电、光伏发电、储能等"多位一体"的能源监控平台，实时保障电能质量和电力系统安全稳定运行。

3 能源互联网在时空分布上同时具有集聚性与分散性

在自然界，生物具有集聚性与分散性。集聚性是指一些植物或其他生物定居在一起，形成紧密联系的整体。这种集聚性有助于生物之间的资源共享、信息交流和协同进化。而生物的分散性则是指生物在空间均匀或稀疏地分布，有助于提高生物应对恶劣环境的能力，增加生存机会。

"工程生态"视角下，能源互联网也同时具有集聚性和分散性的特征。能源互联网是集中大电网和分布式"局域网"的有机组合

---

① 牟思南，刘琛闫. 揭秘中国首个可再生能源"碳中和"园区的"智慧基因"|探寻零碳园区/村镇系列报道⑤ [EB/OL]. (2021-08-13) [2025-03-15].

体。一方面，大型发电站通过大电网的高压输电线路将电力传输到远方城市和工业中心，这就是集聚性的体现。大型发电站包括火电机组群、光伏、风电集群等，是生产者的聚集地；城市和工业中心则包括工业用户、居民用户等，是消费者的聚集地。例如，三峡水电站由 34 台水轮发电机组组成，是我国"西电东送"和"南北互供"的骨干电源点，电能通过超高压直流输电线路输送到上海、江苏、广东等电力需求较大的地区。① 另一方面，基于分布式能源构建的微型电力系统（"局域网"）则接近用户，便于在一定区域内实现能源供应与消纳利用效率的最大化，这是分散性的具体体现。毫无疑问，传统的集聚式能源系统需要现代化升级，但目前更应关注的是发展分布式能源。分布式能源有时被称为虚拟电厂，即"实质的电力，无形的电厂"。虚拟电厂实际上是通过数字化、网络化、智能化的能源互联网，把工厂、商场甚至居民家的屋顶光伏、电动汽车等各类分散的能源汇聚起来，统一协调控制而形成的"电厂"。例如，深圳某虚拟电厂管理平台接入了 45 家小型虚拟电厂运营商，涵盖建筑楼宇空调、新能源汽车、5G 基站等 9 类共计 3 万多个分布式资源，接入规模超过 265 万千瓦，可有效应对尖峰负荷。②

4 能源互联网具有内生力量驱动的进化性

在生态系统中，物种和群落在自然选择的作用下不断演化。类似地，能源互联网的功能也在不断创新、不断进化。例如，国家骨干电网为了提高电力传输效率、降低能源损耗、延长输电距离，不断提高电网电压，从 220 千伏陆续提高至 750 千伏，再提升为特高压 1000 千伏交流或 ±800 千伏直流。③ 又如，光伏、风电等分布式能源面对用户侧多样性场景需求（如各种建筑类型，甚至是朝向和遮挡等），以及风光内在的间歇性和波动性，不断创新技术以满足多样化需求和复杂的生产环境。再如，为了适应农村地区居住建筑的特点，开发了能与屋瓦在外形和功能上相兼容的光伏组件，甚至还有

---

① 郁琼源. 三峡电站投产发电 20 年累计发出清洁电能超 16000 亿千瓦时 [EB/OL]. （2023-07-11）[2025-03-15].

② 邹媛. 深圳虚拟电厂总容量快速增长 [N]. 深圳特区报，2024-09-10（A2）.

③ 瞿剑. 从高压、超高压到特高压输电 [N]. 科技日报，2009-09-17（5）.

多个颜色可供客户选择；设计了专门的幕墙玻璃组件，既能透光又能发电，并且还能依据建筑外观定制成异形。① 随着数字化、网络化的推进，能源互联网正在实现源、网、荷、储的智能化，通过实施智能预测、监测、配置等，改变了过去电网运行主要依赖经验进行决策的传统方式。②

5 能源互联网既有确定性又有不确定性

确定性和不确定性共同塑造了生物世界。确定性主要体现在自然生态的连续性和稳定性上。生态系统中的各个组成部分，如生物种群、环境因子和能量流动，都遵循一定的规律保持相对稳定状态。然而，不确定性也是自然生态中不可忽视的一方面，如气候变化、物种迁移、疾病传播等，这些因素都可能对生态系统的结构功能产生重大影响。这种确定性和不确定性并存的状况，使得自然生态具有高度的复杂性，以适应各种变化和挑战。与此类似，能源互联网的发展也具有确定性和不确定性。就确定性而言，随着全球对可再生能源需求的日益增长，以及环保意识的提高，能源互联网的建设和运营成为必然，尤其是在风能、太阳能应用等领域，其发展前景十分广阔。据此，许多国家都出台了相关支持政策，包括补贴、税收优惠等。同时，能源互联网也面临许多不确定性。以电力系统为例，尽管基于多年形成的技术体系支撑了整个系统的稳定可靠运行，但随着风力和光伏等新能源占比的持续提高，电力供给、需求双侧呈现高度随机性。系统平衡机制由"确定性发电跟踪不确定负荷"转变为"不确定发电与不确定负荷双向匹配"，这对多年来建立的供需平衡理论带来了重大挑战。此外，氢能的应用得到了越来越多的政策支持，这也是确定无疑的。然而，氢能的发展也面临着一些不确定性，如储存和运输成本过高的问题尚未解决，安全水平有待

---

① 创维光伏. 创维光伏全新组件重磅推出，以中国"智"造助力美好生活！［EB/OL］. (2024-04-26)［2025-03-15］.

② 李立涅，蔡泽祥，唐文虎，等. 透明电网理论框架与关键技术［J］. 中国工程科学，2022，24（4）：32-43.

提升，有关氢能的基础设施建设需要大量投入。[①] 这意味着，氢能得到大规模推广的时间表是难以确定的。储能是能够有效应对新能源波动性和间歇性的重要手段。利用储能解决风、光给电力系统带来的安全稳定运行问题，这个方向是明确的。但是，具体采用何种形式的储能，各种储能如何规划配置，受技术发展和产业政策的影响，存在很大的不确定性。例如，现阶段的电力系统主要依靠抽水蓄能，其技术成熟，调控灵活，但站址选择受地理条件限制；电化学储能具有配置安装灵活和能量转换效率高等优点，近些年得到飞速发展，但在经济性和安全性方面对于许多应用场景并不一定适合。尽管电动汽车动力电池可以发挥储能的作用，但要实现规模化应用，还需要妥善解决商业模式等相关问题。未来何种储能会成为主力，或是通过哪几种储能的配合来实现更高的性价比，都仍有待进一步的研究和探索。

⑥ 能源互联网具有平衡性和韧性

自然界的生态平衡性和韧性维护着生态系统的稳定与健康。生态平衡是通过生态系统的自我调节实现的，即需要生态系统内部各要素之间的相互作用和制约，以及生物与环境之间的适应和协调。生态系统的韧性则能使其在遇到环境变化、自然灾害时，减少生态系统崩溃的风险。

在能源互联网系统中，随着海量新能源及各类技术设备的接入，尤其是风电和光伏的随机性、间歇性更加剧了系统运行的波动，导致能源网络稳定性下降。如何使新的复杂的巨型能源系统保持平衡并具有韧性，显得十分重要。

众所周知，传统电力系统的实时平衡依赖出力可控的常规电源，而新型电力系统将以可再生能源发电为主体，因此发电侧调节能力显著下降。不过，随着智能化发展，目前我国电力系统已经能够通过多能互补等方式挖掘系统的调节能力，即以储能为媒介实现发电与用电解耦，塑造全新平衡模式。具体而言，就是开发储存装置，

---

① 许传博，刘建国. 氢储能在我国新型电力系统中的应用价值、挑战及展望［J］. 中国工程科学，2022，24（3）：89-99.

使"发-用"实时平衡变为"发-储-用"平衡，在空间、时间上匹配电力供给与需求。应该说，我国能源互联网已经拥有多种形式的储能装备。抽水蓄能技术相对成熟、储存能量大、单位投资成本低，但其建设周期较长。因此，还应进一步发挥压缩空气储能、飞轮储能、电化学储能、电磁储能等新型储能的优势，使其在平衡调节、增加韧性等方面发挥作用，成为构建能源互联网的重要基础。① 此外，能源互联网也可通过需求响应的方式引导用户侧调节电力需求，如在用电高峰期，适当提高电价或者直接给予经济激励，降低用电负荷，实现供需平衡。与传统能源系统不同，能源互联网能使不同类型的能源实现有机融合、优势互补，从而提高能源供应的可靠性和韧性。

与生物界类似，能源互联网的韧性还表现在自愈能力上，这就要求能够实时监测系统的运行状态。一旦发现故障，便可迅速定位并隔离有问题的部分，同时启动恢复程序。这恰如生物体在受伤后能够迅速感知并进行局部封闭，以防止感染。能源互联网在隔离故障后，可自动调整网络结构，通过备用线路或设备来恢复供能。与此同时，系统的自愈能力还体现在不断学习和优化运行策略上，即通过收集和分析历史数据，识别出潜在的风险并提前采取相应的预防措施。例如，甘肃酒泉某新能源场站根据实时监测情况和最优控制策略，利用装置标准化接口对新能源、储能、可中断负荷、常规机组等资源进行协调控制，可在 200 毫秒内及时应对电网故障，为新型电力系统的故障防御体系建设提供了技术支撑。②

7 能源互联网中不同种类能源的生态位具有变迁性

能源互联网包括众多能源种类，不同种类的能源的生态位是不断变化的。不同种类的能源生态位与所占有的资源有关，包括资本或资金、市场规模、技术或工艺，以及政策扶植、公众支持等。长期以来，在能源系统中，煤炭、石油、天然气等化石能源占据更大

---

① 谢小荣，马宁嘉，刘威，等. 新型电力系统中储能应用功能的综述与展望［J］. 中国电机工程学报，2023，43（1）：158-169.

② 卢媛迪. 坚持创新驱动　支撑新型电力系统建设［N］. 国家电网报，2022-07-13.

的份额，有较高的生态位。不过，我国近年来为推动可再生能源发展并逐步替代化石能源，出台了一系列政策举措，如 2005 年颁布《中华人民共和国可再生能源法》①，其后又发布系列法规、政策，对风电、光伏等可再生能源项目给予前所未有的大力度支持。与此同时，企业、院校、研究机构开展技术创新，解决了系列技术问题，降低了制造、建设和运营成本。在政策利好和技术进步的双重驱动下，目前我国风电和光伏发电来势迅猛，已经成长为我国能源结构中的重要组成部分。截至 2024 年 6 月，风电和光伏发电总装机容量达 11.8 亿千瓦，已超过煤电装机容量（11.7 亿千瓦），占全国电力总装机的 38.44%。若计入水电等其他可再生能源，我国清洁能源发电装机占比已达 58.2%。这样，由于取代煤炭，清洁能源消费比重快速提升至 26.4%，实现了生态位的跃迁。② 展望未来，随着政策的持续支持和技术的不断进步，新能源发电将占据越来越重要的地位，在能源供应中占有更大的市场份额，从而获得更高的生态位。

第三节　立足工程生态看能源互联网的层次结构

在自然生态中，从个体、种群、物种、群落直到自然生态整体的层次性是鲜明的。每一个高级层次群体都由数量众多的低级层次组合而成。与此类似，能源互联网也是有层次的。可从微观-中观-宏观三个尺度（层次）及其相互联系、相互作用加以研究。

1 对能源互联网"微观"层面的认识

任何工程生态均发端于微观。能源互联网的微观层面经常表现为工程个体，例如分布式能源站点（如太阳能、风能、天然气、热能分布式能源站）、能源储存设备（如电池、蓄热装置、储氢装置）、能源转换设备（如电力电子设备）。在一定范围内，可通过局域网将这些工程个体加以连接，实现对能源的优化配置。

---

① 中华人民共和国可再生能源法 ［EB/OL］.（2005-02-28）［2025-03-15］.

② 丁怡婷. 11.8 亿千瓦！我国新能源发电装机规模首超煤电 ［N］. 人民日报，2024-07-24（1）.

从微观层面看，综合能源园区是一个典型的能源管理案例。它以园区为单位，通过建立能源智能微网，集成连接电能、天然气、分布式光伏、地源热泵等，实现供能侧多源互补和用能侧终端一体化，满足绿色低碳、安全高效发展的要求。另一个典型案例是建筑能源微网。当前居民用能系统中，电能、热能、燃气各自独立，缺少关联，而建筑能源微网可将相关用能电气化，实现不同性质的用能互补调剂。随着分布式光伏与建筑的结合，用户将从能源消费者转变为"能源产消者"，不仅可以自发电自用，还能参与市场交易。这样有助于打破能源垄断，促进市场竞争。在具体实践中，能源互联网中的应用场景十分广泛。通过与人工智能相融合，不断推广智慧生产、智慧营销、智慧巡检、智慧管理等技术，将有效改善营商环境和提高生产管理水平。实践证明，良好的微观基础，对于建设坚强的能源互联网是十分重要的。

❷ 对能源互联网"中观"层面的认识

能源互联网中观层面，一方面指能源行业内部的整合，形成产业集群以及与其他行业的关联；另一方面指能源互联网与所在"地域"的关系。

从行业角度看，能源互联网是推动能源系统本身变革的重要力量。通过电力系统（包括分布式能源）、热力系统、燃气系统、氢气系统的相互连接和协同运行，可实现能量互补和信息共享，从而提高整个能源系统的可靠性。能源互联网与其他行业联系也很密切，其生产和运营离不开制造、信息与电子等行业的支持，同时又促进了相关行业的发展。目前全球共有150余家风力发电机组装配厂处于运营状态，其中100余家位于中国，中国企业产能占全球合计产能的60%。得益于上下游的企业聚链成群效应，产品价廉物美。另据PVBL实验室发布的"2023年全球光伏100强品牌榜单"，有90个品牌来自中国，遥遥领先于其他国家。[1]

从地域角度看，发展能源互联网有助于地方经济结构的升级。

---

[1] 匡继雄. 中国"风光"产业 在全球市场风头甚健［N］. 证券时报，2024-03-07（A8）.

新能源产业（如风电、光伏）为地方带来新的经济增长点，吸引资金，提供更多的就业机会。例如，河北省张北县在着力发展风、光等新能源产业，全力打造全国新能源产业示范区核心区的同时，也将新能源产业作为拉动就业的有力抓手，直接或间接带动就业 1 万余人。① 能源互联网的建设也有利于地方能源结构的优化，降低用能成本，提高竞争力。例如，河北省香河县整县屋顶铺设光伏，年光伏发电量达 2070 万千瓦时，创造经济效益 300 余万元。同时，该县的居民可以利用屋顶收取持续、稳定的租金收益，工商企业可以按一定折扣电价使用绿电能，多余电力还可并入电网。② 此外，通过输电工程（如哈密—重庆特高压直流输电工程）建设，可把相关省市紧密地联系起来，实现优势互补。

综上所述，能源互联网的发展，无论对一个行业还是一个区域，都发挥了重要作用。《2024 国家能源互联网发展年度报告》数据显示，能源互联网行业快速发展，相关企业数量从 2022 年的 216626 家增加到 2023 年的 324584 家，其中上市企业 1678 家，总市值达 25.73 万亿元。③ 研究分析表明，能源互联网的发展，不但使我国能源系统开创发展的新局面，支持了地方经济的转型升级，而且催生出特有的工程生态。

❸ 对能源互联网"宏观"层面的认识

能源互联网对我国经济社会的影响是多方面的。一是推动能源结构优化。有助于可再生能源的快速发展，逐步替代化石能源，降低能源对外依存度，提升能源安全水平。二是利于改善环境。对能源生产与消费进行智能化管理，能够最大限度地提高能源利用效率，减少对煤炭等高碳能源的需求，从而减少温室气体排放，助力应对气候变化。三是促进经济增长。随着清洁能源的普及和能源互联网的发展，将形成一个巨大的产业链，为我国经济增长提供新动力。

① 曹晓燕."风光"云服务照亮就业无限"风光"［N］.张家口日报，2023-04-18.
② 新华网. 2023 全国乡村振兴案例征集选编｜河北廊坊：香河整县光伏 助力农村绿色发展［EB/OL］.（2023-10-20）［2025-03-15］.
③ 中国能源新闻网.《2024 国家能源互联网发展年度报告》发布［EB/OL］.（2024-06-29）［2025-03-15］.

新能源汽车、锂电池、光伏产品成为我国出口的"新三样"就是最好的说明。四是影响政府制定发展可再生能源的政策。众所周知，国家为推动可再生能源发展出台了全方位、多层次的法律和政策，涵盖发展规划、技术创新、消纳机制、投资力度和政策监管等多个方面。这些举措的实施有力地推动了我国可再生能源装机规模的扩大和利用水平的提升，为实现"双碳"目标提供了有力的支持。

在国际层面，能源互联网的影响也是深远的。一是为跨国能源传输创造更好条件，促进世界清洁能源的大规模开发和利用，推动全球能源结构转型和经济绿色可持续发展，从而可有效应对气候变化。二是能源互联网对地缘政治产生重大影响。跨国能源运输管道和网络经过不同国家，不但关系其经济发展也可能激化地缘政治风波。例如，2022年9月，俄乌冲突期间，"北溪"天然气管道发生爆炸，导致俄罗斯对欧洲天然气供应大幅减少，引起了能源市场的重大恐慌，加剧了有关国家的政治冲突。[①] 三是能源互联网助推产业革命。正如煤炭和蒸汽机的广泛应用催生了第一次工业革命、石油和内燃机的开发以及电力的普及推动了第二次工业革命一样，近年向可再生能源转型及能源互联网的建设，将支持新的产业革命的兴起。

4 从工程生态视角观察能源互联网中微观、中观、宏观层次结构的联系及其互动关系

在研究工程时，许多人往往仅把工程理解为"微观的项目"（"狭义的工程"），但实践要求我们不应把工程和工程生态局限在微观层次，而应涵盖"微观、中观、宏观"三个层次范围（"广义的工程"）。[②] 如上所述，能源互联网也具有微观、中观和宏观层次，且三者可以相互贯通、相互作用。经验证明，有些重大事件往往是发端于微观，集聚至中观，影响到宏观。

能源互联网的发展也表现出微观、中观和宏观层次的相互贯通、

---

① 央视网.北溪三条管线遭到前所未有的破坏 [EB/OL]. (2022-09-28) [2025-03-15].

② 李伯聪，王楠，傅志寰.工程生态研究：社会与时代的呼唤 [J].工程研究——跨学科视野中的工程，2023，15 (5)：365-377.

相互作用。美国学者里夫金（Jeremy Rifkin）于 2011 年在其所著的《第三次工业革命》① 中预测到可再生能源与互联网的结合将推动第三次工业革命的到来。他认为，第三次工业革命应有五大支柱：其一是向可再生能源转型，其二是将每座建筑转化为微型发电厂，其三是发展储能装置，其四是建立能源互联网，其五是发展新能源汽车。里夫金的杰出之处就在于见微知著，富有想象力，将微观问题（将每座建筑转化为微型发电厂、发展储能装置、发展新能源汽车）、中观问题（向新能源转型、建立能源互联网）、宏观问题（第三次工业革命）紧密联系起来，把能源系统中的微观变化上升到战略问题开展大跨度研究，进而推断出未来的发展趋势。对此，他在书中曾写道，"20 世纪 90 年代中期，我忽然明白通信和能源这种新的结合方式即将出现。互联网和可再生能源将结合起来，为第三次工业革命创造强大的基础""在新时代，数以亿计的人们将在自己家里、办公室里、工厂里生产出自己的绿色能源，并在'能源互联网'上与大家分享，就像现在我们在网上发布、分享消息一样……"仔细分析他的话就可明白，只有将可再生能源与互联网结合起来，建立起新型的能源互联网，才能成为影响世界的"大气候"，取代传统化石能源，推动新的能源革命。多少年过去了，尽管"第三次工业革命"这一说法还未被广泛认可，但里夫金所预测的可再生能源及能源互联网却已在世界范围内呈现出迅猛发展的态势。事实证明里夫金是有远见的，他观察问题的方法无疑是正确的。

综上所述，任何工程（事物）的微观、中观、宏观层面的变化发展都不是孤立存在的，而是相互联系的。因此，要理解微观和中观，就必须把握宏观，反过来也是一样的。在工程生态中，微观、中观、宏观三个层次之间存在着丰富的相互联系、相互影响和相互作用。多年的实践说明，能源的微观变革已经影响到中观经济发展乃至国家的宏观决策，而国家宏观的"大气候"以及高层决策又反过来影响能源系统的中观和微观层面的发展，并呈现三个层次的交互循环。在这种循环当中，"网络"（能源网络与信息网络）起到了十分重要的作用，它将能源系统的各种要素关联起来，极大地提升了系统中的物质、能量、信息的流转速度并显著扩展了流转空间，

---

① 里夫金. 第三次工业革命［M］. 张体伟，译. 北京：中信出版社，2012.

进而推动了能源系统各个环节的高效运转。① 这样，在能源互联网中，微观个体成为中观乃至宏观生态的组成和演化单位，同时宏观生态的存在也变成中观和微观生态存在与演化的前提。于是，某些"局域"事件有可能很快转变为"全局"事件，从而发挥"牵一发而动全身"的作用。反过来，任何宏观层面的变化，都会迅速直达每个局部而发挥统摄性作用。这就是说，要从微观层次迈向中观层次，从中观层次迈向宏观层次，然后再返回中观和微观，从而在微观-中观-宏观相互作用中把握工程生态。

① 王大洲，范春萍. 工程生态：内涵分析与研究进路 ［J］. 工程研究——跨学科视野中的工程，2023，15（5）：378-389.

工程生态视野中的中国载人航天工程空间应用系统

　　我国已进入全面建成社会主义现代化强国新阶段，开启了建设航天强国的新征程。2024 年中国空间站"天和"核心舱发射成功之际，习近平总书记在贺电中指出："建造空间站、建成国家太空实验室，是实现我国载人航天工程'三步走'战略的重要目标，是建设科技强国、航天强国的重要引领性工程。"① 空间站的全面建成，标志着我国在空间科学、应用与技术领域达到了新的高度，展现了科技强国的雄厚实力。"空间应用系统"是空间站阶段载人航天工程的十四大系统之一②，是核心组成部分。早在 1992 年载人航天工程立项之初，我国就把空间科学与应用作为落实工程发展战略的重要内容，提出"造船为建站，建站为应用"的发展理念。空间应用任务的主要目标是利用载人航天器的应用支持能力，开展科学实验和应用研究，推动和引领空间科学与应用领域跨越式发展。这是我国迄今为止涉及学科最广、规模最大、内容最丰富的空间科学与应用实践。③

　　工程生态作为一种新思维方式和新范式，在中国空间站应用系

---

① 新华社. 中国空间站天和核心舱发射成功　习近平代表党中央、国务院和中央军委致电祝贺［EB/OL］.（2021-04-29）［2025-03-15］.

② 载人航天工程一期由航天员、飞船应用、载人飞船、运载火箭、发射场、测控通信和着陆场七大系统组成；工程二期由八大系统组成，新增空间实验室系统，飞船应用系统更名为空间应用系统（文中简称"应用系统"）；现已扩展为十四大系统，分别为航天员、空间应用、载人飞船、货运飞船、长征二号 F 运载火箭、长征七号运载火箭、长征五号 B 运载火箭、酒泉发射场、文昌发射场、测控通信、空间实验室、空间站、着陆场和光学舱系统。

③ 中国科学院. 中科院与载人航天工程［EB/OL］.（2013-06-14）［2025-03-15］.

统的设计与建造过程中得到了充分体现，其超越了传统系统工程的范畴，不仅追求技术集成与效率提升，更强调在特定环境下构建一个能够自我调节、持续演进的生态系统。在中国空间站应用系统中，各组成部分经由复杂的交互作用与动态适配，共同构筑了一个完整的生态系统。以工程生态为导向的方法论，不仅增强了空间站在长期运行中的可靠性，更为未来持续产出高水平的科学与应用成果奠定了坚实基础。本章基于中国空间站应用系统的工程实践，深入剖析了其工程生态的构建、运行与演进。该研究不仅是航天工程设计理念的一次创新探索，也为我国航天领域未来的可持续发展提供了重要参考。

第一节　载人航天工程空间应用系统的发展历程

根据载人航天工程"三步走"的战略目标，空间应用系统同样经历了三个阶段的发展，体现出一种生态演进的动态特征，构建了从起步到成熟的完整生态体系。

1　载人飞船应用系统（1993—2005 年）

一期载人航天工程的目标是"发射载人飞船，建成初步配套的试验性载人飞船工程，开展试验性应用"，我国通过实施 4 次无人飞行任务，以及神舟五号、神舟六号载人飞行任务，突破和掌握了载人天地往返技术，成为第三个具有独立开展载人航天活动能力的国家。[①]

对于应用系统而言，需要实现基础能力建设。应用系统于 1993 年成立了总体部，从"无"到"有"建立了工程管理体系，并按照航天工程要求建立总体部-分系统-子系统的垂直管理结构，制定技术、质量、计划三条线的管理规定及规范，积极探索和实践严格的工程化要求与科学研究的有机结合。在技术体系方面，以新一代信息技术为支撑，实现了有效载荷在轨统一的供配电、监控管理，以

---

① 中国载人航天官方网站.中国载人航天工程简介［EB/OL］.［2024-10-15］.

及科学数据采集、下行和服务；完成了分立有效载荷在轨运行总体方案设计、集成、测试和在轨运行。

在一期载人航天工程中，应用系统完成了 201 台全新有效载荷的研制，开展了 67 个课题的科学研究，攻克了 70 余项关键技术，创造了 100 多项具有自主知识产权的新技术、新方法，取得了 6 艘飞船应用试验的圆满成功。在载人航天工程的推动下，我国成功掌握了众多核心技术，并将大部分应用成果迅速转化为卫星应用的主战场。例如，中分辨率成像光谱仪、地球辐射收支仪、太阳紫外探测器、太阳常数仪、微波辐射计、微波高度计和散射计等关键技术，都已被我国的业务卫星采用，或成为计划中业务卫星的重要组成部分。这些成果不仅推动了先进科学技术的发展，更为经济社会的发展发挥了重要作用，产生了巨大的社会效益。

② 空间实验室应用系统（2007—2016 年）

二期载人航天工程的目标为"突破航天员出舱活动技术、空间飞行器交会对接技术，发射空间实验室，解决有一定规模的、短期有人照料的空间应用问题"。这一阶段，应用系统注重系统设计、规划与验证，实现多任务目标融合、功能完备、性能先进的复杂大系统；在运营管理上进行了深入的探索与实践，形成了科学合理的运营管理模式和高效顺畅的组织运行机制，并根据科学目标形成完善的工程管理体系、技术规范体系、系统标准体系，为空间站的运营管理积累了丰富的经验。

在神舟七号、神舟八号载人飞船以及天宫一号、天宫二号空间实验室上开展了 50 余项空间科学实验。中德合作空间生命科学的 17 项实验、高等植物培养实验、空间干细胞增殖分化实验取得重要结果。国际首台空间冷原子微波钟开展了原子激光冷却和操控实验，取得迄今最高频率稳定度的实验结果。中国-瑞士合作的伽马暴偏振探测仪获取了国际最大样本伽马暴偏振度累积分布函数，发现偏振度的时间变化新现象。微波成像高度计作为国际首台采用小入射角-短基线干涉-孔径合成新体制的海洋科学观测设备，开拓了海洋动力现象观测研究的新途径，多角度偏振及宽波段光谱成像、紫外临边观测推动了对地观测和地球科学研究方法创新。总体来看，空间实验室阶段取得了一批前沿科学成果和关键技术突破，为后续开展大规模的空间科学与应用任务奠定了基础。①

3 空间站应用系统（2010—预计2035年）

载人航天工程的第三步目标为"建造空间站，解决有较大规模的、长期有人照料的空间应用问题"。2021年，"天和"核心舱发射，正式开启空间站建造阶段任务；2022年，"问天"和"梦天"实验舱相继入轨，标志着中国空间站的全面建成。此后一年两艘载人飞船、两年三艘货运飞船为空间站持续补给物资、备件、科学实验载荷等。空间站具备航天员参与、天地往返运输等独特优势条件，可在更广泛的学科领域内开展系统化的空间科学研究、具有特色的空间应用和先进技术试验，是推动我国空间科学与应用跨越发展的历史性机遇。②

相较于载人飞船和空间实验室阶段的应用系统，空间站应用系统是天-地开放系统，其在保障高可靠性、高安全性的基础上，更致力于提高空间站运营效率，获取更高应用效益。在任务布局上，应用系统制定了重点突出、层次清晰的科学与应用任务规划，包括空间生命与人体研究、微重力物理科学、空间天文与地球科学、空间新技术与应用四大研究领域及32个研究主题；在实验设施上，建设了以舱内微重力科学实验柜为主、舱外先进实验装置为辅的设施集群，以支撑开展各领域专项实验研究，并通过设备的维修、升级、更换和大型设施的在轨组装，滚动支持项目更新、开展前沿科学研究与技术突破实验；在支撑体系中，打造了天地一体的实验支持平台，建立了空间站地面镜像实验系统和跨学科、大尺度、多模态、多物理场的数字实验系统，实现了天-地协同、数字伴飞的实验研究新模式。应用系统的设施集群及支撑体系有效保障了空间站这一开放平台能够面向科技前沿与热点，高效承载科学与应用实验项目，实现快速迭代和自我拓展，从而提升项目实施效率和项目成功率，

---

① 顾逸东.关于空间科学发展的一些思考［J］.中国科学院院刊，2022，37（8）：1031-1049.

② 高铭，赵光恒，顾逸东.我国空间站的空间科学与应用任务［J］.中国科学院院刊，2015，30（6）：721-732.

进一步增强空间站的整体运营效益。

截至 2024 年 12 月 1 日，中国空间站已在轨实施 181 项科学与应用项目，上行科学与应用任务近两吨实验模块、单元及样品等科学物资，下行空间科学实验样品近百种，获取科学数据超过 300 TB，取得了多项开创性成果，包括国际上首次获得空间发育的水稻和再生稻新的种质资源、国际上首次实现空间人胚胎干细胞分化为造血干/前体细胞、国际上首次实现空间微重力条件下的冷原子干涉陀螺、国际上首个建立高通量在轨微生物防控试验平台等。①

空间应用系统历经 30 余年的发展和演进，实现了从载人飞船和空间实验室阶段到空间站运营与发展阶段的重要转变。载人飞船应用系统从"无"到"有"建立了工程管理体系，用系统工程理论指导实践，制定了工程技术、质量、计划管理规范，构建了生态雏形与基础；空间实验室应用系统处于生态发展中阶段，建构了完整的工程运行系统，通过技术创新不断加强系统设计、载荷研制、集成测试、可靠性保障、有效载荷在轨运控管理、数据服务等能力；空间站应用系统已呈现出显著的生态特征，是开放的复杂大系统，借助各类实验设施和技术手段，建构了完善的实验方法保障体系，产生不同的科学思想，孕育新的应用项目研究，不断涌现出丰富的科学与应用成果。

第二节　空间站应用系统建构中的"工程生态"策略

在系统思维的引领下，空间站应用系统在过去三十余年的实践中取得了显著成就。空间站时代，在新阶段、新起点背景下，应用系统面临新的要求。在构建应用系统的过程中，必须超越传统的系统思维，转向工程生态思维。

1 "方寸"之间显身手，建设多学科实验设施集群

空间站开展科学实验和应用研究，主要借助于舱内的科学实验

---

① 中国载人航天工程办公室. 中国空间站科学研究与应用进展报告（2024 年）［EB/OL］.（2024-12-30）［2025-03-15］.

柜、舱外的暴露装置，还有舱内、舱外专门的独立载荷，以形成高效协同、动态适配的科学研究平台。其目标是构建多学科实验设施集群，提高空间站资源利用率。

国际空间站的质量约为 419 吨，我国空间站为 66 吨，但我国空间站的有效承载比是国际空间站的 1.8 倍，高效的资源利用是核心考量。"把实验室搬进太空"是应用系统广大科研人员经过反复尝试和努力的结果。生命生态实验柜、流体物理实验柜、无容器材料实验柜、高精度时频实验柜、高微重力科学实验柜等实验设施以集群化布局为特色，将生命科学、材料科学、流体物理、燃烧科学等不同领域的实验设备分别集成到相应实验柜中，配备了通用化、标准化的支持系统，以及专用化、自动化的实验设备模块。这种集群化设计不仅实现了空间资源的高效利用，更通过设施间的协同整合提升了整体效能。每一个科学实验柜都相当于一个标准的地面学科领域实验室，而柜子只有"方寸"大小——需要将其约束在对外接口统一、内部载荷接口规范、维修更换便捷、兼容国际标准的 1.6 立方米的空间中。空间站内的实验柜与模块实现了高度适配和灵活性，空间站配置了 12 个学科方向实验柜和 4 个共用支持实验柜，能够满足 90% 以上相关科学领域的实验需求。空间站中科学实验柜整体结构可比喻成房屋结构，分为基础支撑和科学实验两大系统单元。在基础支撑系统中，实验柜的主体结构采用了轻便且牢固的房屋式设计，实验柜控制器则相当于房屋的中控室，实现了小型化、高可靠性的动态功率分配与管理，配备了光纤入户及室内千兆以太网连接。热控抽屉相当于中央空调，具备气、液等多场环境下的自适应快速重构能力，以模块化方式进行热控管理。通过这种集约化管理与资源优化配置的方式，空间站应用系统可支持 1000 个项目，科学研究项目支持效率为 ISS 的 2 倍，展现了在有限资源条件下的最大化利用能力，实现了物理限制下的高效科研产出。

在多学科实验设施集群中，各实验模块如同生态系统中的"物种"，通过设施间的交互作用，形成了一个具有高度协作性的生态网络。科学家可以在这一平台上突破学科界限，利用不同设施的资源优势，实现跨领域的融合创新。这种跨学科的协作模式，不仅为科技探索开辟了新的路径，还在设施与数据资源的共享过程中展现了开放性与包容性。

实验设施集群的适应性与可持续性，充分体现了生态理念在工程设计中的深层次应用。设施集群的布局和性能指标并非一成不变，而是具备动态调节和持续优化的能力。无论是在长期科学研究中满足多样化实验需求，还是在应对突发任务时迅速调整，其均展现出强大的生态韧性。这种基于工程生态思维的设计，确保了设施集群能够在复杂和变化的环境中长期稳定运转并不断优化和迭代。

② 滚动遴选与培育科学项目，夯实工程生态基础

自 2019 年空间站面向社会征集科学技术试（实）验和应用项目以来，项目遴选、项目培育、项目立项滚动循环，紧密衔接，以形成系统性、系列化的项目群布局，推动空间科学与应用的发展。

在项目遴选阶段，通过构建生态导向的筛选机制，优先遴选能对整体生态产生正向增益的项目。遵循科学上有贡献、技术上有突破、工程上可实现、经济上可承受的原则进行全面论证，并对项目科学目标与意义的生态适应性进行评估，关注其是否能促进资源的高效利用、技术的共享扩散及环境的正向影响。这意味着在项目遴选中，不仅仅局限于科学和技术的可行性，还特别考虑其对工程生态整体结构和功能的支持程度。具体流程包括指南编制与公告发布、项目建议书申报、形式审查、通讯评审和会议评审等环节，关键要点涵盖项目的科学目标与意义、创新性、经济可行性、实验方案与工程可实现性、安全性、研究基础，以及预期成果与效益等方面。

在项目培育阶段，工程生态思维进一步体现在灵活的动态迁移与转化机制中。科研项目不再是孤立的单元，而是形成一个由多个项目协同驱动、涵盖基础研究到应用转化全链条的综合性生态网络。这种网络通过共享平台和开放机制，将学科、资源和技术高度融合，进一步增强了系统的适应性和抗脆弱性，推动了生态的良性循环。在空间站的最新实验里，国际上首次进行了水稻从种子到种子全生命周期空间培养实验。水稻作为模式生物①，能够推动植物学基础

---

① 生物学家通过对选定的生物物种进行科学研究，用于揭示某种具有普遍规律的生命现象，这种被选定的生物物种就是模式生物。主要的模式动物有果蝇、线虫、斑马鱼、小鼠等，模式植物有水稻、拟南芥等，模式微生物有大肠杆菌、酵母等。

理论发展，其研究成果通过基因组共线性、分子机制保守性等，快速向其他作物延伸，成为连接基础科学与农业实践的桥梁；此外，水稻是人类主要的粮食作物，也是未来载人深空探测生命支持系统中主要的候选粮食作物。通过培育阶段，进一步凝练科学目标、整合项目资源、验证实验方案和突破关键技术，以确保项目立项和实施后的成果与效益产出。

项目集群将不仅聚焦于某一领域技术或产品的研发，更注重构建完整的产业链和工程生态系统，推动科研成果加速向现实生产力转化，吸引和聚集上下游企业，形成产业集群。通过工程生态导向的科技成果转化机制，可以有效促进科研成果向现实生产力转化，推动相关产业的转型升级。在空间站应用有效载荷数据通信规范中约定应用有效载荷与应用信息系统之间以及应用有效载荷与实验柜间的数据通信，最重要的创新是应用了光纤协议总线技术。该技术具有传输速率高、时延小等优点，可以有效提高航天器网络的传输带宽和实时性。2011年，该技术在空间实验室任务中应用，成为国内航天领域的首创。此后，科研团队基于该技术开展产业化，将其应用到智能网联汽车等领域。

通过将工程生态思维融入科学项目的遴选、培育和运营，构建了一个具有自适应性、协同性和可持续性的工程生态系统，为未来的科学研究和技术进步奠定了坚实的基础。

❸ 实现天地镜像，打造一体化实验支持平台

空间站应用系统独创了"空间科学实验设施群+地面物理镜像平台+数字实验系统+复杂任务智能管控"的天地一体科学实验支持系统。这一创新的解决方案强调资源、技术与环境之间的动态适配与协同演化。地面物理镜像平台是一个在地面上与中国空间站平行运行的科学实验系统，其规模与功能均按照空间站的标准进行设计和建造。[①] 平台配备了多种科学实验柜，这些实验柜不仅能够满足各类科学实验的需求，还集成了相应的信息、配电、流体散热等舱

---

① 央视新闻. 中国空间站科学实验镜像平台建成运行［EB/OL］.（2024-11-02）［2025-03-15］.

内外公共支撑设备，以确保天-地实验过程的协同。这些设施为科学家在地面进行太空实验提供了强大的技术支持和保障。镜像平台是神舟和天舟飞船携带的科学载荷上天前的最终确认测试场所。所有即将进入空间站的科学实验设备都需要在这里进行严格的测试，以确保其在太空环境中的可靠性和稳定性。这一步骤对保障空间站科学实验的成功至关重要，能够有效地降低因设备故障而导致的实验失败风险。同时，镜像平台还承担着科学实验方案提前验证的任务，科学家可以对即将在空间站上进行的科学实验方案进行模拟验证，以验证合理性和可行性。如果在轨科学实验出现故障，科学家也可以即时进行故障的排查定位，并验证解决措施，从而避免或减少太空中的实验风险和损失。此外，镜像平台还支持天地比对实验。这是一种将空间站上的科学实验与地面实验进行同步开展、比对分析的研究方法。除了微重力环境的不同外，其他所有因素尽可能保持一致。通过这种比对实验，科学家可以更加深入地了解微重力环境对科学实验的影响，进而揭示太空中的物理、化学、生物等科学现象的本质规律。

复杂任务智能管控系统可以高效辅助航天员进行日常维护、应急处理和科研活动，大幅提高任务执行的灵活性和效率；此外，还建立了科学家在轨交互管控的空间与地面、数字与物理协同运行的平行系统，可以使研究人员直接参与实验过程，实现过程可控、可视，解决面向科学实验动态变化所带来的迭代研制、持续集成、快速部署、无缝升级、快速扩展的难题，以及强约束下不确定任务动态安排与敏捷优化控制难题，为空间科学研究提供长期稳定的支持。

数字实验系统融合数据与模型，建立了实验设施、环境和过程高度关联的高保真数字实验技术体系，其模型迭代求解周期达到毫秒级，实现了全要素、全流程高精度仿真。通过数字实验系统，研究人员能够全面掌握实验的每一个步骤和结果，及时调整实验参数，优化实验设计，从而显著提高实验效率和成功率。例如在金属锆的实验中，无容器材料实验柜的数字实验系统发挥了解决问题的重要作用。在科研人员眼中，无容器材料实验柜是"太上老君的炼丹炉"，凭借先进的静电悬浮技术，创造出一个独特的"无容器"环境，能让实验样品在完全悬浮的状态下进行熔炼，有效防止了其与实验腔体内表面的任何接触，能够获得纯度更高且均匀的材料。应用系统建立的针对无容器材料实验柜的数字实验系统，成功突破了样品球释放回收、样品悬浮位置控制、高温激光加热熔化、冷凝和回收等关键技术。

通过整合地面与空间实验设施，形成高度协同的研究环境，实现多学科、多领域的深度融合，为科研创新提供坚实支撑。这一平台的设计理念体现了工程生态思维的核心，即各要素在复杂环境中能够相互依存、自主调整，从而确保持续发展与稳定运行，不仅提升了科研任务的智能规划与动态监控能力，还极大地提高了实验效率和成功率。

④ 汇聚多元人才，搭建开放合作架构

在空间站应用系统中，人才资源是核心竞争力的关键部分，是工程活动的策划者、执行者与维护者。通过多元人才的互动与合作，形成了支持长期创新和持续演进的生态，推动了科研成果的高效转化和技术进步，构建了一个以工程生态思维为导向的人才与知识共享体系。

载人航天工程空间应用系统的作用在于能够将科学家的思想和需求，通过深入分析，转化为对载荷设备的技术要求，变成工程可实现的语言，建立从科学思想到工程实现的桥梁。空间站的建造和运行既是工程问题也是科学问题，更是科研管理的问题。科学认知制约着工程进展，而工程实现也推动解决科学问题。① 这就要求科学家的广泛参与，以确保各类科学需求能够得到充分表达与满足。此处所指的"科学家"并非仅限于单个或相近学科领域的专家，而是涵盖了生命科学、微重力、基础物理、材料科学、空间天文等各类不同学科、不同领域的科学共同体。科学共同体的构建需要兼具广度与深度，即既要广泛覆盖多学科领域以确保研究的全面性和多样性，又要注重知识的深度融合，深入挖掘各学科的核心理论和技术潜力。一方面，它通过集聚来自不同学科领域的科学家，形成跨界协同的研究网络，促进知识的深度融合，例如，生命科学和材料

---

① 李伯聪，贾玉树，夏保华，等. 工程哲学与伦理：前沿对话 [J]. 工程研究——跨学科视野中的工程，2024，16（2）：161-170.

科学的交叉研究可以推动新型生物材料的研发，而基础物理与空间天文的合作则能够深化对宇宙规律的理解；另一方面，科学共同体聚集了各领域的科学家，搭建了一个促进交流和知识共享的平台，使科学家之间的协作不仅是技术层面的对接，更是创新思想的碰撞。通过这种方式，不同领域的科学家得以在共同目标的指引下，跨越学科边界，实现科学与工程的协同创新。随着空间站应用系统的不断发展，科学共同体必将愈加多元化与国际化，有助于解决前沿技术挑战，推动新兴学科领域的突破性发现。

开放合作体系和多元人才框架也打破了传统科研活动的封闭局限，实现了跨学科、多主体的深度协同，显著提高了科研成果的转化速度和效益。

5　面向全球视野，积极推进国际化合作

通过共享资源、数据和技术，推动跨国、跨地区的深度合作，可以促进不同国家和地区的科研团队在全球视野下实现协同创新，构建全球生态合作网络，实现科研力量的高效整合与协作。在应用系统发展过程中，中国与多个国家的航天机构和国际组织建立了广泛的合作关系，形成了多层次、有重点、多元化的合作网络，包括欧洲空间局（ESA）、联合国外层空间事务办公室（UNOOSA）、德国航空航天中心（DLR）、法国国家空间研究中心（CNES）、意大利航天局（ASI）、瑞士空间办公室以及巴基斯坦上层空间大气研究委员会等主要国际空间机构或组织，涉及了 28 个国家和地区的 139 个单位。通过建立协同工作机制和科学计划层面的合作框架，各方已签署了 60 余份合作协议，旨在促进资源共享、技术交流及联合科研项目的开展。

此外，通过签署《利用中国空间站开展国际合作谅解备忘录》[1]，中国正式开启了空间站的国际合作新篇章。1993 年国际空间站项目立项时，中国表示希望加入国际空间站，但美国以中国航天的水平低和军方背景为由反对中国加入，并提出中国可以出资但不

---

① 中国载人航天工程办公室. 联合国和中国同意增进航天合作［EB/OL］.（2016-06-23）［2025-03-15］.

能共享空间站技术的要求。2011 年，美国国会颁布了一项名为"沃尔夫条款"的法案，该法案禁止中美两国间任何涉及美国航空航天局（NASA）或由白宫科技政策办公室协调的联合科研活动。[①] 2019 年，中国空间站向全球发出了登上"天宫"的邀请。在首批科研项目遴选阶段，中国共接收到来自欧美、亚非等地区的 27 个国家的 42 份项目申请，最终有 17 个国家的 9 个项目成功入选。[②] 此举标志着中国空间站成为有史以来首个向所有联合国会员国开放的空间站项目。在合作过程中，中国不仅共享空间站实验舱资源，还免费提供合作项目的运输服务，为各国特别是发展中国家提供了进入太空、参与空间科学研究的机会。当前正在成立国际载人航天专家联盟，邀请并吸收来自全球逾 40 个国家 200 多家单位的 600 余位高水平国际专家开展项目合作、论证和咨询工作，形成了培育"国际大科学计划"的国际人才库。

全球生态合作网络的构建，实现了物理资源的共享，并且促进了思想、理念与创新模式的跨国融合。中国和德国在"神舟八号"上联合开展了 17 项空间生命科学实验项目（包括中方 10 项、德方 6 项和中德科学家合作 1 项）。在项目实施过程中，德方负责研制通用生物培养箱，中方研制通用生物电控箱和有效载荷控制装置，此次空间科学实验涉及 33 种样品，样品种类繁多，实验容器类型多样，科学需求差异化，资源与条件约束性大，双方实现了设备级合作，超越以往载荷搭载式的航天合作，是中国载人航天首次在空间科学应用领域开展的国际合作。通过本次合作，中国科学家借鉴与学习了德国开展生命科学研究的方法，空间应用系统建立了国际项目合作、流程管理、技术质量管理的规范体系，深度磨合了中西方的工程理念，为后续的国际合作项目奠定了基础并拓展了思路。

通过国际化合作，空间站应用系统在跨标准、跨文化和跨地域的背景下，与不同国家和地区形成了多维度的生态联动。这种合作促进了各参与方资源与能力的深度融合和互补，推动了更加高效和创新的协作模式，共同构建了一个互利共赢的工程生态系统。

---

① 李剑刚. 沃尔夫条款与中美航天合作 [J]. 中国航天，2014（2）：42-44.

② 郭晨. 17 国 9 个项目入选中国空间站首批科学实验 [EB/OL]. （2019-06-12）[2025-03-15].

6 构建数据生态系统，促进资源开放共享

为促进资源开放共享，应用系统在空间实验室阶段已开始布局和提供数据服务。2014 年 3 月，天宫一号空间应用推广服务平台开通运行，为国内公益用户和国内外商业用户以及个人公众用户提供了大量有价值的天宫一号科学数据及服务。在数据的公益使用方面，该平台已为自然资源部（原国土资源部）、农业农村部（原农业部）、交通运输部、住房和城乡建设部等 10 余个部委，以及国家海洋局、中国地震局等直属机构和全国 20 余所高校提供服务。[①] 数据与资源的开放在积极为经济科技发展和社会公益服务的同时，也在商业化推广应用机制方面进行了多方位探索，为载人航天成果应用推广做出了有益尝试。

为进一步有效管理和利用宝贵的数据资产，空间站应用系统搭建了"载人航天数据工程生态平台"，并基于载人航天工程公有云平台正式对外上线，提供多领域空间科学数据的处理、分析、应用等一站式数据生态服务。"载人航天工程数据生态平台"致力于整合空间站应用任务所需的"数据、算力、算法"关键资源，构建"数据在线使用→应用研究→成果产出"的高效生态链[②]，并依托其强大的弹性伸缩、负载均衡和容错机制，确保容器隔离、访问控制、加密传输等多层次的安全机制，确保数据与成果存储、传输、处理的完整性和保密性，通过开放算力、数据共享和协同工作，促进数据互联互通，推动跨组织共享与创新科研范式。

该平台作为数据门户，提供了丰富的数据集，包括来自空间站各类实验设备的观测数据、实验数据，涵盖空间生命科学、空间微重力物理科学和空间天文与地球科学等领域。作为信息门户，平台定期发布涵盖实验进展、前沿研究、技术突破和最新科研成果的多元资讯，追踪科研领域的发展。此外，平台为载人航天工程科学数据分析提供基础环境支持、弹性算力调度，以及可视化、Notebook、

---

① 中国载人航天工程网. 天宫一号空间应用成果丰硕 未来发展前景广阔——专访空间站工程空间应用系统副总设计师张善从［EB/OL］.（2014-09-30）［2025-03-15］.

② 同①。

集成开发环境（IDE）等多种在线编程模式；提供从数据接入管理、分析建模、模型训练、模型管理、发布应用、资源管理到数据分析任务管理的一站式服务，以及基于模型的全生命周期管理。

为了进一步促进协同创新，平台组织了载人航天工程数据竞赛，旨在吸引来自不同科学领域的顶尖人才，汇聚各方优势资源，从而构建以人工智能和数据科学为支撑的科学研究新模式。载人航天工程数据生态平台旨在拓展数据创新应用的广度和深度，挖掘数据潜在价值，加速空间科学与应用研究的创新进程，为工程生态注入持久活力。

第三节　关于空间站应用生态建设的理论分析

空间站应用系统的建设与运营对工程生态建构具有启示意义。

1 从"工程管控"到"工程生态调控"

载人航天工程历经 30 余年发展，现已步入崭新阶段，空间站从建造期过渡到运营期，在相关技术（尤其是人工智能技术）快速发展的背景下，科研和管理过程需要保持弹性，以适应时间周期缩短、目标快速迭代等现状。传统分阶段的工程管控方式已无法满足当前需求，亟须采用新的手段和方法，在全任务周期与全生命周期中重塑研制流程和过程管理，通过可视化和高保真仿真优化，实现风险预测、超前管理与结果的精确控制。

因此，由"静态管控"向"生态调控"的升维管理成为必然趋势。这一转变不仅是当前技术发展推动下的工程模式升级，也是工程生态视域中管理理念的革新，更是应对复杂工程挑战的必然要求。"生态调控"的核心在于利用人工智能、数字化等技术进行前瞻性管理，以一种更加灵活、动态的管理模式，在工程实施过程中保证目标确定性、系统可靠性，并充分发挥科学研究的自主性和探索性。通过动态调整机制，空间站能够根据实际需要快速调整资源配置和技术方案。这种灵活性可以更好地应对突发情况，激发新的科学发现，提高空间站的整体运行效率。"生态调控"模式进一步超越了传统意义上的工程约束，将管理焦点从传统的模样、初样、正样的严格进度要求转变为对全生命周期数字化平台的预测和调整。在这一模式下，空间站被视为一个动态、开放、自适应的工程生态系统，其中各种参与主体能够实现高度的互动协同和资源的高效共享。在传统的工程管控模式下，空间站科学项目立项后必须严格按照预定的工程节点逐步实施，任何参数的改变都需要经过复杂的审批流程。这使得部分项目因工程要求限制而无法达到更高目标的科学成果，部分有市场价值的项目也可能因为时间或资源的限制而无法及时开展。而在"生态调控"模式下，项目实施理念正在逐步发生变化。首先，地面培育和正式立项项目可以互相转化，遴选中的项目不再完全遵循固定的工程时间节点表，而是根据工作进展和科研价值进行动态评估，每年至少有 3 次上行机会到空间站中；其次，智能化与数字化技术已成为实施项目的前置验证条件之一，项目前期即可进行数字仿真和数字实验，从而不断迭代和更新项目本身的参数、设计甚至方案，以采取更为灵活的实验方式。

"生态调控"模式突破了传统工程约束，充分考量动态、开放、自适应的工程生态系统。在这种模式下，焦点不再是局限于监控进度和成本，而是转变为对整个工程生态系统进行建设、维护与优化，确保系统内部各种参与主体（包括人员、技术、资源等）能够实现高度的互动协同、资源的高效共享，并能够主动适应内外部环境的变化。"生态调控"注重全局观和长期视角，追求工程活动与周围生态环境的和谐共生，而非单纯追求短期的工程目标。"生态调控"意味着工程系统向更加智慧化、生态化、可持续化方向的重要转变，提升了空间站运营的灵活性和适应性，是实现未来空间探索和发展的关键步骤。

② 深化数智融合，提升生态效益

在生态学中，生态效益的提升体现为生态系统在资源利用合理性、整体结构与功能稳定性以及生物间相互关系协调性等多方面的全面优化与持续进步。聚焦于空间站运营场景，智能化与数字化对于提升生态效益起到了关键作用。

空间站应用系统打通了 11 个平台，破除信息孤岛，数字化贯穿全工程全生命周期，全面提升工程管理与研制抓总能力，实时掌握工程研制状态。同时，数字化打破了项目间的藩篱和边界，促进了各学科、各领域之间的深度融合与协同合作。

首先，优化资源配置是实现空间站可持续发展的基础。充分考虑资源的循环利用和能量的高效转换，确保每一项资源都能得到最大化利用。利用大数据分析与机器学习技术，更精准地识别出高回报项目，将稀缺资源导向能够产生最大科研价值和社会效益的领域，从而在源头上优化资源配置，实现成本节约与效率提升的双赢。其次，数字化与智能化技术有助于营造和维持良好生态环境。通过实时监测与数据分析，精准掌控生态系统的运行状态，及时发现并解决潜在问题。提前预知和超前管理能有效防范系统中存在的潜在风险，提升系统的稳定性和可靠性，智能化技术还能模拟不同场景下的生态响应，为生态调控提供科学依据，确保生态系统的稳定与健康。再者，促进"物种"的协同进化也是提升生态效益的有效途径。在空间站生态系统中，"物种"类比为空间站应用系统中的各个子系统、装置、设施等。通过数字化平台的集成与智能算法的应用，促进"物种"之间的高效协作与密切配合，并通过算法迭代持续优化协同流程，提高配合度以及运营效率。

构建高度智能化与数字化驱动的工程生态系统，实现资源高效利用、"物种"的协同进化以及自我优化，为生态效益的提升和可持续发展奠定了坚实基础。

③　竞合互动，共创共生平衡

在空间站应用系统这一复杂工程生态系统内，多元主体构成了立体网络，这些主体不仅涵盖了技术、科学和工程等跨领域的相关方，还包括协作的科研机构、高校以及国际合作伙伴等，各主体承载着不同的战略目标、技术能力与资源基础。这种差异导致各主体间存在竞争、合作与共生共存等多样的互动，但在其追求目标与任务实现的同时，也需协同贡献于系统整体发展与技术突破，从而达到系统的生态平衡状态，这种竞合互动主要体现在以下三个层次：

首先，在空间站应用系统内部，不同科学项目之间的竞争尤为显著，主要体现在对有限资源的争取，包括上下行资源、能源供应和实验时间等。由于资源稀缺，各项目需通过竞争来确保自身的实验需求得以满足。然而，这种竞争并非单纯的对立关系，通过合理的资源整合和跨学科协作，不同项目之间也可以实现互利共赢。例如，共享实验设备与数据能够减少重复投入，加速核心技术突破，优化资源使用效率。此外，跨学科合作为知识共享与技术创新提供了平台，有助于应对复杂的空间技术挑战。这种合作模式不仅提升了单一项目的研究效能，还促进了整体系统的协调发展。

其次，在平台层面，空间站应用系统与工程其他系统也存在一定的竞争，其中最明显体现在对上行资源的分配上。例如，天舟八号搭载上行物资总质量约 6 吨，装载了航天员系统、空间站系统、空间应用系统和货运飞船系统的货物。其中，空间应用系统的物资总质量为 458 千克，涵盖实验载荷、实验单元及样品、实验耗材、备品备件等在轨实验保障物资，以及共用支持类应用物资。① 同时，为了最大化空间站的资源利用效率，各系统间必须密切合作。例如科学实验柜的设计、载荷与平台接口的匹配以及实验设备的安装与调试等，这些环节的无缝对接与高效协作，是确保实验设备能够顺利运行、科研任务得以圆满完成的关键。

最后，在国际层面，中国空间站与国际空间站之间的竞争主要体现在前沿性科学研究和成果产出上。各国科学家和研究机构在选择实验平台时，通常会优先考虑平台的实验条件、资源供给和研究效率。为此，中国空间站需不断提升技术水平与实验能力，吸引更多国际科研项目的参与。虽然目前中国空间站与国际空间站之间的直接合作较少，但中国空间站依然积极倡导国际合作，共享空间科学研究成果。通过深化国际交流与合作，广泛邀请全球科学家参与空间站的科学实验与研究，共同探索宇宙奥秘，构建一个开放包容、互利共赢的空间科学合作网络。

竞争，作为系统创新的重要驱动力之一，聚焦于稀缺资源的获取与利用效率上。不同主体在资源、人才和技术上的竞争，推动了技术的快速迭代和创新。这一竞争机制促使各主体不断审视并优化自身的战略定位与核心竞争力，以保持领先优势。而合作则是这一

---

① 柴雅欣.天舟八号发射告捷"太空快递"送抵天宫［EB/OL］.（2024-11-16）［2025-03-15］.

生态系统的黏合剂，通过知识共享、联合研发以及协同攻关等强化了系统内部的信息流通与资源整合。在多层次的竞合互动中，共生共存的动态平衡状态逐渐形成。它强调各参与主体间相互依赖、互惠共赢的关系，形成了互补优势的闭环。在这一共生体系内，每个主体既是受益者也是贡献者，它们共同促进着空间站应用系统生态的繁荣与发展。

4　微观、中观、宏观视角下的工程生态变化发展

在空间站应用系统的发展中，微观层面的技术革新是工程生态变化发展的基础。2020—2024 年，空间站规划了 65 个研究计划和 180 余项研究项目。这些项目通过滚动征集、遴选和实施的机制进行管理，以确保每个项目都具有科学价值和可行性。例如，无容器材料实验系统利用高精度激光定位与加热技术，在微重力环境下进行材料科学研究，解决了高温熔体快速凝固等难题。这种技术革新不仅推动了单一项目的成功，还为其他相关项目的开展提供了技术支持，形成了技术创新的传导效应。具体项目的技术突破能够迅速扩展到整个项目集群，形成协同效应，促进更多创新成果的产生。

在中观层面上，不同学科领域形成了高度互动与协同的项目集群，涵盖了空间生命科学、空间材料科学、微重力流体物理与燃烧科学等多个学科领域。各领域项目群之间不仅促进了知识、技术和资源的共享与优化配置，还推动了科研创新从单点突破向全链条综合性进程转变。不同学科领域项目之间的高度互动与协同，通过共同攻关特定领域的科学问题，逐步递进并深入掌握其本质。例如，在空间生命科学研究中，多个项目聚焦于哺乳动物的代谢和遗传特性，共同探索了哺乳动物在太空微重力环境下的代谢变化和遗传表达模式，还为理解人类在长期太空飞行中的生理适应机制提供了宝贵数据。这些研究不仅对航天医学有重要价值，也为地球上的医学研究提供了新的视角。

此外，不同项目通过资源的高效利用和共享、统一的支持平台、学科交叉以及团队协作，共同推动了科研创新的发展。例如，梦天实验舱中的高精度时频实验柜充分利用了空间站的独特微重力环境，研制出高性能的原子钟和高精度时频系统。而这一项目不仅对基础

物理研究和工程应用作出了重要贡献，还在提高国家时间标准、增强导航系统精度等方面发挥了关键作用，促进了相关领域的进步，形成了一个良性循环。

在宏观层面上，空间站应用系统的工程生态变化发展是一个长期积累和精心规划的过程，涉及自主行动者之间的非线性相互作用。通过技术创新、管理创新和应用模式创新，实现持续稳定的工程生态变化发展，并最终转化为国家层面的战略优势。自 1992 年中国载人航天工程立项以来，已有 4000 余项成果广泛应用于国家各行各业。空间生命科学研究成果已直接应用于生物材料、药物、医疗和农业技术等领域，推动了生物技术的快速发展。微重力流体、燃烧和材料科学等方面的研究成果，有效突破了国家材料技术的关键瓶颈，部分成果已广泛应用于新能源汽车、智能终端设备的量产零部件中，为高端制造业注入科技动能。在航天医学实验领域，开展了长期航天飞行条件下失重、辐射等复合因素对航天员健康、行为与能力的影响等原创性机理探索和应用基础研究，在人体心血管、骨骼等生理机理方面取得了重要突破，为地面医学提供了独特参考。

空间站应用系统宏观层面的工程生态演进，推动了新质生产力的形成与发展，为国民经济和社会进步注入了新动力。未来，随着空间科技的进步和空间站功能的不断完善，空间站应用系统将开展更加深入、广泛的科学实验和技术验证，为人类探索宇宙和推动科技进步作出更大贡献。

空间站应用系统的工程生态演化是一个多维度、多层次的复杂过程。在这个过程中，微观、中观和宏观层面紧密相连，彼此相互影响，微观层面的任何变化都可能迅速传递到中观乃至宏观层面，反之亦然。若一个具体的科研项目取得了突破性进展，这一微观层面的事件可能会引发一系列连锁反应，带动整个项目集群（中观层面）的发展，甚至影响到国家战略层面（宏观层面）的决策。这种多维交互使得系统能够在不断变化的环境中保持灵活性和适应性。任何局域事件都有可能迅速升级为全局事件，从而发挥"牵一发而动全身"的作用。反过来，宏观层面的任何扰动，都会迅速直达每个局部而发挥统反作用。这种有机联系和互动关系体现了工程生态系统的复杂性和动态性，也展示了其强大的生命力和创新能力。

工程生态视野中的华为鸿蒙系统

在全球科技竞争日益激烈的背景下，华为公司作为中国的行业领军企业，推出了自主研发的鸿蒙操作系统（HarmonyOS，简称鸿蒙系统），并逐步构建起"鸿蒙生态"。2024 年 11 月 23 日，华为轮值董事长徐直军在"新生态·新机遇"首届鸿蒙生态大会上指出，"鸿蒙生态"就是所有基于 OpenHarmony 系统（开源鸿蒙）社区版本开发并通过开放原子开源基金会的开源鸿蒙认证、打标"Powered by OpenHarmony"的设备和操作系统，以及运行在这些设备和操作系统之上的应用的总称。所以，鸿蒙生态就是基于 OpenHarmony 共建共享的生态。①

鸿蒙系统不仅是寻求高水平科技自立自强的范例，更是立足生态思维、建构工程生态的范例，因此，从工程生态角度探讨鸿蒙系统的研发和崛起无疑具有典型意义。

第一节 作为"超级存在物"的鸿蒙系统

工程是"造物"活动，但信息却具有非物质性，因此，在工程哲学研究中，软件工程、信息工程具有特殊性，可以理解为"广义"造物活动。相较于物质性的"造物"工程，软件工程的本质是创造一种新的信息性人工物，一种发挥新功能的新结构，体现为新的"结构-功能关系"。

在软件工程中，基础操作系统具有特殊的重要性，它们的功能

---

① IT 之家. 华为徐直军：鸿蒙生态就是基于 OpenHarmony 共建共享的生态［EB/OL］.（2024-11-23）［2025-03-15］.

发挥原则上几乎不受地域限制，可以迅速扩展到每一个人乃至每一个物，因而造成巨大的宏观效应，可以被看作"超级存在物"（hyperobject）。"超级存在物"的概念由美国生态哲学家莫顿（Timothy Morton）最先提出，用以描述那些占据着庞大时空区域的客体，它们规模大且复杂，无法用单一视角完全理解。[①] 操作系统这类"超级存在物"是无边无界、无所不在的"网器"，具有广泛的渗透性、穿透力、融合力和变革力。

随着社会需求的不断升级，操作系统也在迭代演进，其"超级存在物"的力量愈发强大。在万物互联时代，没有人是一座孤岛，没有物是一座孤岛，而各种联结关系之"根"就是操作系统。因此，自主研发操作系统的重要性不言而喻。在中国自主研发操作系统的征途中，华为率先出发，开发了面向万物互联时代的鸿蒙系统。作为新一代智能终端操作系统，鸿蒙系统为不同设备的智能化、互联与协同提供了统一的"语言"；设备可实现一碰入网，无屏变有屏，操作可视化，一键直达原厂服务等全新功能；通过简单而智能的服务，就可以实现设备智能化产业升级。与安卓等手机操作系统相比，鸿蒙系统打破了硬件约束，是超越移动通信、面向全场景分布式的操作系统，它支持多设备交互，实现了迈向万物智能互联的一大步，为物联网生态构建和发展带来了新机遇。

为了从底层支撑起"万物智联"场景，鸿蒙系统选择采取"微内核"设计。传统操作系统通常采用"宏内核"设计，这意味着一旦单个模块服务崩溃，就会引发系统崩溃。微内核设计的鸿蒙系统只包括最为必要的功能板块，在尺寸、安全性、扩展性、维护性和分布式计算等方面具有天然优势，而这种模块化设计使其能够根据设备性能和资源进行灵活裁剪，更容易推广到各种设备上，因而在打造工程生态上具有强大优势。

从功能上讲，鸿蒙系统具有三个特征：一是可满足各类设备的需求，实现统一 OS 及弹性部署；二是搭载该操作系统的设备可在系统层面融为一体，形成超级终端，使设备的硬件能力得以弹性扩充，实现了设备之间的硬件互助、资源共享；三是面向开发者，实现了

---

① Morton T. Hyperobjects：Philosophy and ecology after the end of the world［M］. Minnesota：The University of Minnesota Press，2013.

一次开发、多端部署。可以说，鸿蒙系统为不同设备的智能化、互联与协同提供了统一语言，各个合作伙伴之间原本相互分离的设备，都可根据消费者的不同需求、不同场景协同联动。

上述特征决定了鸿蒙系统具有连接万物的生态属性。由于鸿蒙系统支持跨终端设备运行，对于合作伙伴来说，可以大幅降低应用开发成本，一套代码、一次部署，就能将服务推广到手机、平板、汽车等设备之上；而对于用户来说，则意味着使用场景和方式更加多样化。同时，得益于人工智能的加持，鸿蒙系统为用户带来了更便捷的体验。

总之，鸿蒙系统不是一般的软件，而是一种"超级存在物"，它能够打破传统操作系统的边界，融合不同设备、连接万物，渗透进各种领域和行业。鸿蒙系统也不是一般意义上的创新，而是具有地缘政治意义的自主创新，这就决定了鸿蒙系统必然联系着大规模的生态建构。可以说，鸿蒙系统的发展植根于生态、借力于生态、塑造了新生态，有望打破全球操作系统发展格局，体现了工程生态思维。

第二节 鸿蒙系统的开发历程

鸿蒙系统不仅是一个底层操作系统，而且关联着一个拥有合作伙伴、开发者和用户等多种参与主体，涵盖硬件、软件、应用和服务等范围的生态系统。要理解这个生态系统，就必须弄清楚鸿蒙系统的开发历程。"鸿蒙"一词原意是中国神话中开天辟地前宇宙的混沌状态，以此命名，象征着鸿蒙系统在国产操作系统领域的开创性意义。回顾鸿蒙系统的发展之路，可以基于技术及产品特点、战略目标和生态建构情况等，将其分为三个主要阶段。

1 起步阶段

要理解鸿蒙系统的发展历史，就必须从华为手机业务说起。华为的手机业务始于 2003 年，最初采用安卓操作系统。安卓是由谷歌开发和维护的开源操作系统，被众多手机制造商采用，在其平台上进行手机研发。在与苹果生态的竞争中，安卓逐步打造出了丰富的应用生态，很早就拥有了坚实的用户基础。因此，在开展智能手机业务伊始，华为就决定采用安卓系统，以降低开发成本，缩短开发周期，快速进入智能手机市场。相应地，华为作为安卓开源项目的主要参与者和贡献者之一，也为安卓的发展作出了重大贡献，包括修补漏洞、优化系统性能、开发新功能等，其代码贡献量位居全球前列。然而，要想成为全球领先的科技企业，不受制于人，就必须掌握技术自主权，打造自己的生态。为此，就有必要另辟蹊径，研发自己的操作系统。

生态建构思想很早就深植于华为的发展理念之中。华为人从李冰父子留下的一句"深淘滩、低作堰"中挖掘出生态思维，推动华为从聚焦"管理规范"迈向聚焦"生态联动"。① 所谓"深淘滩"，就是不断开发企业内部潜能，降低企业的运作成本，为客户提供更有价值的服务。所谓"低作堰"，就是集体领悟"舍－得"智慧，克制争利的贪欲，多让利给客户，并善待上游的供应商合作伙伴。他们认识到，生态圈不仅包括供应商和合作伙伴，还应该包括竞争对手，而不能"独霸天下"。基于这种"生态理念"，华为努力与各类伙伴携手共建生态体系。

自有操作系统的研发的确是华为的前瞻安排。早在 2012 年，面对安卓、苹果在移动终端操作系统双头垄断的局面，华为管理层就在考虑，未来一旦被美国切断供给，自己应该有备份系统，哪怕性能差一些，也要能用得上。基于"备胎计划"的逻辑，华为依托刚刚成立的"2012 实验室"，开始谋划研发移动操作系统。最初这个开发项目定名为 AOS，其中 A 是指 Atelier（画板、画室），寓意开发者可以在 AOS 上随意开发应用。这个团队承担了替换和优化安卓部分模块的任务，以便提升当时华为手机使用的 EMUI（华为基于安卓开发的情感化操作系统）体验。2018 年，AOS 团队并入 EMUI 团队。后来，华为启动了代号为"齐达内"的项目，希望开发面向万物互联的技术，并逐步把 EMUI 优化成"双框架鸿蒙操作系统"，也就是兼容安卓的鸿蒙操作系统。所以，打造真正独立的鸿蒙操作系统，并不是华为的初衷。②

① 邓斌. 华为成长之路：影响华为的 22 个关键事件［M］. 北京：人民邮电出版社，2020.

② 方兴东，徐玮. 鸿蒙开物——终端操作系统破晓之路［M］. 北京：中信出版集团，2025：序一.

2019 年 5 月，美国商务部以"国家安全"为由，将华为公司及其 70 家附属公司列入出口管制"实体名单"。受此影响，谷歌停止了与华为的合作，导致华为失去了安卓系统更新的访问权。这迫使华为加速鸿蒙系统的研发进程。同年 8 月，兼容安卓的 HarmonyOS 正式推出，搭载鸿蒙系统的荣耀智慧屏同时发布，这标志着鸿蒙跨出面向消费者的第一步。

面对美国的一系列打压，华为迅速实现从产品型公司向生态型公司的转型，即不再只是考虑自己如何干得更好，还要考虑怎样联动伙伴、赋能伙伴，携手做好产业链，帮助打造中国数字基础设施新生态。[1] 鸿蒙操作系统的开发以及鸿蒙生态的建构，就是华为向生态型企业转型的突出标志。

基于这种生态思维，与鸿蒙系统同期亮相的，是华为消费者业务的"1+8+N"全场景智慧生活战略，即"1"台手持移动设备（智能手机）可以和其他日常使用的"8"台设备互联，由此出发再连接"N"台泛物联网（IoT）设备。这一战略是华为依托鸿蒙实现万物互联目标的直接体现。

基础操作系统要在市场立足，不仅有赖于技术，更有赖于生态。这一时期，由于缺少完整的生态系统，华为不得不继续依赖安卓，进行具备安卓生态兼容性的开发。当然，华为不是简单地依赖安卓平台，而是积极参与安卓开源社区并贡献了大量代码，同时借鉴了安卓的优点和成果。在这一过程中，为了应对谷歌 GMS（谷歌移动服务）的断供，华为立足安卓生态，开发了 HMS（华为移动服务），最大限度维持业务的连续性，但还是难以为继。[2] 华为高层进一步意识到，拥有自主可控的技术和生态才是最终出路。

2 加速阶段

自 HarmonyOS 发布后，华为朝着多设备融合方向继续推进。2020 年 12 月，华为发布 HarmonyOS 2 手机开发者测试版本。2021

---

① 方兴东.欧拉崛起：从华为走向世界［M］.北京：人民日报出版社，2023.

② 方兴东，徐玮.鸿蒙开物——终端操作系统破晓之路［M］.北京：中信出版集团，2025：96.

年 6 月，HarmonyOS 2 正式推出，可以支持多设备无缝协同。2022年 7 月，HarmonyOS 3 发布，不仅在安全性、流畅性方面提升了用户体验，还升级成更强的分布式技术以优化设备间的互联互通。与此同时，华为推出一系列工具来帮助开发者，包括模拟器、SDK 包、IDE 工具等，以快速扩展用户基础。

为进一步打造开发者生态，华为从 2020 年开始，将鸿蒙操作系统"基础能力"陆续捐献给开放原子开源基金会，形成 OpenHarmony 开源项目。这样，合作伙伴就可以在鸿蒙开源代码基础上发展自己的软硬件产品。这是华为对自己过往实践逻辑的突破，是华为深入研究国外软件开源基金会运作机制后作出的战略决策。2023 年 1 月，华为与 24 家伙伴签署"OpenHarmony 生态使能合作协议"，覆盖金融、交通、教育、能源、制造等多个行业，鸿蒙的辐射范围继续扩大。

OpenHarmony 的推广并不是一帆风顺的，第三方对于更换操作系统的成本和更换后带来的价值一开始大都抱持怀疑态度。尽管如此，经过 3 年的努力，到 2021 年 5 月，鸿蒙生态已经初具规模，拥有 1000 多家硬件生态伙伴。① 此时，华为正式推出面向智能硬件生态伙伴打造的全新品牌和开放平台"鸿蒙智联"（HarmonyOS Connect），以简化智能设备的连接和协同工作，为制造商提供标准和工具，使他们的设备和服务能快速集成到鸿蒙生态系统中。同年 10 月，鸿蒙操作系统已经在包括智慧屏、平板、手表、智能音箱等在内的超过 1.5 亿台设备上得到应用，成为史上发展最快的智能终端操作系统。②

随着鸿蒙生态的加速发展，鸿蒙相关人才需求暴涨，打造人才生态势在必行。2020 年 12 月，教育部与华为联合发起"智能基座"产教融合协同育人基地项目，在新工科人才培养方面展开深度合作。华为为高校提供教学资源，开展师资培训，开始携手高校共同培育鸿蒙生态人才。

---

① 王攀，白瑜. 中国产业界关注构建鸿蒙生态系统［EB/OL］.（2021-05-25）［2025-03-15］.

② 孙冰. 鸿蒙"上车"：设备数超 1.5 亿史上最快，智能座舱最快年底上市［EB/OL］.（2021-10-25）［2025-03-15］.

这一阶段，鸿蒙在软硬件生态建设上都取得了突破性进展，开发者、用户和企业之间的互动日益紧密，鸿蒙生态已经具备雏形。在这个过程中，考虑到鸿蒙生态建设面临的巨大困难，对于是否要完全脱离安卓，实现从兼容安卓的"双框架鸿蒙"到独立自主的"单框架鸿蒙"的蜕变，华为内部有过巨大争议，并在这种争议中进行着艰难探索。直到 2022 年初，华为才下定决心开发独立自主的单框架鸿蒙操作系统，用鸿蒙内核替换安卓 Linux 内核，以实现"麒麟芯片、鸿蒙内核和鸿蒙框架"的垂直整合，实现芯片工艺代差下华为手机性能的可持续提升。[①]

3　蜕变阶段

2023 年 8 月，华为在开发者大会上正式发布 HarmonyOS 4[②]，在满足用户个性需求方面进一步发力。在短短一个多月内，升级使用 HarmonyOS 4 的用户就超过了 6000 万，成为史上升级速度最快的 HarmonyOS 版本。[③]

为了持续推进鸿蒙生态，华为瞄准鸿蒙原生应用生态发力，积极争取与包括支付宝、美团、高德地图、携程在内的各大头部应用企业达成合作。在 HarmonyOS 4 发布后，华为与近 40 家伙伴签署"鸿蒙生态深化合作协议"[④]，着力在技术、产业和商业等领域展开深层次合作。2023 年 8 月，华为还推出"鸿飞计划"，拟在 3 年内投入百亿元人民币，向生态伙伴提供全方位的资源支持，以促进鸿蒙生态伙伴发展。在高校人才培育方面，"智能基座"在两年多的时间内取得了丰硕成果，覆盖超 50 万学生。[⑤] 2023 年 9 月，"智能基座"2.0 正式启动，将项目涵盖的内容和范围都进行了升级与扩

---

① 方兴东，徐玮. 鸿蒙开物——终端操作系统破晓之路［M］. 北京：中信出版集团，2025：193.

② 华为. 华为开发者大会 2023（HDC. Together）今日召开，鸿蒙生态引领全场景时代［EB/OL］.（2023-08-04）［2025-03-15］.

③ 许隽. 鸿蒙 4.0 用户数已突破 6000 万［EB/OL］.（2023-08-26）［2025-03-15］.

④ 孟梅，张越熙. 鸿蒙生态再进一步，华为宣布与近 40 家鸿蒙伙伴签署深化合作协议［EB/OL］.（2023-08-06）［2025-03-15］.

⑤ 中国日报网. 教育部-华为"智能基座"2.0 正式启动，开创数智人才新生态［EB/OL］.（2023-09-22）［2025-03-15］.

展，从原来的计算机学科走向了整个信息与通信技术（ICT）领域，并正式将鸿蒙方向的课程纳入"智能基座"项目，持续通过产教融合助力人才培育。

2024 年 1 月，鸿蒙星河版面向开发者开放申请，标志着鸿蒙生态发展进入新阶段——为彻底脱离安卓而蓄力。此时，鸿蒙生态设备总数已达 8 亿台。① 虽然鸿蒙系统在国际上与安卓系统和苹果系统相比仍存在明显差距，但在中国市场已站稳脚跟。2023 年第四季度，鸿蒙系统在中国智能手机市场的份额突破 16%②，跨越了基础操作系统的"生死线"。2024 年第一季度，鸿蒙在中国市场首次超越苹果 iOS，成为中国市场仅次于安卓的第二大操作系统，与安卓、苹果 iOS"三分天下"的格局初现端倪。

鸿蒙生态的快速发展，离不开各地地方政府部门的政策支持。上海和浙江的政务民生等机构率先加入鸿蒙生态，实现政务服务应用的服务升级。深圳发布支持鸿蒙原生应用发展的行动计划文件，支持建立了全国首个鸿蒙生态创新中心。紧接着，成都、武汉、长沙、重庆、无锡等地也都纷纷效仿。通过鸿蒙生态创新中心，生态伙伴可以直观感受鸿蒙生态，参加鸿蒙人才培训，接受鸿蒙技术指导，获得鸿蒙企业资质认证等。伴随着各地政府机构和千行百业拥抱鸿蒙原生应用，鸿蒙生态的建构正在大步向前。2024 年 6 月，鸿蒙生态已拥有超 9 亿鸿蒙生态设备，254 万鸿蒙开发者，鸿蒙学堂学习人次达 435 万。③

2024 年 10 月，华为正式推出 HarmonyOS NEXT（鸿蒙星河版）。作为"系统底座全线自研"的鸿蒙系统，鸿蒙星河版去掉了传统的 Linux 内核以及 AOSP（安卓开放源代码项目）等代码，也不再兼容安卓应用，实现了"脱胎换骨"。

此时，虽然已有超过 1.5 万个云服务和应用配适了鸿蒙系统，但想真正实现鸿蒙与安卓和苹果操作系统"三国鼎立"的局面，仍

---

① 环球网科技. 华为：鸿蒙生态设备数量破 8 亿，"纯血"鸿蒙也不远了［EB/OL］.（2023-03-17）［2025-03-15］.

② Counterpoint. iOS vs Android Quarterly Market Share［EB/OL］.（2024-05-25）［2025-03-15］.

③ 华为. HarmonyOS NEXT Beta 重磅发布：有史以来最大一次升级［EB/OL］.（2024-06-24）［2025-03-15］.

需克服很多困难。苹果系统和安卓系统自 2007 年和 2008 年分别推出以来，经过多年迭代优化，已经拥有非常强大的技术基础和生态支持。相比之下，鸿蒙系统的应用生态仍处于发展阶段，整体上应用数量和质量难以与苹果系统和安卓系统相比。尤其是在海外市场，许多开发者更倾向于进入苹果和安卓生态，因为这些平台的用户基础更为庞大，商业化前景更为明朗。因此，鸿蒙必须在应用生态的建设上持续发力，吸引更多开发者和用户的参与。

2025 年 5 月 8 日，搭载 HarmonyOS 5 的鸿蒙电脑正式亮相，标志着国产操作系统在个人计算机（PC）领域实现重要突破。此时，鸿蒙操作系统生态设备突破 10 亿台，注册开发者达到 720 万人，代码超过 1.1 亿行，从操作系统内核、文件系统，到编程语言、人工智能框架和大模型等全部实现自研。[①] 同时，这也意味着，鸿蒙生态不仅要努力超越苹果生态和安卓生态，而且要挑战微软生态，其面临的巨大困难可想而知。

除技术和市场因素外，鸿蒙系统面临的最大挑战还是地缘政治因素。尽管华为在国内市场具有极强的影响力，但在国际市场，尤其是欧美国家，鸿蒙系统的推广面临着很大阻力。鸿蒙若要在全球范围内与安卓系统、苹果系统和微软系统展开竞争，除了需要具备强大的技术优势外，还有赖于国际政治生态的改善。无论如何，万物智联时代正在加速到来。鸿蒙操作系统作为一个从"终端"到"全场景"贯穿的联结平台，随着技术的不断迭代和生态的逐步成熟，也必将迎来更加光明的未来。

第三节　鸿蒙生态建构策略

随着鸿蒙系统的逐步演进，越来越多的合作伙伴加入鸿蒙生态，鸿蒙生态在万物智联的初心与冲破科技封锁的使命的推动下取得了令人瞩目的发展。鸿蒙生态的快速成长得益于强大的技术创新能力，也离不开工程生态建设理念。回顾鸿蒙的发展历程，可以看出，鸿蒙生态的多种建构策略都发挥了良好作用，共同推动了鸿蒙生态走

---

① 人民网-人民日报. 鸿蒙电脑正式亮相［EB/OL］. (2025-05-09)［2025-05-29］.

向繁荣。

1 扎根旧生态，发展新生态

任何工程生态的发展都不是平地起高楼，新生态通常都需要扎根于旧生态之中逐步发展起来。在谈及鸿蒙系统时，不得不谈到鸿蒙与安卓的关系。鸿蒙与安卓之间的关系就是新-旧生态之间的关系，鸿蒙生态发展的过程也是鸿蒙从依赖安卓到脱离安卓的过程，未来，鸿蒙也将朝着超越安卓的方向奋进。

鸿蒙生态建设和对安卓、苹果生态的超越不可能一蹴而就，而是一个十分艰难的过程。鸿蒙系统刚发布时，曾遭受很多非议，主要争议点在于，华为基于安卓开源项目进行鸿蒙系统开发，采用了不少安卓系统代码，因而被不少人称为"套壳安卓"。但是，这是发展的必经之路，如果没有大量可用的应用程序，一个新系统很难吸引用户的兴趣，也就没有存活的土壤。为了让安卓应用在鸿蒙系统上运行，就需要为其提供一定的运行环境。为了确保用户体验，鸿蒙系统在早期阶段保持了对安卓应用的兼容，使用户在迁移到鸿蒙系统时减少新-旧生态系统切换带来的不便。

然而，鸿蒙要成长为不受制于人的新生态，就必须脱离作为旧生态的安卓。为此，在鸿蒙生态建构中，华为大力推进核心技术创新，利用差异化增强竞争力，开辟新的增长点。随着鸿蒙系统的发展，华为逐步增加了自主研发的内核和系统架构组件，逐渐减少对安卓内核和框架的依赖。在鸿蒙系统更新迭代时，华为一直瞄准全场景分布式的特点，使鸿蒙系统在更多设备和场景的推行中不断发展。为脱离安卓，鸿蒙生态在多个层面上发力，从伙伴、人才、用户的角度克服新生态发展面临的诸多困难。

鸿蒙的成功经验证明，新-旧生态并不是对立和割裂的，将新生态的建构扎根于旧生态之中，能够为新生态的长远发展奠定基础。在技术创新和生态建构的过程中，从旧生态中汲取营养并在"竞合关系"中发展新生态，是实现"生态转换"的关键。

2 捐献"基础能力"，"开源"运作

开源是世界科技发展的大势所趋，没有开源，就很难形成完整

的生态，特别是对于后来者而言，更是如此。开放原子开源基金会是 2020 年成立的致力于推动全球开源事业发展的非营利机构，其使命是遵循共建、共治、共享原则，搭建开源社区，为开发者提供专项资助、宣传推广、教育培训等多方面的支持。2020 年 9 月和 2021 年 5 月，华为分两次将鸿蒙系统的基础能力捐献给开放原子开源基金会，形成"OpenHarmony"开源项目。此举使鸿蒙分为两个互相关联的主体：一是由华为继续研发，不断升级技术的华为鸿蒙；二是面向世界开放的开源鸿蒙。通过开源鸿蒙，全世界的开发者都可以对鸿蒙系统展开研究，在鸿蒙系统底座的基础上创新和使用，参与到鸿蒙生态的建设之中。

OpenHarmony 采用了组件化的设计方案，使设备开发者能够根据设备资源和业务方向进行灵活调整，从而满足不同类型和形态的终端设备对操作系统的需求。对于应用开发者来说，OpenHarmony 统一的软件架构打通了多种终端设备，使应用程序开发不再受限于不同终端设备的形态差异，从而降低了开发难度和成本。这样，基于 OpenHarmony 开发的产品可以在智能家居物联网终端、智能穿戴设备、智能大屏、汽车智能座舱、音箱等智能终端领域得到广泛应用，为用户提供跨设备的全场景体验。

从吸引人才开发鸿蒙操作系统的角度来看，开发者也是鸿蒙的用户。鸿蒙开源意味着华为将鸿蒙开发和创新的机会赋予鸿蒙生态中的个体，让有兴趣和能力参与鸿蒙开发的开发者有途径发挥才干。这种"分散性创新"催生出一个不断扩张的"创新网络"，并带来了强大的"网络效应"。当越来越多的开发者开始参与鸿蒙开发时，鸿蒙的价值和吸引力就会显著提升，从而吸引更多的开发者加入创新，形成良性循环。同时，吸引第三方开发者和合作伙伴的参与，还可以丰富鸿蒙相关产品和服务的多样性，这对于鸿蒙操作系统和鸿蒙生态的快速成长至关重要。

这种开源策略能够有效发挥个体作用，加速迭代学习进程。首先，开源社区汇集了来自全球的开发者，这些开发者来自不同国家、不同企业，具有不同的知识背景，因此带来了不同的创新思维和解决问题的方法，使鸿蒙系统能够吸收更多的研发想法，不断推陈出新。其次，开源使更多开发者能够在不同硬件设备和使用场景中测试鸿蒙系统，从而发现并解决各种潜在问题，确保操作系统在不同环境下的稳定性和兼容性。在这个过程中，开源社区的开发者能够快速发现问题并提供反馈，参与到鸿蒙的修改和优化过程中，加速系统的迭代和改进。同时，开源社区鼓励知识共享和合作，也提供课程和合作机会，这使开发者们能够通过协作开发，相互学习，不断提升技术水平。第三，开源的透明度增加了开发者和用户对鸿蒙的了解和信任，进而吸引了更多开发者参与研发。这样，持续的改进和优化使鸿蒙系统能够保持技术领先和用户体验的提升，同时降低了开发和维护成本，形成良性循环。

自 2020 年 9 月华为将 HarmonyOS 的基础能力贡献给开放原子开源基金会到 2024 年 5 月，已有 2000 多名华为开发者支持 OpenHarmony 社区发展，超过 300 家伙伴加入 OpenHarmony 生态共建，7500 多名共建者参与贡献代码超过 1.1 亿行，累计 227 个厂家的 596 款软硬件产品通过 OpenHarmony 兼容性测评，其中包括 46 款软件发行版、329 款商用设备，覆盖了教育、金融、交通、政务、医疗、航空等多个行业。①

❸ 打造"鸿蒙智联"开放平台，提供一站式服务

作为鸿蒙生态系统的一部分，鸿蒙智联（HarmonyOS Connect）是华为面向智能硬件生态伙伴打造的全新品牌和开放平台，致力于简化智能设备的连接和协同工作。它为制造商提供标准、工具和培训，以便他们的设备和服务可以轻松地集成到鸿蒙生态系统中，实现快速连接和智能协同。鸿蒙智联的产品方案以极简连接、极简交互、万能卡片、硬件互助等终端体验为核心；行业方案则聚焦家居、出行、运动健康、办公等六大主流行业；平台还提供多款集成度高、安全、可靠性强的芯片模组，帮助伙伴快速接入。在生态合作伙伴计划的推动下，生态产品合作伙伴、生态解决方案合作伙伴和生态渠道合作伙伴纷纷接入鸿蒙智联生态，快速融入华为全场景智慧生活。

目前，鸿蒙智联已在多个业务方向中发展出优秀的合作案例。

---

① OpenAtom OpenHarmony. OpenHarmony 开发者大会 2024 圆满举办，聚焦技术革新，加速开源生态繁荣 [EB/OL]. (2024-05-25) [2025-03-15].

例如，在智能家居方面，鸿蒙智联帮助美的公司解决了传统家电产品面临的产品智能化难题，为美的众多类别的产品提供了统一的操作平台，实现了美的智能家居产业的全新升级。在智慧出行方面，处于初创期的探梦者滑板车加入了鸿蒙生态，在鸿蒙智联的赋能下，实现了产品智能化，为用户提供了良好的交互体验。

在建构鸿蒙生态的过程中，鸿蒙智联飞速发展。截至 2024 年 3 月，鸿蒙智联生态伙伴数量已超过 2500 家，生态设备数量突破 4.8 亿台，生态设备累计商品交易总额超过 1000 亿元。[①]

4　启动"鸿飞计划"，助力伙伴成长

要实现鸿蒙生态建设目标，必须吸引有能力的合作伙伴，创造出有活力的发展环境，而助力合作伙伴的成长，就成为一个基本生态策略。

2023 年 8 月 5 日，即 2023 年华为开发者大会的第二天，在以"跨越山海，共建鸿蒙新生态"为主题的鸿蒙生态峰会上，华为发布了鸿蒙生态伙伴发展计划——"鸿飞计划"。该计划向生态伙伴提供包括技术支持、市场推广、商业合作、开发者扶持基金在内的全方位资源扶持，提出要让每一位伙伴都成为鸿蒙生态的主角。在技术支持方面，华为提供鸿蒙开发者工具、测试环境、技术文档等资源，助力伙伴高效开发，同时还提供鸿蒙实训营、1V1 专项赋能、联合技术评估等机会，赋能开发者。在市场推广方面，华为通过发布会、峰会、分论坛、展台等活动进行品牌推广，以提升生态伙伴的市场影响力。在商业合作方面，华为与生态伙伴共享流量入口，探索市场空间，实现业务新增长。此外，华为还设立开发者扶持基金，用于奖励优秀应用和项目，激励合作伙伴在鸿蒙生态中实现更多创新突破。

"鸿飞计划"是一项推动技术创新和人才培养的重要战略计划，是完善鸿蒙生态建设的一个重大举措。通过投入百亿资金，华为全方位扶持合作伙伴，建立紧密合作关系，共同培养具有创新精神和

---

① 新闻晨报. 华为携手伙伴再出发，引领空间智能新潮流，创造无限可能 [EB/OL].
(2024-03-15) [2025-03-15].

实践能力的人才，吸引更多开发者和伙伴企业参与到鸿蒙生态的建设中来，共同推动科技前沿的研究和应用，为鸿蒙生态乃至中国科技创新的发展贡献力量。

5 培养鸿蒙专才，夯实生态基座

在工程生态建设中，只有依靠有技术能力和创新思维的专业人才，才能推动新技术的发展，提供新的产品和服务，进而拓展生态边界。华为很清楚人才在工程生态建构中的基础作用，因此非常重视人才的培养。"开发者学堂"是华为打造的面向社会开发者的在线学习与实践平台，提供鸿蒙、昇腾、云计算等全栈技术的在线课程、文档、工具链支持、示例代码、认证考试等服务。开发者可在此学习开发技能、获取资源并进行能力认证。"鸿蒙学堂"是开发者学堂中专注于鸿蒙系统生态开发人才培养的板块。

鸿蒙学堂提供了从入门到高级的全方位课程，涵盖鸿蒙系统的基础知识、开发环境的搭建、应用开发、UI设计、设备互联、分布式系统等方面的内容。课程由华为资深工程师和技术专家讲授，结合实际开发案例，提供专业、详细的技术指导。当然，仅靠华为专家并不足以支撑课程的体量，华为还面向各大高校相关专业的老师提供师资培训，普及鸿蒙生态的开发技术。同时，鸿蒙学堂还提供大量动手实验和实践操作机会，通过实战帮助开发者巩固所学知识，提高实际开发能力。通过学堂平台，开发者之间还可以互相交流，分享经验、解决问题，形成一个活跃的开发者社区。此外，鸿蒙学堂设有认证体系，开发者参加课程并通过考试，就能获得华为颁发的认证证书。通过教育和培训，鸿蒙学堂为开发者提供了切身感受鸿蒙开发和应用的机会，在培养人才的同时，促进了鸿蒙系统的普及和创新，推动了鸿蒙生态的发展。

华为还长期参与由教育部高教司指导的产学合作协同育人项目，鸿蒙人才培养相关内容主要包括三类：一是新工科建设，基于鸿蒙操作系统的课程和实验体系打造新工科；二是师资培训，将华为已开发完成的课程及实验案例与本校相关课程融合，并组织课程交流或培训活动；三是实践条件和实践基地建设，包括专业人才培养实践基地，开设相关课程，进行鸿蒙生态高校推广活动等。教育部产学合作协同育人项目在实施的 4 年中，累计支持本科高校 75 所，立项数量达 128 个，且呈持续增加的发展态势。①

除高校课程外，面向社会各企业的系列活动——鸿蒙生态学堂·创新实训营也在火热开展中。随着鸿蒙生态的加速发展，各企业对鸿蒙技术和人才的需求也日益增加，鸿蒙生态学堂为他们提供了学习平台。创新实训营活动在全国不同省市举办，赋能千行百业创新鸿蒙原生应用。

在一系列举措的推动下，截至 2023 年底，已有 305 所高校学生参与鸿蒙活动，135 所高校开设鸿蒙校园公开课，286 家企业参加鸿蒙生态学堂，超过 38 万开发者通过鸿蒙认证，150 多个产学合作项目获批立项，为鸿蒙生态的发展积蓄了力量。②

第四节　关于鸿蒙生态演进的理论分析

鸿蒙系统是前沿重大工程成就的代表之一，鸿蒙生态的演进生动体现了工程生态思维的力量。鸿蒙系统开发和鸿蒙生态建设经验对于我国各个领域的工程建设和生态建构都具有启示意义。

1 超越"系统思维"，迈向"生态思维"

工程是一种生态性存在，只有在工程生态认知的基础上，才能建构出良好的工程生态系统。只有扎根工程生态，营造属于自身的工程生态，特定工程系统才能最终立足。鸿蒙系统的开发要求打造鸿蒙生态，而鸿蒙生态的营造又离不开生态思维。从系统思维迈向生态思维，是辩证思维在工程实践中的一种表现形式。

鸿蒙首先是一个操作系统，在此之上才发展出一种工程生态。操作系统是一个高度专门化的软件系统，并且随着操作系统的不断发展，互联网和物联网时代下的操作系统与早期的操作系统相比已发生了进化。当前市场对便捷、灵活、快速和新意的迫切需求，使得操作系统的技术外延和功能得到进一步延伸和完善，从最初主要

① 华为. 教育部产学合作协同育人［EB/OL］.（2024-06-27）［2025-03-15］.
② 华尔街见闻.鸿蒙千帆，启航时刻［EB/OL］.（2024-01-19）［2025-03-15］.

关注计算机本身和硬件资源的管控、调度和优化功能，逐步向各种应用开发系统和服务系统之间的结构扩展。① 鸿蒙就是在这样的背景下成长的，它不同于早期传统操作系统的特点使它构建生态的需求更迫切，因此形成了一个包含多个子系统的生态系统。考虑到包含的主体、联系和功能变得愈发丰富多样，可以说，操作系统演进成了更加复杂的形态，系统与环境的互动使得系统边界不断延伸扩大且变得模糊。为更好地管理和发展这些操作系统，就需要从系统思维向生态思维转变。

　　同时，鸿蒙系统又是一个工程。工程是包括人和非人在内的众多异质要素相互叠加、互动的结果，它具有技术性、社会性，也具有生态性。从生态角度出发探索工程创新是题中应有之义，也是构建良好的工程生态所必需的。鸿蒙系统的开发离不开鸿蒙生态的建构，而鸿蒙生态的建构又离不开生态思维的指导。

　　华为很早就意识到，要实现长久的发展，自己不能成为吃掉合作伙伴的"黑寡妇"，而是要采取开放合作的态度，形成互利共赢的生态圈。这就意味着，企业不仅要持续创新，为客户提供更有价值的服务，而且要拥有"舍-得"的智慧，克制争利的贪欲，多让利给客户，并善待上游的供应商合作伙伴。更重要的是，不能追求"独霸天下"，而是要善待竞争对手，在搭建自己"灯塔"的同时，也能成就别人的"灯塔"，这就是生态意义上的"共生"。正是基于这种"生态理念"，华为才得以与生态伙伴携手共建生态体系，并通过不断创新，向千行百业扩张这个生态体系。建构鸿蒙生态的过程，正是超越"系统思维"，转向"生态思维"的过程。

2　打造"生态规则"，超越"公地悲剧"

　　"公地悲剧"（Tragedy of the Commons）是经济学中的一个概念，它描述了公共资源在缺乏有效管理时最终会被过度使用和耗尽的现象②，这一概念在鸿蒙系统的生态建设中同样适用。

---

　　① 石彪，贾世昌，朱越. 移动智能终端操作系统技术发展 ［J］. 电子元器件与信息技术，2022，6（12）：125-128.

　　② Hardin G. The tragedy of the commons ［J］. Science, 1968, 162 (3859)：1243-1248.

在构建工程生态的过程中，识别生态位是理解复杂工程、促进工程生态协调发展的必经之路。华为通过鼓励与促进第三方开发者和制造商加入，扩大和丰富了鸿蒙生态。但在鸿蒙生态中，考虑到华为是鸿蒙系统的创造者和主要推动者，华为无疑是当前最大的主体，占据工程生态系统的重要位置。然而，在工程生态中，生态位并不是越高越好，生态位势过大带来的是系统的不稳定性，对主体和生态来说都具有副作用。可以说，处于最高的生态位对华为来说是一件一体两面的事情，信任因素在其中发挥着重要作用。一方面，华为可以在高生态位上享有对生态的巨大影响力和控制力；另一方面，这种影响力也会引起合作伙伴的担心，阻碍生态的建构进程。因此，华为主动让利伙伴，在某些方面淡化其控制力，体现出"舍-得"的生态智慧，可实现与生态伙伴的共生和共赢。

鸿蒙系统旨在打造一个多设备协同工作的生态系统，涉及大量的伙伴参与，生态内有丰富的技术、人才和市场等多种资源。与自然生态相似，在工程生态中，不同个体之间也存在着竞争、合作的复杂关系。无论是竞争还是合作，本质上都是生态中的个体追求自身长远发展的行动。当生态中的个体仅仅是为了自身利益而作出决策时，会导致资源的枯竭，进而破坏生态平衡，最终使所有主体的利益都受到损害。因此，为了在鸿蒙生态中实现共赢，就必须打造"生态规则"，超越"公地悲剧"。

鸿蒙生态中有着多种"生态规则"，它们是生态中各参与者必须遵守的行为规范，既包括开发和应用鸿蒙生态产品与服务的一系列流程，也包括分配扶持资源的标准。例如，确保鸿蒙系统内的应用与服务符合安全和隐私标准，防止恶意软件和数据泄露，保护用户的信息安全；确保不同应用与服务之间的兼容性和一致性，提升用户体验；为开发者提供明确的技术标准和开发指南，减少开发难度；有效管理和分配资源，并指导开发者利用鸿蒙生态提供的平台，避免资源浪费和重复开发，提高开发效率；规范开发者和合作伙伴的行为，避免不规范操作和恶意竞争，确保生态系统稳定运行等。通过这些规则的规范，鸿蒙生态能够避免"公地悲剧"，实现健康、有序发展。

3　驾驭"网络效应"，打破"生态屏障"

在万物互联的时代，各种设备涉及的操作系统分支之复杂、数量之庞大，不同系统及协议之间造成的生态连接隔阂，超过了很多人的想象，这就是"生态屏障"。想打破旧生态的"生态屏障"并不容易，这需要强大的创新能力，使鸿蒙成长为具有显著优势的操作系统来吸引伙伴和用户，而创新的快速推进需要迭代学习作为推力。通过打破"生态屏障"，实现万物智联，就能达成鸿蒙系统和鸿蒙生态的发展目标，发挥出鸿蒙与安卓及其他操作系统相比的根本优势，最终赢得"生态竞争"。面对处在统治地位的安卓生态和苹果生态，如何驾驭"网络效应"打破"生态屏障"来赢得"生态竞争"，就成为鸿蒙系统发展中的重中之重。

在鸿蒙生态中，每个微观工程个体——无论是一个应用程序、一个操作系统模块，还是一个终端设备——都可以被视为一个生命体。这些个体不仅是人为设计和构建的产物，体现了"人为建构性"，同时也具有一定的"生命自主性"，即在生态系统中自发地交互、适应和发展。鸿蒙生态允许开发者和用户在其平台上自由创造和定制服务，类似于生态系统中的自然进化和自我组织过程，这种"自由度"为创新提供了广阔的空间。这些个体一旦被创造出来并加入生态系统，就开始与其他个体互动，形成一个动态、自组织的网络。这种网络可以通过个体之间的协作、竞争和适应，不断优化和提升整个生态系统的功能与性能。

因此，在鸿蒙生态中，"收益递增效应"和"网络效应"也随之产生。用户数的增加使得鸿蒙生态产品和服务的价值与功能也可以更好、更快地得到提升和优化，同时也为产品和服务赋予了更多价值。随着用户数量的增加，鸿蒙系统的开发成本可以在更大的用户基础上摊薄，从而降低单用户的开发和维护成本，使更多的资源可以用于进一步研发和市场推广。同时，通过与多种设备制造商合作，鸿蒙扩展了用户网络，用户数量的增加又增强了鸿蒙系统的吸引力，使得更多的开发者愿意加入鸿蒙生态的开发中。强大的开发者社区力量又为鸿蒙的开发注入动力，推动产品和服务的快速更新迭代，形成正向循环。

在多变的环境中不断迭代求新，也是鸿蒙生态长久发展并保持竞争力的关键。随着技术进步和市场需求的变化，鸿蒙生态会不断演化和更新，这与生态系统的动态平衡和演化过程相似。随着时间的推移，技术的进步会带来新的功能和更高的性能，市场需求的变化也会引导生态系统向新的方向发展。在自然界中，不断演化的生态环境才具有更强的适应性和多样性，这在工程生态中同样适用。在鸿蒙生态中，各个应用程序和模块通过不断的迭代与改进，能够快速响应用户需求和技术变化，从而在市场中保持竞争力。

4 贯通"微观、中观和宏观"

微观和宏观之间的区分是相对的，而不是绝对的。这两个概念并不是两个稳定不变的"平行"层次，而是分别指称具体的部分以及在任何给定空间尺度上涌现出来的整体。我们可以把宏观看作整体，而将微观看作其组成部分。因此，工程生态的微观、中观和宏观三个层面并不是"油水分离"的，而是有机联系在一起的。

鸿蒙系统这类"超级网器"，可以用来分析微观、中观和宏观这三个层次之间的内在联系。作为一类特殊的"转译"者，鸿蒙系统使得工程生态中物质、能量、信息的流转速度大幅提升，流转空间大幅扩展，从而推动形成各个行动者乃至各个工程生命体之间的高效"转译链"。这样，任何"局域"事件都有可能很快转变为"全局"事件，从而发挥"牵一发而动全身"的作用。反过来，任何宏观层面的扰动，都会迅速直达每个局部而发挥统摄性作用。这样，微观、中观和宏观就紧密关联起来了。如此看来，所谓微观、中观和宏观的分隔也就变得模糊了，微观的变化、中观的变化和宏观的变化可以实时交互，这正是此类"超级存在物"作为"新质生产力"的力量所在。

第五节　鸿蒙系统开发和鸿蒙生态建设的示范意义

作为全场景底层操作系统，鸿蒙系统挑战的不仅是手机领域的安卓系统，还挑战了计算机端的微软 Windows 系统，从而将永久改变操作系统的全球格局，形成全新的鸿蒙生态，乃至"新质"工程生态。这标志着中国高科技发展的一次战略突围，是中国解决诸多"卡脖子"问题的生态建设示范。鸿蒙生态建设不仅对华为生死攸关，也是中国所有相关制造商未来谋求生存发展的基础。鸿蒙系统打破了美国的技术垄断，对全球工程生态平衡具有积极意义，同时也有助于构建"以新质生产力为基础的人类命运共同体"。

1　确立生态思维，在全球工程生态竞争中定位自身

当前，全球产业竞争不仅是微观层面的技术竞争和产品竞争，而且是中观层面的技术标准和产业标准的竞争，更是宏观层面的工程生态竞争。在这种情况下，不仅各行各业要树立生态思维，而且科研机构也要树立生态思维。在大国竞争日益剧烈的情况下，我们的一切科研活动、一切产业活动，都不能就事论事，都有必要在生态层面加以定位。否则，我们自身的技术努力和产品创新努力，可能就是有意无意地为别人控制的生态服务，而不是有利于自己的生态服务。其结果，反而是我们的科研工作越好，技术开发越好，就越是为别人"做嫁衣"，实际上就是在别人确立的"范式"中进行点点滴滴的改进。而且这种改进往往是进一步强化了这个范式，而这个范式反过来又无形之中压制着我们的发展。这种现象，在各个学科发展中，在各行各业发展中，都或多或少存在。因此，有关科研机构、高校和企业，特别是有关政府部门，应该在这个事情上超越系统思维，确立更加明确的生态思维，主动识别工程生态，识别各种生态位，在其中恰当定位自身，从而掌控自己的命运，更好地服务于国家战略。

2　发力"根技术"，赢得"生态竞争"，走有中国特色的自主创新道路

长期以来，全球操作系统市场一直由 Android、iOS 和 Windows 等系统所垄断。同时，操作系统领域的研究也长期被欧美国家主导，鲜有来自中国的突破性进展。然而，操作系统是一项"根技术"，它是计算机和智能设备运行的基础，是万物智联的根基，因此拥有

自主的基础操作系统对国家经济社会发展具有多重战略意义。拥有自主可控的操作系统可以减少对外国科技的依赖，有效降低在关键技术领域被"卡脖子"的风险，同时还能避免信息泄露和设备受控，维护企业和国家的核心利益。此外，基于自主操作系统建构工程生态，还可以带动一系列相关产业的发展，有利于培养本土技术人才和创新文化，推动本国科技创新，进而提升国际话语权。

鸿蒙系统通过开放的技术架构和强大的生态伙伴体系，已经逐步形成了覆盖智能手机、可穿戴设备、智能家居等多领域，金融、交通、制造等多行业的全场景生态系统。这种全方位的生态布局不仅提高了鸿蒙系统的用户体验，也为全球开发者和用户带来了更多的选择与创新的可能性，使鸿蒙具有市场竞争力，奠定了未来向海外扩张的基础。与此同时，鸿蒙生态的建设还推动了中国科技产业链的全面升级。从芯片设计、硬件制造到软件开发和应用创新，鸿蒙系统为中国科技企业提供了一个开放、协作和共赢的平台。在这一过程中，人工智能、物联网、云计算等前沿技术得到了广泛应用，也拥有了更多的发展机会，这进一步增强了中国在全球科技博弈中的竞争力。可以说，鸿蒙的成功不仅有助于中国实现技术自主，在国际科技竞争中占据主动地位，还将打破操作系统领域美国"一极化"的现状，促进技术多样化和市场公平，为全球科技生态的健康发展提供新的机遇。

华为的经验表明，持之以恒开发"根技术"，在生态层面参与国际竞争，坚持走中国特色的自主创新道路，应该成为我国所有工程实践者的崇高使命。

③ 打造"新质"工程生态，为建构人类命运共同体夯实技术基础

鸿蒙系统使不同设备之间的共享和协同变得更为便捷，也为物联网、人工智能等新兴技术提供了底座的支持，这些技术是新质生产力的重要组成部分，所以鸿蒙本身就可以被看作一种"新质工程"，围绕其生成的工程生态支撑和推动着新质生产力的发展。

鸿蒙的英文为"Harmony"，是"和谐"之意。"和"在中国传统文化中有着重要意义和地位，在现代社会中也仍然具有重要的现

实意义。"和"作为一个多维度的概念，涵盖了个人内心、人与人之间、人与社会之间以及人与自然之间的和谐关系，是维系人、社会、自然发展的重要条件，也代表着一种发展的美好状态。以"和"赋予鸿蒙意涵，不仅体现出鸿蒙将万物统一于一个操作系统的目标，还体现了华为同世界伙伴一起构建和谐未来的愿望。

鸿蒙生态未来的发展方向剑指生态的全球化。但不同于只基于自己的操作系统自己做产品的封闭的苹果生态，也不同于虽然开源但通过各种协议绑定合作者来实现主导的安卓生态，华为深谙"和谐"的力量，在打造鸿蒙生态时尊重各国"数字主权"，彰显的是"人类命运共同体"的中国智慧。构建人类命运共同体需要科学、技术和工程的支持，需要通过工程作为一种实现手段，推动全球共同繁荣发展，而鸿蒙就是这样的工程。鸿蒙与安卓等操作系统的不同，是研发定位的不同，也是生态思维和生态建设的不同。新质生产力突显的是新生产要素对旧生产要素的超越，人类命运共同体体现的是新价值理念对旧价值理念的超越。作为新生事物的鸿蒙生态，也体现了对其他已有操作系统生态思维的超越。在鸿蒙生态日益成长的过程中，只有秉持互惠互利、共建共享的理念，才能吸引到更多的生态伙伴，实现鸿蒙的长期发展。

后　记

　　《工程生态论》是基于中国工程院咨询研究项目"工程生态建构理论与发展战略研究"（2023 年）和"工程生态论的理论体系与实践研究"（2024 年）所取得的成果撰写的，是上述研究成果的凝练和集成。

　　2025 年 2 月，中国工程院工程管理学部组织专家对 2024 年"工程生态论的理论体系与实践研究"项目（也包括 2023 年项目研究内容）进行了评审。大家一致认为这项研究成果丰硕：开拓性地构建起"工程生态论"的理论体系框架，阐明了"工程生态"的基本问题、基本概念和基本观点，凝练出"工程生态"的性质和特征，解析了工程生态的动态演化机制等问题；深入开展了工程生态案例研究，体现了理论和案例研究相互支撑、彼此渗透的关系；突破了哲学界"事后反思方式"的惯例，立足工程生态论对表现出新质生产力特征的互联网、大数据、人工智能等领域的许多问题进行了深入的哲学分析。详审会给出的结论是：本研究是工程哲学中国学派进行理论创新的最新成果，所构建的"工程生态论"是工程哲学领域的重要理论开拓，是一种新的思维方式和理论范式，属于国际首创。研究成果将有力支撑我国在国际工程哲学领域所取得的学术领先地位。

　　作为研究团队的成员，我们十分感谢评审专家的鼓励，同时也深深感到，两年的研究工作之所以能取得开拓性进展，不但是研究团队努力的结果，也与中国工程院工程管理学部的鼎力支持密不可分。殷瑞钰院士一直给予悉心指导，付出了很多心血；刘合、胡文瑞、杨宏院士在项目研究过程中发挥了重要作用。工程管理学部主任卢春房院士以及聂淑琴等同志始终予以热情支持。还有其他许多专家学者对项目组的研究工作给予了多种形式的帮助。在本书即将付梓之际，向他们表示最诚挚的谢意！

　　本书各章执笔人如下：

绪论　　　　　　　　　　　　　　　　　傅志寰　李伯聪

第一章　工程生态论研究的思　　李伯聪、张秀华、刘孝廷、
　　　　想源流、核心概念和　　王楠
　　　　社会意义

第二章　工程生态的基本性质　　王大洲、范春萍
　　　　与研究进路

第三章　工程生态的基本特征　　李伯聪、王楠
　　　　及其思想源流

第四章　工程生态的动态演化机制　王大洲、许正中、王业飞

第五章　工程生态中的生态位　　李三虎

第六章　工程生命体及其生态　　李开孟、梁军、张恒力
　　　　支持系统和健康诊断

第七章　工程生态中的工程师　　李伯聪、范春萍、王楠、
　　　　　　　　　　　　　　　尹文娟

第八章　工程生态中的数据要素、　李伯聪、张志会
　　　　数字世界和数实关系

第九章　工程生态中的人工智能体　余江、闫坤如、张越、
　　　　　　　　　　　　　　　王大洲

第十章　工程生态视野中的工　　詹伟、王勇智
　　　　业互联网

第十一章　工程生态视野中的　　傅志寰、孙虎成、简宇翔
　　　　　现代交通

第十二章　工程生态视野中的　　傅志寰、高锋、童亦斌、
　　　　　能源互联网　　　　　宋洁

第十三章　工程生态视野中的中　高铭、徐立、李丽仙、
　　　　　国载人航天工程空　　王艺璇
　　　　　间应用系统

第十四章　工程生态视野中的华　王大洲、吕弈诗
　　　　　为鸿蒙系统

全书的统稿工作由傅志寰、李伯聪、王大洲、王楠完成。

工程生态论是一个新的研究领域，殷切希望今后的相关研究工作不断取得新的进展。

作者

2025 年 5 月 30 日